한 여름 밤의 꿈:
제 7차 교육과정 환상과 추락의 내러티브

김 영천 · 이 희용 · 이 현철 · 최 준호 지음

아카데미프레스

감사의 글

우리나라 교육과정 연구의 새로운 관심을 받고 있는 질적 연구 작업은 교육과정 연구의 세계적 추세를 고려하였을 때, 우리의 연구 영토에 많은 기여를 할 것으로 생각한다. 그러한 측면에서 우리의 학교현장과 교육과정의 현상을 연구한 이 책은 우리나라의 교육과정연구에 다양한 시사점을 제공해 줄 것이다. 특히 연구가 다양한 학문적 배경을 가지고 있는 교육연구자들의 협동과 이해를 통하여 이루어진 점을 특별히 주목할 필요가 있다. 크로스오버와 탈경계가 강조되고 있는 모든 학문분야의 새로운 동향에 비추어 각 연구자가 가진 전문적 지식을 이 연구 작업에 투영할 수 있었던 점은 이 책의 가치이면서 자랑이다.

이에 연구의 아이디어를 겸허하게 수용하고 오랜 기간 동안 현장작업과 글쓰기를 해 준 연구자 세 사람에게 깊은 감사의 마음을 전한다. 특히 1990년대 이후 우리나라 학교교육의 핵심에 놓여 있었지만 항상 문제로 지적되어 온 제 7차 교육과정의 실제에 대하여 학교교사로서 현장경험을 가지고 있는 연구자들을 만나서 연구를 하게 된 것은 깊은 축복이다. 지난 2년 동안 있었던 연구자들과의 연구회의, 아이디어의 교환, 글쓰기를 통한 교정 작업 그리고 질적 연구자로서의 성장 과정 등의 일련의 경험들은 책의 출간을 떠나서 우리의 마음속에 진정하게 아름다운 기억으로 남아 있다. 특히 어떠한 외부 연구비 없이 순수한 마음으로만 지난 2년을 연구에 몰두해 준 연구자들에게 감사함을 표현하고 싶다. 그리고 그러한 감사함은 이 책의 출간을 통하여 보상받을 것으로 믿는다.

제 7차 교육과정에 대한 다양하고 많은 연구서들 그리고 보고서들이 지난 10년에 걸쳐서 출판되었지만 이 책은 또 다른 관점에서 그리고 다른 방법론을 사용하여 제 7차 교육과정의 실제와 현실에 대하여 연구하고 있다는 점에서 특별하다. 이 책에 쓰여 진 현장의 이야기들, 자료들, 그리고 실제들에 대한 묘사를 통하여 우리나라의 교육행정가들, 교육연구자들, 그리고 학교교사들이 학교현장의 개선을 위하여 어떠한 노력을 해야 하며 어떠한 노력들이 경주되어야 하는가에 대하여 진심으로 고민해 주기를 바란다. 그리고 그러한 읽기가 가능할 때 그렇게 강조하는 학교개혁과 교육과정의 개선은 조금 더 가깝게 다가올 것이라고 믿는다.

이 책의 출간을 위하여 연구자들에게 실제 현장참여와 자료 수집을 허락해 준 학교교사와 행정가들에게 감사드린다. 그들의 적극적인 참여와 기여가 없었다면 이 책의 시작과 출간은 어려웠을 것이다. 마지막으로 이 책의 가치를 인정하고 출판을 결정해 준 아카데미 프레스 출판사의 홍 진기 사장님께 감사드린다.

2008년 8월 16일

김 영천

목 차

표 목차

그림 목차

Ⅰ. 한 여름 밤의 꿈 텍스트 쓰기: 그 네 가지 목적들

이 책의 독자들은 책 제목을 읽고 난 다음에 세 가지의 감정에 휩싸일 것이다. 첫째, 제목에 나타난 '내러티브'라는 용어에서 교육과정 연구분야에 또 한 권의 새로운 질적연구 서적이 출간되었구나라고 생각을 할 것이다. 특히 내러티브라는 용어에 대한 학술적 관심이 높아졌다는 점에서 내러티브 연구의 전형이 어떤 것인지를 알고 싶어 할 것이다. 둘째, '제 7차 교육과정'이라는 용어를 상기하면서 지난 10여 년 동안 우리나라 학교교육과 교육과정의 최대 쟁점에 대하여 쓴 책이 나왔구나라는 생각을 할 것이다. 그리고 그에 대한 반응은 각자의 개인적 경험에 따라서 다를 것이다. 한편으로는 7차 교육과정을 소개한 기존 서적과 무슨 차이가 있겠는가라고 추측할 수 있을 것이고 다른 한편으로는 '환상과 추락'이라는 용어가 주는 상실감 때문에 이 책이 기존 책들과는 다른 내용을 담고 있을 거라고 생각할 것이다.

셋째, '한 여름 밤의 꿈'이라는 표현에 주목하는 독자들은 '한 여름 밤의 꿈'이라는 용어가 왜 쓰였는지 그리고 제 7차 교육과정과 무슨 관련이 있는지를 궁금해 할 것이다. 그러한 궁금증은 이 은유가 세익스피어의 37개의 희곡 중의 하나라는 사실을 모르는 경우 더욱 그럴 것이다. 그러나 그 희곡을 알고 있는 독자들은 대략 이 책의 내용이 어떤 쪽으로 흘러 갈 것인지 상상할 수 있을 것이다. 독자가 그러한 지식을 가지고 있든지 아니면 가지고 있지 않든지 간에 이 책에서 여름 뜨거운 밤에 꾸는 꿈이 제 7차 교육과정에 대한 연구와 어떻게 연결이 될지 알고 싶어 할 것이다.

우리 저자들은 제목의 상징성을 통해 독자의 상상력을 유발하면서도 다른 한편으로는 이 책이 갖는 다른 중요한 목적들이 간과되어서는 안 된다고 판단을 하였다. 또한 이 판단은 이 책이 제 7차 교육과정의 실제에 대한 현장연구를 떠나서 교육학/교육과정의 연구영역에서 갖는 잠재적 가치들을 독자가 모르고 읽거나 인지하지 못하는 상황이 일어나서는 안 된다는 생각 때문에 더욱 강화되었다. 이에 제목이 갖는 상상력의 공간만큼 1장에서는 우리 저자들이 왜 이 연구작업을 2년에 걸쳐서 하게 되었는지에 대하여 상세하게 소개하는 것이 더 효과적이라는 생각을 하게 되었다. 그러한 점에서 다음에 소개될 이 책의 네 가지 연구목적을 먼저 읽고서 왜 이 책이 만들어졌는지, 그리고 왜 그러한 형태로 쓰여졌는지를 고민해 주기를 바란다. 그렇게 되었을 때 우리 연구자들이 이 연구에 바친 열정과 땀 그리고 아이디어들이 더욱 빛날 것이라고 생각한다.

목적 1: 제 7차 교육과정의 실제 모습

제 7차 교육과정에 대한 현장연구를 하기로 결심한 이유 중의 하나는, 지난 10여 년 동안 우리의 사회와 학교교육의 많은 이해당사자들에게 대립과 모순, 증오의 감정 그리고 시행착오의 경험을 가져오게 한 7차 교육과정에 대한 현장에서의 모습을 심도 있게 탐구한 작업들이 없었다는 점이다. 이 책의 다음 장인 '잠들기 전에: 여러가지 생각들'에서 자세하게 설명하겠지만 그렇게 많은 이야기와 칼럼, 그리고 매스컴의 토론들에도 불구하고 제 7차 교육과정이 학교 내에서 어떻게 수용되고 비판받고 왜곡되고 있는지를 우리에게 정확하게 알려주는 사실적인 연구들이 없다는 점이 우리 저자들을 이 연구에 착수하게 만들었다. 물론 제 7차 교육과정의 실제들에 대해 기존의 많은 연구들이 있지만 그 연구들의 대부분이 요인들의 인과관계나, 실천가들의 인식의 정도, 또는 개선을 위한 제언 등을 다루고 있을 뿐 직접 현장에 들어가 7차 교육과정이 어떻게 운영되고 있는지를 이해하기 쉽게 알려주는 한 편의 영화와 같은 또는 한 편의 소설과 같은 현장의 이야기를 담고 있는 연구작업을 찾기는 어려웠다.

더 놀라운 사실은 제 7차 교육과정의 실제를 연구한 수많은 정책보고서와 교육과정 학자들의 연구작업들 그리고 학술적 논의들이 교육현장의 실제 모습과는 다른 이미지들을 담고 있고 우리들에게 읽혀지고 있다는 점이었다. 그러한 연구들에서는 정제되고 엄선된 과학적 용어들을 사용하여 현실의 무게와 고통의 강도를 미사어구 시켜 버린 채 무엇이 진정으로 문제인지 그리고 얼마나 문제인지를 묘사한 자료들을 찾기가 어려웠다. 마치 TV에 나오는 한 사람의 죽음이 무의미한 통계로 우리에게 다가오는 것처럼 제 7차 교육과정의 진정한 문제점들과 이슈들은 사라진 채, 부차적인 연구문제들, 현상들 그리고 요인들에 대한 연구들이 중요한 내용으로 다루어지고 있었다. 아울러 연구작업에서 사용된 글쓰기와 용어들 그리고 은밀하게 유도된 결론들은 실제 문제들이 얼마나 심각한지를 사실적으로 표현하지 못했으며, 문제점 개선을 위하여 교육실천가들, 연구자들, 그리고 정책가들이 가져야 하는 개혁의 용기와 의지 또한 북돋지 못하고 있었다. 특히 과학적 용어와 실증주의 연구작업에 숨겨진 보수주의 이데올로기들은 우리의 현실을 은폐시키고 이러한 문제점들을 바꾸기 위한 적극적 참여와 개입을 방치하고 방관하게 만들고 있었다.

우리를 더욱 놀라게 한 것은 일련의 연구들이 소수의 극단적 사례들의 인용을 통하여 그리고 타당성이 적은 질적 자료 수집과 분석과정을 거쳐서 현실과 다른 내용들이 학술지에 발표되고 있었다. 더욱 비참한 것은 연구작업의 결론과 제언은 머지않아 모든 문제들이 해결될 것처럼 미사어구를 사용하여 독자들의 판단과 현실인식의 능력을 마비시키고 있다는 점이었다. 이에 우리는 학술지, 보고서, 제 7차 교육과정에 대한 교육과정학자들의 인식과 현실의 사이에는 그랜드캐년처럼 너무나 큰 간격이 존재한다는 사실을 알게 되었다. 그리고 이러한 현상은 처음이 아니라는 점에서 문제의 심각성을 더한다.

이에 우리 저자들은 우리 주위에 널려 있는 정책연구들의 잘못된 연구결과와 표현에 대하여 인내하면서 읽기가 힘들었고 그 무엇인가를 새롭게 해야겠다는 생각을 하지 않을 수 없었다. 그러한 심리적 거부와 불신은 우리로 하여금 기존의 '과학의 이름'

아래 만들어진 연구결과들의 숨겨진 이야기들을 들추어 낼 필요가 있으며 7차 교육과정에 대한 현장의 모습이 얼마나 좌초하고 추락해 있는지를 솔직하게 써내려가는 것이 우리의 역할이라고 생각하였다. 다행스럽게 우리 저자들은 외부 기금을 받지 않은 상황에서 이 작업을 할 수가 있었고 따라서 우리의 영혼을 순수하게 지키면서 현장의 실제들을 경험하고 글을 쓰고 이 작업으로 마무리할 수 있었다. 때문에 정책연구를 수주한 연구자들이 연구기관에 갖추어야 하는 최소한의 예의(연구자의 언어와 통계를 이용한 현장의 이미지의 왜곡, 보수적 결론, 긍정적인 평가, 등)를 지킬 필요가 전혀 없었다. 우리는 그들의 요구에 따라서 자료들을 선별적으로 취사선택할 필요가 없었고 미사어구나 객관적 연구용어를 사용하여 현실을 왜곡시키는 이미지를 연구보고서에 재현할 필요가 없었다. 이에 우리의 글쓰기는 현장에 대한 면밀한 조사와 듣기, 그리고 자료들의 수집을 통하여 하고 싶은 이야기들을 마음껏 할 수 있었다.

목적 2: 교육과정 실행 탐구의 중요성

이 연구작업의 두 번째 목적은 우리나라 교육과정 연구분야에서 학술적 관심을 받지 못하고 있는 '교육과정 실행' 영역을 활성화시키기 위한 것이다. 교육과정 실행은 의도한/개발된 교육과정이 학교현장에서 어떻게 전달되고 있는지라는 전달(delivery)의 문제를 탐구하는 영역으로서 교육과정 탐구의 중요한 연구영역이며, 최근에 와서 매우 중요한 영역으로 연구되고 있다. 이렇게 교육과정 실행이 교육과정 탐구의 중요한 영역으로 부상한데는 여러 가지 이유가 있겠지만 의도한 교육과정이 의도된 채로 실천에 옮겨지지 않는다는 단순한 논리를 교육과정학자들, 교육행정가들 그리고 교육실천가들이 모두 인정하기 시작하였기 때문이다. 무수히 이루어진 많은 교육과정 개혁들, 학교개혁들이 기대와는 달리 현장에서 모두 폐사하거나 오용된 것은 이러한 입장을 잘 반영하는 역사적 사례에 해당한다.

그러한 이유 때문에 미국 교육학 연합회인 AERA의 교육과정 영역인 Division B는 교육과정 탐구의 중요한 연구영역 중의 하나를 교육과정 개발과 함께 '교실에서의 교육과정'이라는 영역을 신설해 두고 있다. 이러한 공식적 조직과 규정은 교육과정 개발에 대한 중요성만큼 교육과정의 실행에 대한 중요성을 교육과정학자들이 인정하고 있다는 대표적인 증거다. 따라서 이러한 강조는 교육과정이 미리 계획되고 설계되고 통제되어 그대로의 진공상태에서 실현되는 것이 아니라 다양한 상황 속에서 어떻게 구현되는지 그리고 그러한 실행이 의도한 대로 진행되고 있는지를 기술하고 이해하고 평가하는 작업이 있어야 함을 교육과정학자들에게 요청하는 것이다. 이러한 이유 때문에 1980년대 이후의 교육과정 학자들이 교육과정 개발에 대한 연구관심에서 벗어나 '교육과정 실행'에 대한 다양한 이론들과 새로운 해석들을 시도하기 시작하였다.

교육과정 실행에 대한 서구에서의 심층적인 연구작업의 확산에도 불구하고 우리나라의 경우, 교육과정 영역에서 활동하고 있는 학자들 대부분은 교육과정 개발 연구에 치중한 나머지 교육과정 실행 영역에 대해서는 깊은 연구관심을 나타내고 있지 않다. 그 결과 학교현장과 교실 내에서의 교육과정에 대한 연구작업이나 이론화는 심화되어 있지 않는 것이 사실이다. 이러한 무관심은 교육과정 연구에 대한 잘못된 인식에 기인한다. 즉, 교육과정 연구하면 국가 수준의 교육과정 지침서를 개발하는 작업 또는 수업 프로그램을 설계하는 작업으로서만 그 영역을 규정지으려고 하지 교육과정 지침이나 프로그램이 현장에서 어떻게 접목되어 의도대로/계획되지 않은 채로 실행되고 있는지에 대한 연구작업의 중요성에 대하여 교육과정학자의 연구영역이 아닌 것으로 착각하기 때문이다. 물론 이러한 착각이 어디에서 비롯되고 있는가는 여러 가지 원인이 있겠지만 방법론의 문제 그리고 대학연구자와 실천가에 대한 불평등한 위상에 대한 고정적인 인식들이 크게 영향을 끼치고 있다.

그러한 점에서 이 연구작업의 두 번째 목적은 제 7차 교육과정의 의도가 학교현장에서 어떻게 실행되고 있고/실행되지 않고 있는지를 기술함으로써 교육과정 개발 작업은 교육과정의 실행 작업에 대한 이해와 실천이 없이는 공허한 이론에 불과하고 현장에 효과적으로 접목되기 어렵다는 점을 우리 교육과정학자들에게 인식시키기 위한 것이다. 교육과정 개발자이든 아니면 교육과정연구자이든지 간에 7차 교육과정 개혁 작업에 관여하고 있는 연구자나 정책가들은 그들의 의도가 현장에서 어떻게 접목되고, 저항을 받으며, 거부되고 그리고 협상되는지에 대한 전달과 적용의 문제에 대하여 성실하고 진지한 태도와 이해를 갖추어야 할 필요가 있다. 교실에 들어가지 않고, 수업에 대한 참여관찰이 없이 그리고 교과서가 어떻게 교실에서 쓰이고 있는지/쓰이지 않는지에 대한 현장에서의 이해가 없이 추상적인 상황에서 만들어진 제 7차 교육과정의 계획들이 현장과 어떤 괴리가 있는지, 그리고 그 어떤 교정의 과정을 거쳐야 하는지를 밝히는 것은 쉽지가 않다. 그리고 그러한 중대한 문제를 항상 연구의 말미에 제언으로서 제시하는 글쓰기를 21세기까지 이끌고 나갈 수는 없는 것이다.

제 7차 교육과정 설계에 참여한 일련의 교육과정학자들이 교육부의 제 7차 교육과정의 실행에 대한 평가프로젝트를 수주하여 현장에 대한 진정한 평가작업이 없이 제 7차 교육과정의 좌초된 현실들을 외면하고 허황된 결과들을 공식보고서에 기술하는 것은 참으로 안타까운 일이다. 이에 우리 저자들은 현실과 유리된 연구결과들을 가지고서 전국의 많은 교사들과 미래의 교사들에게 잘못된 연구결과들을 선전하고 광고하는 그러한 실제들에 대하여 거부하지 않을 수가 없었다. 고통스럽지만 현실을 알아야만 개선이

가능한 것이며 아픈 부위를 계속 숨긴 채 살다가 고통을 더욱 받기보다는 정확한 진단을 내려주는 의사를 만나는 것이 진정으로 현명한 일일 것이다.

목적 3: 교육에서의 질적 평가

우리 저자들이 가진 세 번째 연구목적은 교육과정평가에서의 질적접근은 어떤 것인가를 우리나라에 소개하는 것이었다. 교육분야에서의 질적평가는 1980년대 이후 탈실증주의 연구패러다임이 교육학 분야에 새로운 주류 담론으로 자리 잡으면서 교육과정과 교육평가 영역에 새로운 평가방법으로 널리 확산되기에 이르렀다. 교육평가라고 하면 우리 대부분이 통계나 설문지 조사를 연상하지만 이미 미국과 구미의 나라에서 교육평가는 그러한 양적평가를 넘어 질적방법을 사용한 질적평가가 아울러 인기가 있다. 그러한 점에서 The Ohio State University의 박사과정의 질적연구의 세 번째 과목 이름이 '교육현장에서의 분석과 평가 세미나'로 붙여진 것은 그 타당한 이유가 있는 것이다. 아울러 우리에게 익숙한 교육과정학자들이 모두 교육과정 영역에서 질적평가와 관련된 연구작업을 하고 있다는 점 역시 이러한 역사적 특징을 잘 보여준다: Egon Guba, Yvona Lincoln, Robert Stake, Eliot Eisner, Robert Donmoyer, Michael Patton, Van Maanen, Alan Peshkin, Linda Darling-Hammond, Michael Huberman, Michel Fine.

그러나 우리나라의 경우, 교육과정 분야에서의 질적평가는 이론적 소개가 자세하게 되어 있지 않으며, 학구적 인식 역시 거의 없는 실정이다. 교육과정 개론서를 통하여 교육과정 평가에 대한 개념들은 소개되어 있지만 실제적으로 교육과정에 대한 평가를 전공하거나 연구작업을 하는 이들은 거의 없다. 있다고 해도 이들은 양적방법을 사용하여 프로그램의 효과를 검증하는 차원에서 양적평가를 하고 있을 뿐 질적방법을 사용하여 교육현장을 평가하는 작업을 하는 연구자들은 드물다. 때문에 교육과정이 실행되고 난 다음에 진정으로 이루어져야 할 평가가 질적으로 이루어지지 않고 대신에 일회성의 질문지를 통하여 만족도 또는 효과를 확인하는 차원에서 끝나는 경우가 대부분이다. 그리고 그러한 결과는 진정한 의미에서의 문제나 진단 그리고 피드백을 위한 것이라기보다는 과학적 언어와 통제된 연구개념들을 사용하여 실행된 프로그램의 효과와 장점만을 부각시키는 방향으로 이루어지는 경우가 허다하다. 가장 큰 문제는 평가를 위하여 연구자들이 현장을 다녀가거나 머무르거나 실천가들과 대화하거나 배우려고 하지 않는다는 점이다.

그러한 문제점들이 제 7차 교육과정 연구에서도 잘 나타나고 있다. 제 7차 교육과정이 실행되고 난 지 10여 년이 지났음에도 불구하고 그리고 수많은 불평과 문제점들, 그리고 불만들이 표출되어 왔음에도 불구하고 학교에서는 왜 제 7차 교육과정이 문제가 되고 있는지, 왜 저항을 하고 있는지, 그리고 현장교사들의 생존 전략이 왜 그렇게 나타나고 있는지에 대한 심도 있는 분석이 이루어지지 못하고 있다. 또한 보다 구체적으로 학교의 구조적인 문제나 상황에 대한 문제, 교사의 연수문제, 교수-학습 과정의 문제, 교과서에 대한 문제, 그리고 학습자료에 대한 문제 등 다양한 영역들에 대한 세심한 분석들이 이루어지지 않고 있다. 대신에 대부분의 평가연구는 상황에 대한 인식 수준에서의 요구사정 형태의 설문지 검사나 간단한 면담방법을 사용하여 현장의 문제를 연구자의 용어와 숫자로서 감환 시키고 제언이라는 영역을 통하여 모든 문제가 해결될 것처럼 글을 쓰고 있다.

이에 우리 저자들은 제 7차 교육과정이 학교현장에서 어떻게 실행되고 있는지 그리고 실제적 문제들은 무엇인지를 이해하기 위하여 사례연구기법을 활용한 질적평가를 시도하기로 결심하였다. 즉, 숫자와 통계를 사용하는 것이 아니라 참여관찰과 심층면담 그리고 내용분석

방법을 적용하여 우리나라 여섯 개의 학교현장에서 교육과정이 의도대로 실행되고 있는지/그렇지 못하는지를 기술하고 평가하고자 하였다. 이를 위하여 질적연구방법들을 활용하여 제 7차 교육과정이 여섯 개의 학교에서 어떻게 성공적으로 접목되고 있는지 아니면 실패한 채로 운영되고 있는지를 평가하고자 하였다. 그리고 그러한 평가는 기존과는 다르게 구체적으로 숫자와 통계를 제시하지는 않지만 모든 기술과 표현이 독자들에게 그 프로그램이 잘되고 있는지 아니면 잘 안 되고 있는지를 평가할 수 있는 역할을 하기 때문에 우리의 여섯 개의 학교들에 대한 질적 기술은 각 학교들에서 제 7차 교육과정이 성공적으로 이루어지고 있는지 아니면 잘 이루어지지 못하고 있는지를 숫자의 제시 없이도 평가를 내리는데 도움을 줄 것이다. 특히 질적평가의 한 가지 방법인 예술적 평가(Eliot Eisner, Tomas Barone, Robert Donmoyer)의 아이디어를 차용하여 여섯 학교의 교육과정의 실제 모습을 담고 있다는 점에서 이 텍스트는 우리나라의 교육학/교육과정에서의 질적평가의 새로운 전형으로 이해될 것이다.

목적 4: 크로스 오버 텍스트 만들기

이 연구작업의 네 번째 연구목적은 우리나라 교육학/교육과정학 분야에 새로운 글쓰기 기법을 적용한 텍스트를 만드는 것이었다. 이 텍스트는 최근에 교육학/사회과학 연구영역에서 인기를 받고 있는 문학적 글쓰기 기법을 교육과정 연구에 적용한 것으로서 두 개 이상의 학문 영역의 표현 매체를 혼합하여 사용하였다는 점에서 우리나라의 교육학/교육과정 연구영역에서는 새로운 실험이라고 할 수 있다. 나아가 두 개 이상의 학문 영역에서 사용되는 다양한 표현 매체(글쓰기 방법)를 이용하였다는 점에서 우리가 만든 텍스트는 최근에 많이 회자되고 있는 크로스오버적 성격을 띠고 있다. 이에 기존의 전통적인 양적 글쓰기 방법이 쇠퇴하고 새로운 실험적 글쓰기 방법들이 도입되고, 적용되고, 실험되고, 창조되고 있는 교육학/교육과정의 영역에서 우리 연구자들은 우리나라에서 시도된 적이 없는 교육과정연구에서의 문학적 텍스트 제작에 도전하기로 마음먹었다.

김 영천의 여러 글에서 밝힌 것처럼 Geertz의 경계의 상실, Lather의 다차원적인 텍스트, Van Maanen의 포스트모던 문화기술지 등의 개념에 기초하여 우리 저자들은 서구의 교육과정 학자들이 지난 20여 년간에 걸쳐서 새롭게 실험하고 있는 새로운 교육과정 텍스트 만들기 작업에 공감하면서 우리나라에서 이러한 연구작업이 필요하다고 생각하였다. 그리고 그러한 생각을 구체적인 작품으로 만드는 것이 필요할 것으로 상상하였다. 이러한 실험적 작업은 단순히 교육과정 연구작업을 문학적 텍스트로 전환하는 글쓰기 차원을 떠나서 기존 교육과정 연구작업과 글쓰기에 깊게 숨겨져 있었던 실증주의 표현의 이데올로기들에서 벗어나 교육과정연구에서의 탈실증주의 연구 이상을 구현하기 위한 창의적인 작업이라는 점에서 새로운 영역을 개척하는 작업으로 평가하였다.

그러나 이러한 목표를 구체적인 작품으로 생산해 가는 작업은 그렇게 쉽지 않았다. 우리 저자들 모두 문학가나 문학적 지식이 풍부한 전공자들이 아니었기 때문에 우리의 작업은 무척 어려웠고 많은 연습과 시행착오 그리고 브레인스토밍 과정을 거쳤다. 그리고 그 결과로서 우리의 작업이 세상에 나오게 되었다. 아울러 어려움에도 불구하고 저자 모두가 이러한 작업을 하기 위하여 보다 적극적인 방법으로 텍스트의 문학적 작업을 달성하기 위하여 최선을 다하였기 때문에 이러한 결과를 만들어 낼 수가 있었다. 먼저 김 영천은 이 작업을 통하여 그 동안 여러 작품들에서 조금씩 반영시킨 대안적 글쓰기 기법들을 더욱 공고하게 할 수 있었다. 즉, 김 영천의 일련의 작품들('네 학교 이야기: 한국 초등학교의 교실생활과 수업', '별이 빛나는 밤 2: 한국 교사의 삶과 그들의 세계', '미운 오리 새끼: 한국 초임교사의 일년 생활')에서 연습한 문학적 글쓰기의 아이디어들을 이 작품에 더욱 강화시킬 수가 있었다. 다음으로 이 희용 역시 자신의 전문적 삶을 자기 문화기술적 방법을 통하여 글쓰기 한 경험이 있었기 때문에 이 작업 역시 그러한 경험을 더욱 확대할 수 있는 좋은 기회가 되었다. 특히 자신이 공부한 국어교육의 전공 지식들을 잘 활용하여 다양한 문학적 텍스트를 창조하는데 기여하는 아이디어들을 만들어 내었고 나아가 질적자료들을 시, 드라마, 소설 등의 예술적 텍스트로 변환하는 작업을 성공적으로 담당하였다.

공저자 이 현철은 박사과정 연구자로서 모든 현상과 배움에 상당한 호기심과 열정을 가지고 있었기 때문에 그 동안 공부해 왔던 교육사회학에서의 양적연구방법을 넘어서 질적연구의 새로운 글쓰기 작업에 상당한 연구관심을 드러냈다. 그리고 그러한 연구관심은 연구가 진행될수록 더욱 고조되었는데 그러한 이유로는 어린 시절에 가졌던 피아노에 대한 상당한 조예와 미술 공부에 대한 예술적 경험이 작용했을 것이다. 아울러 일상생활에서 나타나는 그의 패션에 대한 미적 감각 역시 그러한 예술성의 표현으로서 이해할 수 있다. 그리하여 이 현철의 글쓰기는 이번 작업을 통하여 자신의 몸과 영혼 속에 숨겨져 있었던 창의적이고 문학적이며 가벼운 글쓰기의 잠재력이 발현된 학습의 기회였을 것이다.

마지막으로 최 준호는 음악교육을 전공하고 아울러 현장교사들 중심의 합창단에서 활동하는 이유로 인하여 문학과 예술에 대한 조예가 깊었고 그러한 사전지식이 좋은 글을 쓰는데 영향을 주었을 것이다. 김 영천이 제공해 준 소피 칼의 사진과 묘사적 글쓰기의 아이디어를 공부하여 제 7차 교육과정에 대한 한 초등학교의 이야기를 완성도 높은 작품으로 만드는데 성공하였다.

나아가 우리가 학습해왔던/지도 받았던 학문의 풍토 속에서 우리에게 은연중에 깔려져 있을 건조한 실증주의 표현방식과 과학적인 엄격함의 이데올로기를 벗어나기 위하여 우리들은 여러 가지 방법을 이용하였다. 훌륭한 예술가들의 작품들을 감상하고 이야기하였고 심지어 최근 영화감상을 통하여 영화 작가와 감독이 이야기를 어떻게 표현하고 그려나갔는지를 분석하는 작업을 하였다. 이에 우리는 기회가 있을 때마다 서로에게 도움이 될 수 있는 자료들을 공유하고 읽었으며 즐거워하고 행복해 하였다. 그 모든 즐거웠던 경험들을 모두 이 글에서 기록할 수는 없겠지만 동대문 운동장에 들어설 자하드의 새로운 건축물의 신선함, 북구 화가 베르나르의 '진주 귀걸이를 한 소녀', 영화, '악마는 프라다를 입는다.' 그리고 패션 잡지 GQ, Luel 등을 읽었고, 기존의 이미지와 텍스트를 비틀리게 재창조한 여러 예술 영역에서의 실험적 작업들을 이야기하였다.

다행히도 우리 저자들의 영혼과 생활의 방식이 모두 개방적이고 자유로우며 전통을 거부하는 그리고 새로운 무엇인가를 찾으려고 하는 위험한 세대, KNOB(New kids on the block)이었기 때문에 우리의 작업은 지루함과 힘듦보다는 즐거움과 창조의 기쁨으로 이어질 수가 있었다. 이에 이 책에 시도된 다양한 문학적 글쓰기 양식과 크로스오버 글쓰기 양식들이 우리나라의 교육학/교육과정 연구분야에 확산되기를 기대하며 미래에 다음 세대의 연구자들이 더욱 승화된 형태의 새로운 글쓰기 방법들을 개척하고 이론화시키기를 기대한다.

II. 잠들기 전에: 여러 가지 생각들

"딩동딩동"

점심시간이다. 학생들은 뛰쳐나온다. 이미 도시락은 3교시에 해치웠다. 운동장으로 달려간다. 예전 칼 루이스 아저씨보다 더 빠르다. 학교는 말 그대로 활기 그 자체였다. 복도는 학생들의 놀이터요, 화장실은 그들만의 장소요, 교실은 우정과 꿈을 만들어가는 학생들의 시작점이었다.

그러나 그 활기는 1995년, 이상을 지향했던 낯선 교육과정의 환상과 추락 앞에 '불투명한 의문'으로 전락해버렸다. 그 시간과 장소는 더 이상 학생들에게 놀이터도, 그들만의 장소도, 시작점도 아닌, 무서운 경쟁과 어색함만이 존재하는 슬픔의 장소가 되어버렸다.

왜 이러한 모습이 되어버렸을까? 이는 1995년으로 거슬러 올라간다.

1995년 5.31 교육개혁위원회는 21세기 정보화·세계화 시대에 대처하고 학생의 잠재력과 창의성 및 인성이 최대한 함양될 수 있도록 하는 학습자 중심의 열린교육을 제안하였다. 그 주요한 내용으로는 자기주도적 학습능력 신장, 개별화 수업, 개인의 흥미와 적성을 고려한 수업 등이었으며 이에 따라 1996년 교육부는 제 7차 교육과정을 제정하여 자율성과 창의성에 바탕을 둔 학생 중심의 교육과정을 표방하고 학생의 능력이나 적성, 진로에 적합한 학습자 중심의 수준별 교육과정을 중시하였다. 그리고 그것은 1997년에 제 7차 교육과정으로 고시하기에 이르렀다.

이러한 움직임들은 성공에 대한 확신으로 가득찼으며, 너무나 매력적인 모습으로 다가와 학생들의 활기를 다시금 이끌어낼 것으로 예상되었다. 하지만 학생들의 활기는 사라져버렸고 그 대신 불안하고 불투명한 현재의 우리 모습만 남게 되었다.

본 장에서는 불투명한 현재의 모습을 형성시킨 제 7차 교육과정에 대한 역사적인 일련의 과정과 핵심 개념들을 살펴보고자 한다.

1. 1997년 12월 30일: 제 7차 교육과정 공식적 문서의 등장

우리나라의 모든 선생님들은 12월 30일 교육부로부터 제 7차 교육과정이라는 개혁 문서를 받게 되었다. 나는 이 문서를 받아보고 답답함과 두려움을 느꼈다. 그리고 그 느낌은 지금도 잊을 수 없다. 나에게 아니 우리에게 그러한 상실감을 주었던 그 문서의 주요 내용은 크게 국민공통기본교육과정과 고등학교 선택중심교육과정이라는 두 개의 과정으로 나누어져 있었다.

첫째, 국민공통기본교육과정은 초등학교 1학년부터 고등학교 1학년까지 10년간의 기간 동안 교과, 재량활동, 특별활동이라는 세 가지 영역을 통해 국민이라면 누구나 배우고 거쳐야 할 과정을 중심으로 구성되어있다. 둘째, 고등학교 선택중심 교육과정은 고등학교 2학년과 3학년 과정에 해당되는 내용으로서 교과와 특별활동의 다양한 선택이 가능한 내용들로 구성되어있다.

이렇게 두 과정으로 크게 구분하여 설명하고 있는 제 7차 교육과정은 건전한 인성과 창의성을 함양하는 기초·기본 교육의 충실을 그 기본 목표로 삼고 있으며, 세계화·정보화 시대에 적응할 수 있는 자기주도적 학습능력을 신장할 수 있는 내용과 학생의 능력 진로

[그림 1] 제 7차 교육과정의 전체 구조

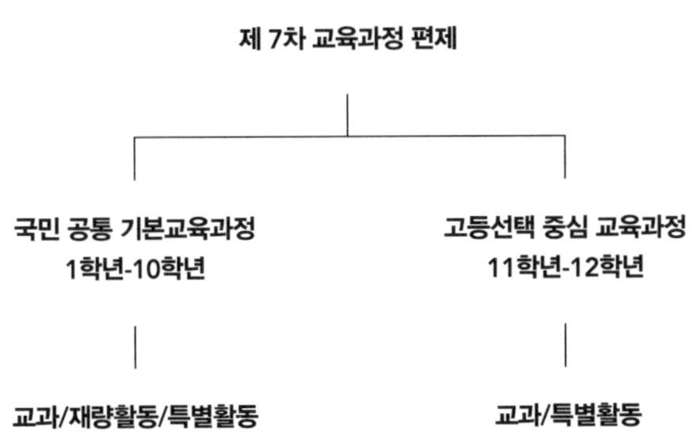

적성에 적합한 학습자 중심 교육의 실천을 지원하는 운영체제, 그리고 지역 및 학교교육과정 편성·운영의 자율성을 확대할 수 있는 제도를 갖추는 것을 기본방향으로 삼고 있었다.

우리들은 이것이 기존의 1차에서 6차의 국가교육과정의 특징과 매우 차이가 나고 있음을 확인할 수 있었으며, 호기심과 함께 의구심을 갖고 있었다. 이러한 의구심과 함께 제 7차 교육과정은 1997년 고시를 시작으로 2000년 초등학교 1, 2학년 2003년에는 전체 초·중·고등학교가 7차 교육과정을 학교 현장에 적용할 계획이었다. 정책의 의지는 단호하였으며 학교와 교사가 따라가기 힘들 정도로 강력하게 진행되어 갔으며, 어느덧 오늘에 이르게 되었다. 그 여정을 보면 아래와 같다.

[그림 2] 제 7차 교육과정 고시 및 시행

1997.12.30		2000		2001		2002		2003		현재
제7차 교육과정 고시	▶	초등 1, 2학년 적용	▶	초등 3, 4학년과 중학교 1학년 적용	▶	초등 5, 6학년과 중학교 2학년, 고등 1학년 적용	▶	중학교 3학년, 고등 2학년 적용	▶	교육과정 개정

2. 제 7차 교육과정의 특징

교사들에게 날아든 제 7차 교육과정의 문서 속에는 교육과정, 수업, 평가와 관련하여 생소한 용어들이 가득 들어 있었다. 우리들은 그 내용을 공부할 수밖에 없었다. 그 내용은 다음과 같이 다섯 가지였다.

첫째, 국가 수준의 공통성과 지역·학교·개인 수준의 다양성을 추구하는 교육과정이라는 것이다. 이는 국가 수준의 교육과정을 제정하여 기준으로 제시하면, 각 지역교육청과 학교는 국가기준을 준수하되 지역성과 학교의 특성과 요구를 반영하여 나름대로의 특색 있는 교육과정을 구성하여 운영할 수 있음을 의미했다. 둘째, 학생 중심의 교육과정이다. 이는 교육과정의 계획단계에서부터 학습자의 특성과 흥미, 요구와 능력을 반영하여 교육과정을 강조하는 것으로 우리 아이들의 자율성과 창의성 신장을 위한 교육과정을 의미하는 것이다. 이러한 학생 중심의 교육과정은 획일적인 운영을 방지하는 교육과정으로서의 주요한 목적성을 가진다고 할 수 있다. 셋째, 교육청과 학교, 교원, 학생, 학부모가 함께 실현하는 교육과정이다. 이러한 특징은 과거 교육기관과 학교가 학생 교육에 관한 대부분의 책임과 역할을 전담해 온 것과는 다른 것이다. 즉, 교육공동체라는 이름으로 학교뿐만 아니라 지역을 비롯해 모든 교육적인 자원과 여건을 제공할 수 있는 모든 대상을 교육 환경과 공급자로 삼아 협력하는 교육과정으로의 변모를 뜻하는 것이다. 넷째, 학교현장 내에서 수행되는 교육과정과 그 과정을 통한 결과의 질적 수준을 의미있게 유지·관리하기 위한 교육과정이라는 점이다. 그러므로 학교에 많은 자율권을 부여함과 동시에 교육과정 운영에 대한 질적인 평가를 통해 책무성을 강조하기 위한 교육과정으로서의 역할을 담당한다고 볼 수 있다. 다섯째, 제 7차 교육과정의 주요한 특징은 학교 교육체제를 교육과정 중심의 학교 체제로 재편하는 것이다. 이는 교육과정 중심으로 학교교육 체제를 개선해 나간다는 것으로서 이는 과거 교육부에서부터 시·도교육청을 거쳐 학교와 교사에 이르기까지 상명하달식의 획일적이고 일방적인 지시와 전달 체제에 따르는 형태에서 벗어나 수평적인 관계로의 변화를 의미하는 것이다. 즉, 교육부의 국가 수준 교육과정에서부터 시·도교육청, 학교, 그리고 교사에 이르기까지 각 교육 주체가 교육활동을 실천함에 있어서 교육과정 연구·개발과 편성·운영을 위한 개별 주체로서의 역할과 책임을 수행하는 것이다. 그러한 관계로 지속적인 상호작용과 피드백을 통해 학교교육체제를 교육과정 중심으로 계속 변화·발전시켜 나가는 것을 주요 특징의 하나로 삼았다.

하지만 이와 같이 명문화된 제 7차 교육과정의 특징들은 교사들로 하여금 관련 내용에 대한 정의와 학생들이 경험하게 될 다양한 상황들로 인해 혼란을 주었으며 앞으로 어떻게 해나가야 할 것인지에 대한 '한숨' 그리고 '좌절'만을 느끼는 교사들이 대부분이었다. 한편으로는 "또 새로운 개혁이구나."라고 비아냥거리며 언젠가는 정권이 바뀌면 또 없어지겠지 하고 이야기하는 교사들 역시 상당수가 있었다.

허름한 고기집의 자욱한 연기 속에서 소주잔을 기울이며 나의 동료는 나지막이 읊조린다.

"이게 뭐야, 내가 과연 잘 해낼 수 있을까?"

우리들은 계속해서 문서들을 읽어나가기 시작했다. 다행스럽게도 다섯 가지 내용에 대한 보충 설명이 자세하게 기술되어 있었다. 제 7차 교육과정은 크게 네 가지 영역에서 성공적인 실행을 위한 운행지침을 만들어 놓고 있었다.

첫째, 목표 면에서는 기본 교육의 충실을 강조하고 있는 것 같았다. 건전한 인성과 창의성을 함양하기 위하여 기본적인 언어능력과

[그림 3] 제 7차 교육과정 네영역별 운영지침

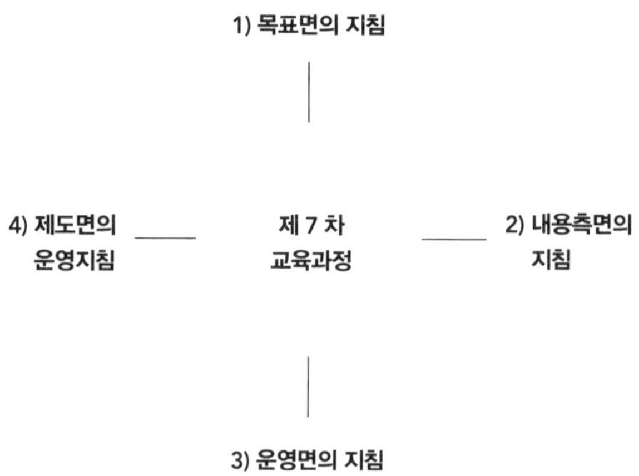

수리적 사고능력, 기초체력, 탐구능력과 창의성 등 기초학습능력을 신장시키고, 다양한 활동들 예를 들면 실험, 관찰, 조사, 수집, 토론, 견학, 노작 등 학습자 중심의 직접적인 체험활동이 모든 학습활동에서 이루어질 수 있도록 의도하고 있음을 알 수 있었다. 그리고 기본예절과 질서, 절제와 준법, 공중도덕 등 기본적인 생활습관이 학생들의 몸에 배이도록 하기 위해서 모든 교과와 특별활동, 재량활동 등 학교 교육활동 전반에 걸쳐 통합적으로 이루어지도록 하고 실천중심의 다양한 체험 학습과 토론학습으로 교육의 내용과 방법을 개선하고자 의도하고 있음을 알 수 있었다.

둘째, 내용적인 측면은 자기주도적 능력의 신장을 강조한 것으로서 자기주도적 학습은 교사의 지도하에 학습자 스스로가 학습방향과 목표를 세우고 학습과제에 따른 방법과 해결을 스스로의 힘으로 전개하고 평가하도록 하는 것이다. 따라서 학습자 스스로 자신의 학습에 대하여 주도적인 역할을 하고 동시에 학습에 대한 책임을 지면서 능동적이고 적극적으로 참여할 수 있도록 하는 교육 환경을 구현코자하였다. 또한 교과와 특별활동, 재량활동의 상호보완을 통해 학습하는 방법의 학습과 주제탐구학습, 소집단공동학습, 자연체험학습 등을 통합적으로 운영토록 하였다.

셋째, 운영 면에서는 수준별 교육과정이 중심이었다. 이는 학생의 적성과 능력 그리고 진로에 적합한 학습자 중심의 교육 실천을 위하여 수준별 교육과정을 확대 적용하고 있었으며, 단계형, 심화·보충형, 과목선택형의 유형을 제시하였다. 무뚝뚝한 그 문서에서는 수준별 교육과정을 도입한 이유를 학생의 능력, 적성, 필요, 흥미에 대한 개인차를 고려한 수업을 통해 학생 개개인의 성장잠재력과 교육의 효율성을 극대화하기 위해서라고 밝히고 있었다. 즉, 수준별 교육과정의 운영을 통해 능력이 떨어지는 학생에게는 학습부진의 누적을 예방할 수 있고, 능력이 뛰어난 학생에게는 심화학습의 기회를 제공하고자 하였다.

넷째, 제도 면에서는 국가수준의 교육과정은 각 지역과 학교교육과정 편성 운영을 위한 기준으로써의 역할과 위치를 차지하였다. 그에 따라 지역교육청과 학교는 지역 및 학교의 실정에 알맞은 교육과정의 운영이 가능하도록 시·도교육청 및 단위 학교에서 교육과정을 편성·운영할 수 있는 자율·재량의 권한이 더욱 확대되도록 하였다. 또한 그러한 자율·재량권의 부여와 더불어 교육과정 실천의 주체로서의 교사의 역할과 책임을 더욱 강조하였다. 교육과정 실천의 주체를 교사로 보았고 학교는 학교교육과정 편성, 운영계획을 바탕으로 학년, 학급, 교과목별 교육과정을 구체적으로 편성, 운영할 수 있으며, 이를 위해서는 교원의 조직, 학생 실태, 학부모의 요구, 지역 사회의 실정 및 교육시설·설비 등 교육여건과 환경이 충분히 반영되도록 하였다. 그리고 이러한 자율·재량권 부여에 따른 교육과정 운영에 대한 평가와 질 관리를 위해 국가 수준에서는 주기적으로 학생의 학력 평가, 학교와 교육기관에 대한 평가, 교육과정 편성·운영에 관한 평가를 실시하는 질 관리 교육과정의 개념을 도입하였다.

이러한 내용들을 읽고 난 후에 우리는 여러 가지 감정들을 갖게 되었다. 먼저 너무나 목표가 거대하고 장황하여 학교 현실에 적용될 수 있을까라는 걱정이 앞섰다.

교사들과 현장의 교육주체들에게는 이러한 사항들이 큰 매력으로 다가오지 못했다. 특히 현장에서 이러한 '큰 그림'은 추상성 때문에 그 의미를 상실했기 때문이다. 학생들에게 무엇이라고 하겠는가?

'애들아 건전한 인성을 가져야 한단다.'

모르긴 몰라도 내가 아는 학생들은 아마도 MP3를 귀에 꽂아둔 체 이영애가 애기했듯이 '너나 잘 하세요'라고 응수 할 것이다.

현장은 다르다! 무엇보다 현장은 살아있기에 문서들에 적혀있는 몇몇 글자들에 의해 반응하지 않는다. 교사들은 '신으로부터 부름 받음 소명적인 직업'에 대한 책임감과 중압감을 가진 채 4년 내내 대학에서 열심히 공부하였지만 그것조차 현장의 특수성으로 나가떨어지는 판인데 하물며 그 문서들의 내용들이 어찌하겠는가. 문서들의 내용은 그야말로 적용력을 상실한 문자요 글자였다.

이러한 생각에 잠기는 순간 계속해서 문서의 내용에 귀를 기울였다. 아니 현장과 동떨어져 있음에 놀랐으며 과연 그 끝은 어디까지인가를 보고자 집중하였다. 역시나 이러한 상황임에도 불구하고 개정의 중점사항도 마찬가지였다. 개정된 제 7차 교육과정의 특징은 다음과 같이 요약할 수 있는데 국민공통기본교육과정의 편성과 학생 선택중심 교육과정의 도입, 수준별 교육과정의 도입, 재량 활동의 신설·확대, 질 관리 중심의 교육과정 평가 체제 확립, 교과별 학습량 최적화와 수준의 조정, 정보화 사회에 대비한 창의성과 정보능력배양 등이 바로 그것이었다.

3. 2000년 3월: 국민공통기본교육과정의 시행

드디어 2000년 3월이 왔다. 3월은 활기차다.

학교는 새로운 교육과정으로 바빴다. 교장 선생님도 열심히 하라고 우리를 다그친다. 날씨가 따뜻해 졌지만 학교의 교무실 공기는 여전히 차갑다. 우리 모두는 교사연수가 있다면서 창원에 있는 어느 대학교의 연수프로그램에 단체로 공부를 하러 갔다. 국가에서 아주 작심을 한 듯 전국이 이 새로운 교육과정으로 몸살을 앓는 듯하다. 연구부장 선생님은 학교의 공문을 제 7차 교육과정에 맞추어 작성해야 하고 각 학년의 부장선생님들은 그에 맞추어 교육계획서를 만들어야 하기 때문에 참여태도나 학습동기가 남다르다.

이 연수회에 초청되어 온 강사는 제 7차 교육과정을 전체적으로 계획한 교육과정 연구자인 듯하였다. 약 30대 중반으로 보였으며 외국에서 공부한 듯하였다. 현장을 잘 모르는 것 같아서 안타까웠지만 서울에서 일부러 왔다는 점에서 최대한 인내심을 가지고 듣고자 나는 맹세하면서 자리에 앉았다. 그 강사는 다음과 같이 명료하게 그 구체적인 내용들을 5가지로 설명을 하였다.

1) 제 7차 교육과정의 편제

강사에 따르면 제 7차 교육과정의 편제상의 특징은, 초등학교 1학년부터 고등학교 1학년까지 10년간의 '국민공통기본교육과정'과 고등학교 2, 3학년의 '선택중심 교육과정'으로 구성되어 있다고 설명하였다. 또한 국민공통기본교육과정은 교과와 특별활동, 재량활동의 3개 영역으로 편성되어 있으며, 고등학교 선택중심 교육과정은 교과와 특별활동의 2개 영역으로 편성되어있다고 하였다.

그 강사는 연시 침을 튀어 가면 구체적인 설명을 이어갔다. 교과는 초등학교 1학년에 6과목, 2학년에 5과목, 3, 4학년에는 9과목, 5, 6학년에 이르면 국어, 도덕, 사회, 수학, 과학, 체육, 음악, 미술, 외국어와 실과를 포함하여 10개 교과목을 가르치고 배우게 된다고 하였으며, 중학교 1학년부터 고등학교 1학년에 배우는 교과목은 초등 교과의 사회 과목과 실과 과목이 사회와 역사, 기술·가정 과목으로 일부 변경되어진다. 그 다음 고등학교 2, 3학년에는 보통교과 과목군과, 전문교과 과목군으로 나뉘어져 있는 과목들을 선택적으로 이수하도록 되어 있다고 하였다. 특별활동은 자치·적응·계발·봉사·행사활동의 다섯 가지 영역에 걸친 활동이 이루어지며 재량활동은 크게 교과 재량활동과 창의적 재량활동으로 구성되어 운영된다고 하였다. 그러나 설명을 듣는 내내 의구심만 커져갔다. 이러한 편제상의 구성은 한정된 상황과 시간에 많은 것을 요구하고 있었으며 현장의 교육주체들의 눈높이와는 다른 생동감 없는 내용들로 가득 차 있었기 때문이었다.

2) 국민공통기본교육과정의 3대 영역

그 강사는 물을 천천히 한 모금 마신 뒤 말을 이어갔다.

제 7차 교육과정의 경우, 교과, 재량활동, 특별활동으로 구성되며, 이 세 영역은 국민공통기본교육과정의 중심축으로 상호 보완적인 관계를 가지며 운영된다고 하였다. 나는 그림 4 같이 강사의 설명을 마음속으로 그려보았다.

[그림 4] 국민공통기본교육과정 3대 영역과 관계

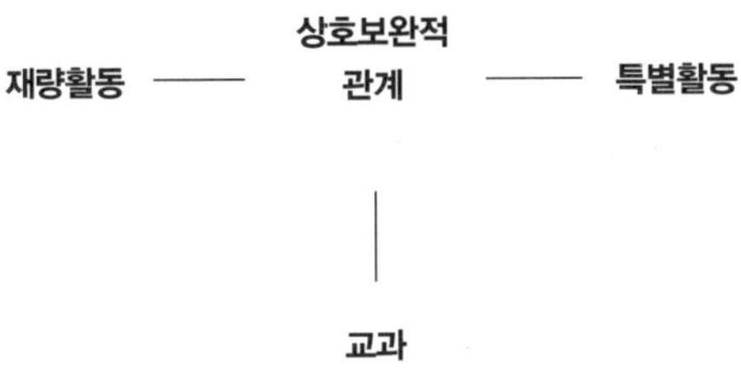

각 영역의 편제나 시간 기준은 각각 부여되어 있으나 운영 면에 있어서는 독립적으로 운영되기보다 서로

톱니바퀴처럼 맞물려 돌아갈 수 있도록 의도되어 있다고 강조한다. 하지만 특별활동과 재량활동이 교과의 보충과 심화의 역할을 함께 수행하도록 하고 있지만, 실제 학교 현장에서는 각 영역이 고유 색깔을 지닌 채로 상호보완이나 보충심화는 기대하기가 쉽지 않다. 때론 재량활동은 교사들에게 컴퓨터 교과나, 한자 교과와 같이 과목 수가 추가된 것에 지나지 않았다. 봉사활동의 5개 영역은 교사가 교과 이외에 학생들에게 부여할 수 있는 다양한 기회가 될 수도 있지만, 학교나 교실 상황과 어울리지 않을 때는 오히려 교과지도의 방해물로 받아들여지기도 하였다. 교과 한 영역에 충실하기 위한 준비도 마련되지 않은 채 요구되는 상호작용은, 때론 영역의 구분이 무의미할 정도의 변용이 이루어지기도 하는 것이었다. 이와 같은 내용을 이야기해주고 질문도 하고 싶었지만 '무엇을 하려고, 괜히 분위기만 망치지. 여기 그것 모르는 사람이 어디 있을까?' 싶어 그냥 참았다.

하지만 현장과 동떨어진 운영에서 파생되는 문제들인데 강력한 의지로 실행되고 있는 현 교육정책의 핵심으로서 배제할 수도 피해갈 수도 없는 것이 상황이라 앞이 캄캄하였다.

3) 국민 공통 기본 교육과정

계속해서 강사는 설명을 이어갔다. 제 7차 교육과정이 6-3-3-4학년제의 학교급 만을 강조하던 기존의 편제에 대한 고정관념을 변화시키고, 10년간의 연계성을 강조하고 있다는 것을 이야기해주었다. 이러한 내용의 가장 대표적인 것으로 '국민공통기본교육과정'의 개념이 제 7차 교육과정에 도입된 것을 통해 파악될 수 있다고 하였다. 강사는 초등 1학년부터 고등학교 1학년까지 10년간의 국민공통기본교육과정이 도입된 좀 더 구체적인 이유와 편제상의 특징이 다음과 같다고 설명해주었다.

"첫째는 말이지요. 세계적인 생활수준의 향상과 모든 국가가 사회복지 차원에서 국민을 대상으로 의무교육기간이 확대되고 있는 요소에 기인하고 있고요. 둘째는요, 변화하는 사회적 맥락 속에서 단순 노동이나 기능적인 직종에서 고등정신력과 판단력이 요구되는 직종으로 대체됨에 따라 국민의 기본교육이 보다 충실해져야 한다는 요구가 강력해졌기 때문입니다. 에헴! 그리고 셋째는 지식·정보의 양이 급증하는 가운데 주요한 사회적 요구에 대응하기 위해서 국민에게 동일한 기간 동안 동일한 교육 내용을 가르쳐야 할 필요성이 대두되었기 때문이지요."

초등학교에서 고등학교 1학년까지의 10년 기간 동안 모든 국민에게 공통적인 기본 교육을 받게 함으로써 국민으로서의 교양 수준과 기초학력의 강화를 기대하였고, 점차 고도화·다변화되어 가는 정보화 사회에 적응할 수 있는 능력을 향상시키며,

학교급 간이나 학교 간 교육내용의 중복 또는 비약을 방지하여 연계성을 지닌 교유과정체제를 구성하는 것을 기대하며 적용되었다.

국민공통기본교육과정 중 교과는 교육과정의 가장 중핵적인 활동과 위치를 차지하며, 특별활동·재량활동과 상호보완적인 관계를 유지한다. 교과는 초등학교 1학년의 '우리들은 1학년'을 시작으로 국어, 수학, 바른생활, 즐거운 생활, 슬기로운 생활 교과로 초등학교 2학년까지 배우게 되며, 3, 4학년은 국어, 도덕, 사회, 수학, 과학, 체육, 음악, 미술, 외국어 과목을 학습하게 되며, 5, 6학년은 여기에 실과 과목이 추가되어 총 10개 교과목을 배우게 된다. 어릴 적 나의 시절을 생각해보면 참 많은 과목으로 힘들었던 것을 기억한다. 하지만 '어떻게 하면 좋을까'라는 고민만 하면서 다시금 집중하였다. 중학교 1학년부터 고등학교 1학년까지는 초등 10교과목 중 사회과는 사회와 역사로 나누어지며, 실과는 기술·가정 교과의 이름으로 바뀌어 적용되었다. 이후 고등학교 선택중심 교육과정의 교과는 보통교과와 전문교과로 나누어 운영되어진다. 이러한 움직임은 기존의 편제에 대한 고정관념을 변화시킬 수 있을지는 몰라도 기존의 교육과 학생들의 겪는 어려움을 변화시키지는 못하였다. 어찌 보면 교사와 학생들의 어려움을 증대시켰으며, 더욱 복잡하고 난해한 과정으로 인도하였을 뿐이다. 출근길 학생들과 함께 교문을 들어선다. 이러한 생각들을 하고 나니 걸음걸음이 무겁게 느꼈다.

그래도 우리 아이들 환하게 인사한다.
"안녕하세요. 선생님!"

4) 특별활동

어느덧 1년 흘렀다. 학교에서의 시간은 참 빠르다. 한 학기 두 학기, 1년이다.
오늘도 연수가 있는 날이다. 연수의 주제는 특별활동과 재량활동이다. 별로 특별한 게 없는데 또 연수를 받으라고 한다. 사실 이 주제들은 현장교사들이 더 잘 알고 있는데 무엇을 연수받아야 하나 짜증이 든다.
그래도 다행히 강사는 유머감각이 좋았다. 중간 중간 재미있는 이야기로 집중을 요구하였다. 마치 개그맨처럼 좌중을 압도하였다. 그는 "이제 특별활동 들어갑니다."라며 특유의 억양과 제스처를 취한다. 나도 저렇게 말을 잘하였으면 하고 잠깐 생각하였다.
그에 따르면 특별활동이란 '의도적인 체계적인 학교 교육에서 교과와 상호보완적이며 전인 교육의 일환으로 실시되는 교과 이외의 활동'을 뜻하였다.
나는 이미 학교 현장에서 특별활동이라는 이름으로 수업을 하고 있는데 이 특별활동은 어떻게 기존과는 다를까 상당히 궁금하였다. 그리고 강사의 설명에 귀를 기울이지 않을 수가 없다.
강사는 특별활동의 목표가 다양하고 건전한 집단 활동에 자발적으로 참여하여 개성과 소질을 계발 신장하고 공동체 의식과 자율적인 태도를 기름으로써 민주시민으로서의 기본적인 자질을 함양하는 데 있다고 하였다. "좀 더 구체적으로 이런 것들이 있습니다."라며 특별활동의 5가지 영역을 제시하였는데 자치활동, 적응활동, 계발활동, 봉사활동, 행사활동이었다.

[그림 5] 특별활동의 5개 영역

자치활동은 학습 구성원으로서의 역할을 분담, 수행하고 자치 활동에 적극 참여함으로써 시민의 기본 자질과 태도를 지니도록 하는 목표와 내용으로 구성되며, 적응활동은 변화하는 환경에 잘 적응하고 대처하는 능력을 신장하여, 자신의 문제를 능동적으로 해결토록 하기 위한 목표와 내용으로 구성된다고 하였다. 계발활동은 자신의 취미와 특기를 계발 신장하는 활동에 자발적으로 참여하여 질서를 배우고, 협동심을 기르며, 자아실현을 위한 기초를 다지는 활동으로 구성된다고 한다. 봉사활동은 봉사의 의미를 이해하고 타인을 돕는 일에 적극 참여하여 공동체 의식을 함양하고, 삶의 보람과 자신의 가치를 느낄 수 있도록 하는 활동이며, 행사활동은 각종 행사의 중요성을 이해하고 자발적으로 참여하여 학교와 지역 사회의 일원으로서 갖추어야 할 기본 자질과 태도를 가질 수 있도록 하는 활동으로 구성된다고 하였다. 하지만 교육 주체들에게 있어 특별활동은 시간 때우기와 대학입시에 좌우되는 무의미한 영역으로 여겨지고 있는데 이런 것들이 과연 어떻게 진행되어질까 답답함이 앞섰다. 나와 강사가 눈이 마주쳤다. 열심히 집중하는 척을 하였다. 책에 글도 썼다. 그리고 매우 엉성하지만 다음과 같이 정리해 보았다.

[표 1] 특별활동의 세부 내용

구분	내용
자치활동	학습 구성원으로서의 역할을 분담, 수행하고 자치 활동에 적극 참여함으로써 시민의 기본 자질과 태도 함양.
적응활동	변화하는 환경에 잘 적응하고 대처하는 능력 신장, 자신의 문제를 능동적으로 해결할 수 있는 능력 신장.
계발활동	자신의 취미와 특기를 계발 신장하는 활동에 자발적으로 참여하여 질서를 배우고, 협동심을 기르며, 자아실현을 위한 기초를 다지는 활동.
봉사활동	봉사의 의미를 이해하고 타인을 돕는 일에 적극 참여하여 공동체 의식을 함양하고, 삶의 보람과 자신의 가치를 느낄 수 있도록 하는 활동.
행사활동	각종 행사의 중요성을 이해하고 자발적으로 참여하여 학교와 지역 사회의 일원으로서 갖추어야 할 기본 자질과 태도를 가질 수 있도록 하는 활동.

5) 재량활동

이번 제 7차 교육과정의 내용 중에 새롭다고 생각되는 용어가 있었는데 바로 재량활동이었다. 무엇일까 매우 궁금하였다. 무엇을 재량으로 한다는 것일까, 누가 재량으로 하는 것이고, 어떻게 한다는 것인가 여러 가지 의문점이 든다.

[그림 6] 재량활동의 구성

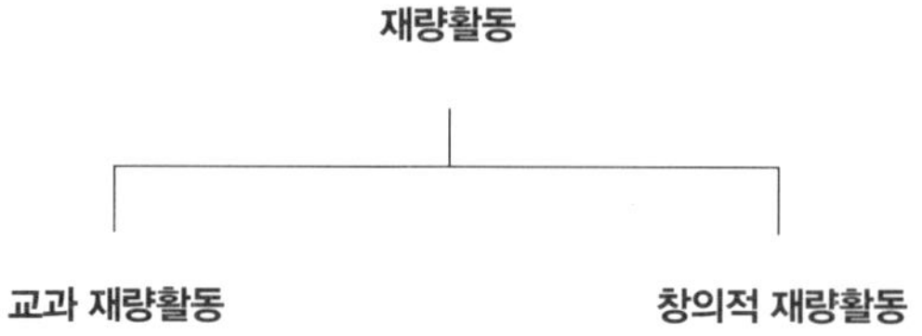

강사는 다음과 같이 그 내용을 설명하였다. 재량활동의 구성은 교과재량활동과 창의적 재량활동으로 이루어져 있으며, 학교 교육목표와 학생의 요구 및 지역실정을 고려하여 자율적으로 운영하는 것을 기본 원칙으로 한다고 하였다. 그 이유는 기존 교과나 특별활동에서 미처 다루지 못한 자기주도적이고 창의적인 교육활동을 통해 학생·학부모·지역사회의 새로운 요구에 탄력적으로 대응하기 위해서라고 설명해주었다. 이러한 시도는 학교교육에 대한 신뢰구축과 교육과정의 자율화 또는 다양화 확대에 기여를 할 수 있다는 가능성을 확보해주고 있으며, 이러한 맥락 가운데 교과재량활동은 초등학교의 심화, 보충 학습과 중고등학교의 선택과목 학습을 뜻하며, 창의적 재량활동은 범교과 학습과 자기주도적 학습을 위한 활동으로 구성된다고 하였다.

하지만 재량활동의 이러한 다양한 활동도 특별활동의 맥락과 동일하게 대학입시와 맞물려 생각한다면 이러한 운영이 가능 할 수 있을까라는 질문을 던지게 되고 학교 현장의 교사들은 실제로 그러한 고민을 하고 있었다. 이는 현재의 재량활동 운영 방식은 다소 대학입시와 거리가 먼 것이며, 재량활동 본래의 의미를 살리고자 노력을 하고 있는 모습이지만 이것이 대학입시에 방해가 되거나 학생과 학부모의 강력한 요구가 있을 시에는 불가피하게 수정 및 변화가 이루어지지 않겠는가 하는 것이다. 즉, 대학입시와 관련하여 재량활동의 의미가 좌지우지 된다는 것이다. 선택중심 교육과정에서도 그러하였지만 특별히 일반계 고등학교에서는 여전히 대학입시 체제의 영향을 받고 있었으며 그러한 영향력이 나타날 것이라는 것을 쉽게 예상할 수가 있었다. 이러한 맥락 가운데 입시 준비기 이전 단계(초등학교와 중학교)에서부터 대학 진학에 사활을 걸고 있는 우리 현장의 독특성을 고려할 때, 과연 앞으로의 운영은 어느 방향으로 나아갈 것인가에 대한 의문을 던지게 하고 있었다.

4. 2003년 3월: 고등학교 선택중심 교육과정 시행

제 7차 교육과정 시행 고시가 있은 후 어느덧 3년이 흘렀다. 고등학교에 재직하고 있는 나는 선택교육과정에 대하여 연수를 들으러 간다. 그리고 그 내용을 학교의 다른 선생님들에게 또 설명해 주어야 한다. 이게 우리나라의 연수 방법이다. 한 학교의 선생님이 연수자 대표로 다녀와서 학교의 모든 교사들에게 설명을 한다. 내가 잘 모르면 설명 역시 부족한 게 사실이다. 선택교육과정이란 무엇일까? 용어가 나를 호기심 넘치게 만든다. 오늘 연수는 경남 도교육청 주최의 연수로서 어느 국립 대학교에서 열렸다.

2000년 3월 초등학교 1, 2학년을 시작으로

국민공통기본교육과정이 시행된 이후, 2003년 3월에는 고등학교 2, 3학년의 선택중심 교육과정이 시행·적용되기에 이른다. 국민 공통 기본 교육과정이 시행된 후 어느덧 3년이 흘렀다. 우리나라 전국에서 제 7차 교유과정에 대하여 난리다. 심야 토론에 100분 토론에 신문에서의 비평에 우리들은 어디에 장단을 맞추어야 할 지 모르겠다. 며칠 전에 우리 고등학교 교사들은 7차 교육과정 중에서 고등학교 교사들이 알아야 하는 내용이라며 선택중심 교육과정을 잘 짜야 한다고 학교장으로부터 설교를 들었다. 무슨 말이 그렇게 복잡한지, 그리고 교육부에서 만든 표나 그림은 얼마나 창의적이지 못한지 교사들은 비판하였다.

다음 표는 고등학교 선택과목의 종류와 편성 단위를 보여주고 있는데 국민공통기본교육과정이 국민이라면 누구나 배워야 할 최소 필수 교육과정의 성격을 지닌다면, 고등학교 선택중심 교육과정은 편제상 고등학교 2, 3학년에 해당되는 것으로 학생의 진로, 적성, 흥미 등에 따라 교육과정을 달리 구성할 수 있도록 되어있음을 알 수 있다. 영역은 교과와 특별활동의 2개 영역으로 편성되어있으며, 교과는 일반교과와 전문교과로 나누어지는데, 이수단위는 총 144단위이다. 그 중 선택과목이 136단위이며 특별활동에 8단위가 편성되어있다. 여기서 1단위란 주당 1시간, 1년간 수업이 이루어지는 경우를 의미한다. 선택과목은 일반 선택과목이라고 하는 '보통교과'와 심화 선택 과목이라고 하는 '전문교과'로 구분되며, 선태과목에 배당된 136단위는 보통교과 24단위 이상과 심화 선택과목에 112단위 이하가 배정되어야 한다고 한다.

설명을 듣고 있지만 도통 무슨 이야기인지 감이 오지 않는다. 그러한 생각에 뚫어져라 쳐다보고 있을 때 보통 교과는 교양 증진 및 실생활과 연관된 과목의 성격을 지니며, 전문 교과는 학생의 진로, 적성과 소질을 계발하는 데 도움이 되는 성격을 지니고 있다고 한다.

어느덧 강의에 집중하기도 어려워진다. 눈꺼풀이 몹시 무겁다. 에라 모르겠다 염치불구하고 꿈나라로 가자는 마음도 있었지만 나를 견디게 해 준 것이 아래의 [표 2]이다. 그 표가 재미있어서가 아니라 이 표를 좀 더 쉽게 나타낼 수 없을까 고민하면서 자료의 여백을 도화지로 생각하였다. 나에게 이런 미술적 감각이 있을 줄이야 놀라웠다. 앞으로 내 자녀들은 미술을 시켜야겠다고 생각한 순간도 이때다. 비몽사몽간에 그려서인지 연결선들이 뒤죽박죽이다. 하지만 강사가 준 복잡한 표보다는 느낌은 더 확실하게 오는 것 같다. 주요 해당 과목들은 표를 보면 알 수 있지 않는가 말이다.

[그림 7] 선택과목 구분

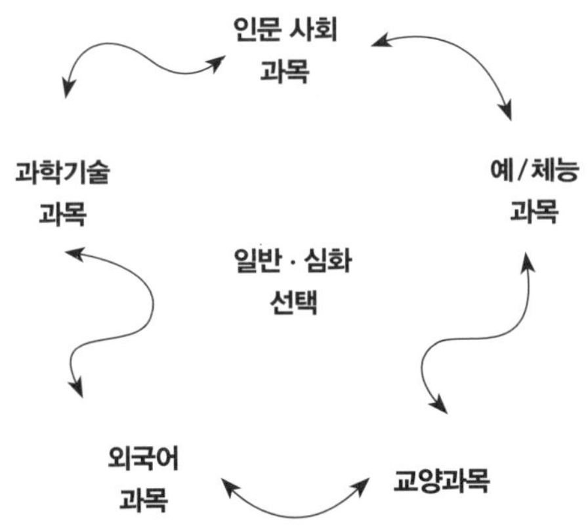

즉, 해당 과목들은 일반 심화 선택을 중심으로 구분되어져 있으며 이는 특정한 교육적 목적을 위해 영역 내에서 활발하게 활동을 전개하는 것을 지향하고 있는 것 같았다. 그리고 각 영역들은 선택과목이라는 큰 울타리 안에서 진행되고 있었는데 그 내용들은 아래의 표에서 명확하게 알 수 있다. 그림이 그려진다 싶어 위의 내용을 좀 더 확장하여 다음과 같이 표현해 보았다. 그 순간 동료교사가 눈치를 준다.

[그림 8] 선택과목 구분의 확장

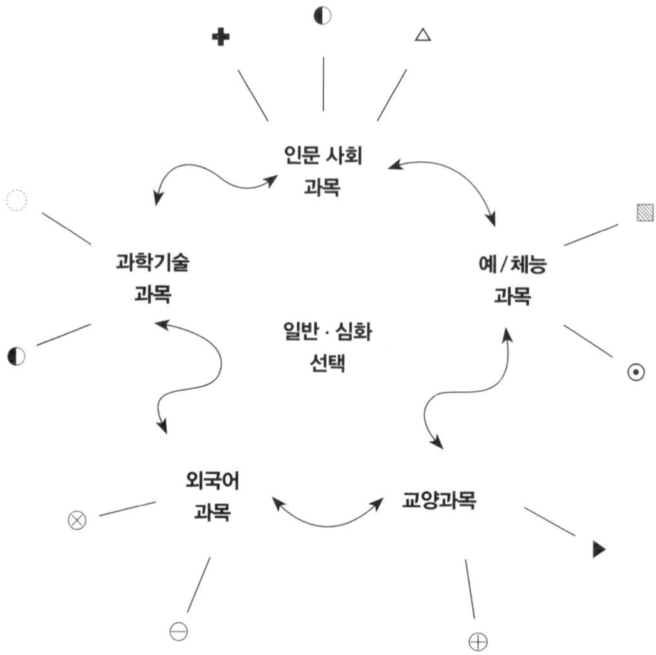

하지만 이미 난 명작을 탄생할 각오를 하고 있었으며 나의 열정을 막을 수는 없었다. 위의 그림을 보면 각 영역에 기반을 두고 파생되어 나온 모형들이 각각 존재하고 있으며 그것들은 각 영역의 과목들을 의미하고 있다. 그런데 문제는 이 그림을 이러한 설명을 하지 않은 채 나의 동료에게 보여줬더니 그냥 아래의 표를 보자고 한다. 예술작품을 이해하지 못하는 나의 동료가 안타깝다.

[표 2] 고등학교 선택과목의 종류와 편성 단위 (교육부, 1997)

구분	선택과목 일반 선택과목	 심화 선택과목
1. 인문 사회 과목군	국어생활 (4) 시민윤리 (4) 인간사회와 환경 (4)	화법 (4), 독서 (8), 작문 (8), 문법 (4), 문학 (8) 윤리와 사상 (4), 전통 윤리 (4) 한국 지리 (8), 세계 지리 (8), 경제 지리 (6) 한국 근 · 현대사 (8), 세계사 (8), 법과 사회 (6) 정치 (8), 경제 (6), 사회 · 문화 (8)
2. 과학 기술 과목군	실용 수학 (4) 생활과 과학 (4) 정보사회와 컴퓨터 (4)	수학 I (8), 수학 II (8), 미분과 적분 (4) 확률과 통계 (4), 이산 수학 (4) 물리 I (4), 화학 I (4), 생물 I (4), 지구과학 I (4) 물리 II (6), 화학 II (6), 생물 II (6), 지구과학 II (6) 농업과학 (6), 공업기술 (6), 기업경영 (6) 해양과학 (6), 가정과학 (6)
3. 예체능 과목군	체육과 건강 (4) 음악과 생활 (4) 미술과 생활 (4)	체육이론 (4), 체육실기 (4 이상)* 음악이론 (4), 음악실기 (4 이상)* 미술이론 (4), 미술실기 (4 이상)*
4. 외국어 과목군		영어 I (8), 영어 II (8), 영어회화 (8) 영어독해 (8), 영어작문 (8)
	독일어 I (6), 프랑스어 I (6) 스페인어 I (6), 중국어 I (6) 일본어 I (6), 러시아어 I (6) 아랍어 I (6)	독일어 II (6), 프랑스어 II (6) 스페인어 II (6), 중국어 II (6) 일본어 II (6), 러시아어 II (6) 아랍어 II (6)
5. 교양 과목군	한문 (6) 교련 (6) 철학 (4), 논리학 (4) 심리학 (4), 교육학 (4) 생활 경제 (4), 종교 (4) 생태와 환경 (4), 진로와 직업 (4), 기타 (4)	한문고전 (6)
이수단위	24 이상	112 이하
특별활동	B	
총 이수단위	114	

5. 1998년 ~ 2006년: 수준별 교육과정

드디어 제 7차 교육과정의 가장 쟁점이 되었던 수준별 교육과정에 대하여 오늘 학교 차원에서 교육부에 제출할 문서를 보내는 날이다. 한일 월드컵이 끝난 지 며칠 이 되지 않았는데 그 결과를 적어야 한다니 시행된 것이 별로 없는데 그리고 교사들이 난리인데 이 내용에 대한 평가서를 어떻게 작성해야 할 지 참으로 난감하다. 그러나 어쨌든 먹고 살아야 하니까 승진해야 하니까 나는 다음 내용을 중심으로 공문을 작성하기 시작하였다. 현장이 어떻게 운영이 되고 있든지 간에 우리 학교의 보고서 제출을 위하여 다음 세 가지 내용을 알아야 한다는 생각이 들었다. 이에 제 7차 교육과정 전체 지침서를 자세히 읽었다. 전임 연구부장의 부주의로 이 업무는 나에게 맡겨졌다. 운수가 사나웠다.

수준별 교육과정 실행에 대한 보고서 작성을 하기 위하여 지침서를 자세히 읽었다. 공부하는 마음이어서 그런지 내용이 눈에 잘 들어있다. 크게 세 가지로 시행하라는 지시였다.

[그림 9] 수준별 교육과정의 3유형

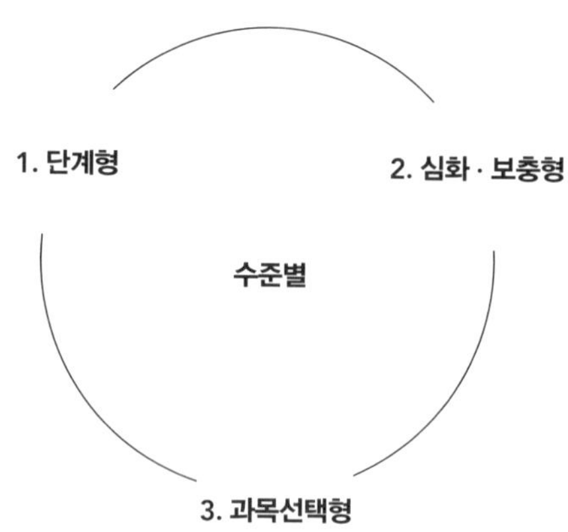

유형 1: 단계형

단계형은 학습의 난이도를 기준으로 학습내용을 여러 단계로 나누어 구성한 것이다. 단계형 수준별 교육과정을 통해 학생들은 쉬운 학습내용으로부터 어려운 내용까지를 자신의 능력에 알맞은 속도로 단계적으로 학습하게 된다고 한다. 따라서 비교적 학습위계가 분명하고 학습 집단 구성원의 능력의 개인차가 심하게 작용하는 교과에 적합한 유형이라 할 수 있다. 예를 들면'수학과'와 '중학교의 영어'과목이 단계형 수준별 교육과정 유형에 해당될 수 있는데 수학과는 1학년부터 10학년까지의 학습내용을 10단계로, 영어과는 7학년부터 10학년까지의 학습내용을 4단계로 단계화할 수 있으며, 간 단계별로 학기를 단위로 하는 2개의 하위단계를 설정하여 운영하도록 한다는 것이다.
각 단계의 말에 학생들은 '단계형 진급평가'를 통해 성취 정도에 따라 정상적으로 다음 단계에 진급하거나 학생, 교사, 학부모가 협의하여 동일단계를 재이수 할 수 있다. 각 단계 내에서는 주 과정인 기본과정 이외에 학생들의 수준차를 고려하여 보충과정과 심화과정을 두는데, 이에 대한 학습은 기본과정 지도와 병행하거나 기본과정 이후에 남는 시간, 또는 학교장이 허가하는 재량활동 시간을 이용해 지도할 수 있다.
하지만 이는 이상적인 내용일 뿐이다. 과연 다음단계 진급에 누가 실패를 할 수 있단 말인가? 암묵적으로 통과시켜주고 통과될 것으로 모두가 알고 있다.

학교의 선생님들을 위하여 교육부에서 만들어진 내용과 표들을 더 쉽게 만들어 보았다. 교육부에서 만든 보고서와 자료들은 왜 그렇게 창의성들이 없는지 참으로 한심스럽다는 생각이 든다.

[그림 10] 단계형 수준별 교육과정의 기간

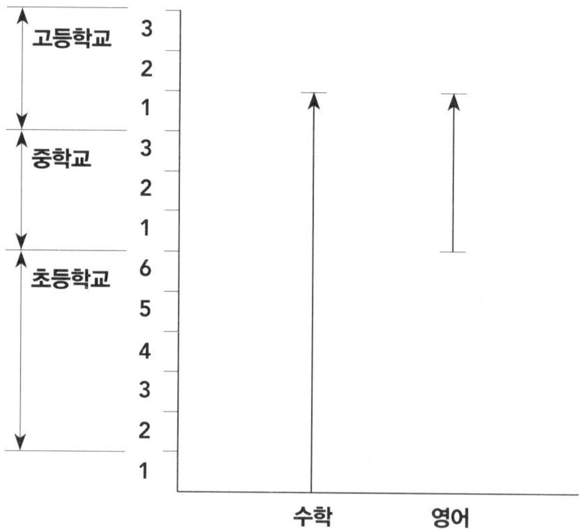

유형 2: 심화·보충형

"동진아, 니 무슨 반이고?"

"나 수학 B반, 쫌 있다가 보제이." 종소리가 울린다.

심화·보충형 수준별 교육과정은 국민공통기본 교과목 중 국어, 사회, 과학, 초등 영어 교과에 적용하고 있으며 구체적으로 그 내용을 살펴보면 국어는 1학년에서 10학년까지, 영어는 3학년에서 6학년까지, 사회와 과학은 3학년에서 10학년까지 운영토록 하고 있다. 이 교육과정은 단계형 수준별 교육과정과 달리 학습 집단 구성원의 능력차가 그다지 심하지 않은 교과에 적용되며 학생의 능력수준에 따라 학습의 양과 폭을 달리하는 교육과정이다. 즉, 모든 학생이 이수해야 할 최소 기준으로 기본 학습내용을 구성하고, 상위수준의 학생에게는 심화학습의 내용을, 하위수준 학생에게는 기본학습내용의 가장 핵심적인 개념과 지식을 보충하는 보충 학습내용으로 구성되었다.

그러나 심화와 보충반의 개인차가 나타날 수 있는 교과목에 단계형이 적용된다고 할지라도 이는 학생들에게 그저 반을 분반한 차원일 뿐이지 학습과 관련된 성취 수준의 변화를 만들기에는 너무나 역부족이다. 어떻게 많은 학생들의 개인차를 모두 고려할 수 있겠는가 그러다 보니 각 분반 모두 중간적 수준에서 피상적으로 학습이 진행되고 피부에 와 닿는 의미 있는 시간들 생산하기에는 어려운 것이다.

하지만 현장의 교사들은 이와 관련된 한계점이

[그림 11] 심화·보충형 수준별 교육과정의 기간

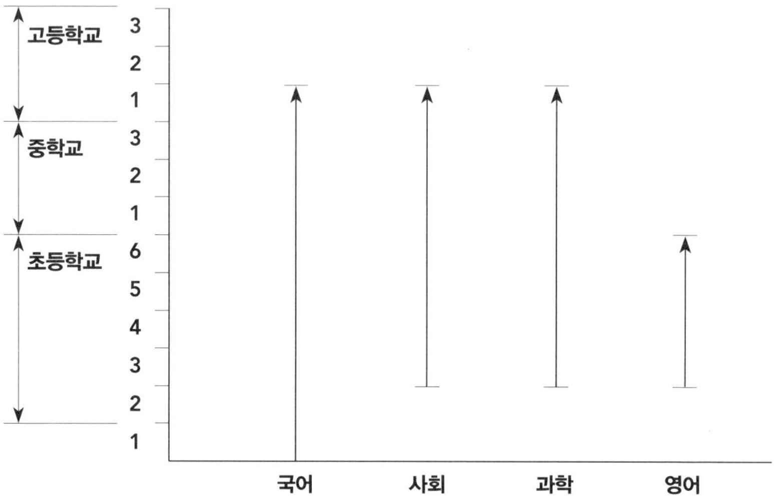

있다할지라도 만약 분반이 좀 더 세분화되어 진행된다면 그 속에서 학생들을 위한 희망적인 내용이 나올 수 있을 것이라는 기대를 가지고 있다. 즉, 단순하고 거칠게 심화와 보충의 2개분반이 아니라 세분화하여 A, B, C 또는 더 많은 분반은 학생들의 편차를 줄이고 적절한 수업 방법과 내용을 활용할 수 있다는 것이다.

유형 3: 과목 선택형

과목 선택형은 10년간의 국민공통기본교육과정 이후인 고등학교 2~3학년에 적용되는 교육과정으로 학생의 능력뿐만 아니라, 흥미나 장래의 진로를 고려하여 필요한 과목을 선택하여 학습할 수 있도록 한 교육과정이다. 단위학교가 선택형 수준별 교육과정을 개설하기 어려울 경우, 시·도교육청은

[그림 12] 과목 선택형 수준별 교육과정

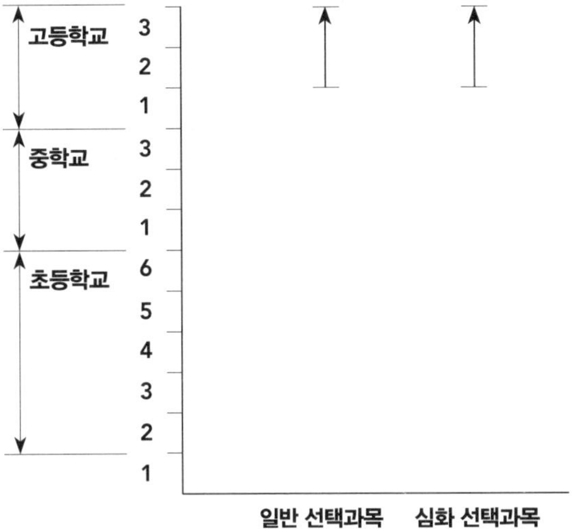

순회교사제나 원격교육, 학교 간 연대를 통해 선택과목을 개설하도록 조정하여 운영토록 하였다.이는 학생들과 대입과 관련하여 많은 영향을 받고 있는데 학생들이 좀 더 공부하기 용이하고 대학 입시에 수월한 과목을 선택하며, 또한 학교는 해당 과목의 교사 수급과 관련하여 적절할 수준에서 과목을 제공하여 학생들의 실제적인 선택의 폭을 줄이고 있음을 파악할 수 있었다.

6. 2000년 3월: 초등학교 1·2학년 수행평가 최초 적용

[그림 13] 학교평가활동의 지침

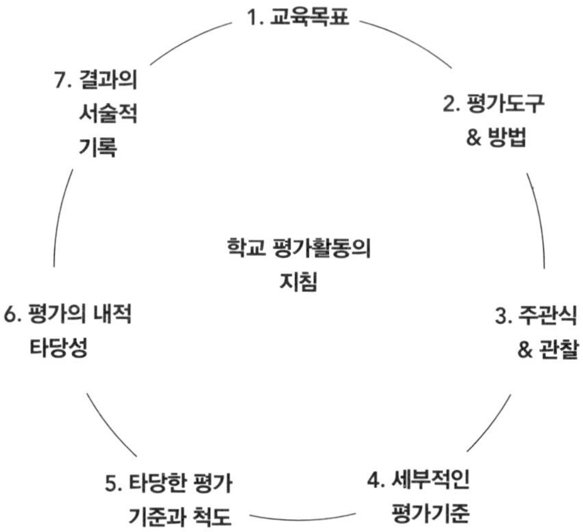

교사들은 1998년 제 7차 교육과정의 고시와 함께 제 7차 교육과정에서의 학교평가 활동은 다음과 같은 내용으로 해야 된다는 지침을 부여 받았다. 첫째, 평가는 모든 학생들이 교육 목표를 성공적으로 달성하기 위한 교육의 과정으로 실시되어야 한다. 둘째, 학교는 다양한 평가 도구와 방법으로 성취도를 평가하여 학생의 목표 도달 정도를 확인하고, 수업의 질 개선을 위한 자료로 활용한다. 셋째, 교과의 평가는 선다형 일변도의 지필 검사를 지양하고, 서술형 주관식 평가와 표현 및 태도의 관찰 평가가 조화롭게 이루어지도록 한다. 넷째, 실험·실습의 평가는 교과목의 성격을 고려하여 합리적인 세부 평가 기준을 마련하여 실시한다. 다섯째, 정의적, 기능적, 창의적인 면이 특히 중시되는 교과의 평가는 타당한 평정 기준과 척도에 의거하여 실시한다. 여섯째, 학교와 교사는 학교에서 가르친 내용과 기능을 평가하도록 유의한다. 학생이 학교에서 배울 기회를 주지 않고, 학교 밖의 교육 수단을 통해서 익힐 수밖에 없는 내용과 기능은 평가하지 않도록 유의한다. 일곱 번째, 초등학교의 교과 활동 평가는 학생의 활동상황과 특징, 진보의 정도 등을 파악하여 그 결과를 서술적으로 기록하는 것을 원칙으로 한다. 여덟 번째, 재량 활동에 대한 평가는 교과 재량 활동과 창의적 재량활동의 특성과 학생의 특성을 감안하여 평가의 주안점을 학교에서 작성, 활용한다. 다만, 창의적 재량 활동의 평가는 그 결과를 문장으로 기록하도록 한다.

그리고 2005년의 교육부 훈령 제 676호 '교과학습발달상황 평가 및 관리지침'에 따르면 교과학습발달상황 평가는 지필평가와 수행평가로 구분하여 실시하며 실기과목 등 특수한 경우는 시·도교육청의 학업성적관리 시행지침에 의거하여 학교 학업성적관리규정으로 정하여 수행평가만으로 실시할 수 있다. 교과학습의 평가(지필 및 수행평가)는 모든 학생들이 교육목표를 성공적으로 달성할 수 있도록 돕기 위한 교육의 과정으로 실시하며, 학습 상황에 대한 평소의 평가와 계속 지도한 결과를 자료로 학생 개개인의 교과별 교수목표의 성취도와 학습 수행과정을 평가하는 방법을 적용하도록 하고 있다. 그리고 각 교과별 지필평가 및 수행평가의 영역·방법·횟수·기준·반영비율 등과 성적처리방법 및 결과의 활용 등은 각 학교·교과지도의 형편을 고려하여 교과협의회에서 정하고, 이를 학교 학업성적관리위원회의 심의를 거쳐 학교장이 최종 결정하도록 하고 있다.

위 훈령에 따르면 수행평가는 평가자가 학습자들의 학습과제 수행 과정 및 결과를 직접 관찰하고, 그 관찰 결과를 전문적으로 판단하는 평가 방법'으로 정의하고 있다. 그리고 각 학교의 교과협의회에서는 각 과목의 교육과정 및 학교·교과의 특성을 감안하여 수행평가의 영역·방법·횟수·세부기준(배점)·반영비율 등과 성적처리방법 및 결과의 활용 등에 관한 수행평가 계획을 수립하여 학교 학업성적관리위원회에 제출하도록 하고 있으며, 평가자는 학교 학업성적관리위원회의 심의를 거쳐 확정된 각 교과별 수행평가 계획과 평가 후 결과를 학생 본인에게 공개하여야 하며, 이의 신청이 있을 때에는 면밀히 검토하여 적절한 조치를 취하여야 한다고 규정하고 있다.

이러한 수행평가에 대하여 많은 교사들은 어려움을 토로한다. 과연 학생들의 수행과정을 객관적인 면밀하게 평가할 수 있을까? 빡빡한 교과 일정 가운데 그리고 과중한 교사들의 학교 업무 가운데 내실 있게 진행될 수 있을까? 이러한 질문들은 끊임없이 우리들의 마음을 힘들게 한다. 그러다 보니 자연스럽게 수행평가는 결과의 평가가 되어버린다. 중간·기말고사를 치를 때 수행평가를 함께 치루기도 하고, 책 검사나, 공책 검사를 통해 대신하기도 한다.

학생과 교사 모두 '어정쩡한' 모습을 보이고 있다. 그래도 아이들은 그러한 수행평가를 위해서도 깨끗하게 필기하고 책에도 좋아하는 연예인 이름도 쓰지 않는 것을 보면 감사하다.

7. 2006년 8월 29일: 수준별 교육과정에서 수준별 수업으로

드디어 2006년이다. 그런데 이상한 공문이 교육부로부터 날아들어 왔다. 내용은 1997년 제 7차 교육과정 고시와 함께 적용되었던 수준별 교육과정 관련 지침이 2000년부터 학교 현장에 적용된 이후 여러 가지 현실적 난관과 문제점에 봉착하였기 때문에 2006년 8월 29일 '수준별 교육과정 개정고시'에 이르게 되었다는 것이다.

이 개정고시는 '수준별 교육과정'이 아닌 '수준별 수업'으로 그 개념과 폭을 축소시키는 것을 의미하고 있으며 결국은 현실의 한계를 극복하지 못해 본 취지를 제대로 살리지 못하고 흐지부지해진 현실정을 인정하는 꼴이 되었다.

그러나 이러한 개정에 관해 교육부(2006)는 수준별

교육과정에서 단계형, 심화보충형의 유형을 폐지하고, 수업 내실화에 주안점을 두고자 한 것으로 밝히고 있으며, 수준별 수업 운영과 관련하여서는 국가 수준 교과 교육과정에서 획일적으로 제시한 것에서 벗어나 단위 학교와 담당 교사의 자율성을 확대하고 '기본 내용'을 중심으로 단위학교 상황에 개인차를 반영하도록 하기 위한 것으로 보고하고 있다.

좀 더 구체적으로 제 7차 교육과정의 '수준별 교육과정'의 특징과 2006년의 부분 개정된 '수준별 수업'의 특징을 비교하면 다음과 같다.

[표 3] 수준별 교육과정과 수준별 수업 비교 (2006, 교육부)

구분	제 7차 교육과정	2006년 개정 교육과정	비고
주안점	교과 교육과정 내용 수업	수업	교육과정에서 수업으로 전환
처방 수준	총론 교과 교육과정 내용 단일 교과서 내 처방 수업	총론 교과서 수업	총론 지침 대강화 교과서와 교수-학습 자료 내실화
적용교과	수학, 영어 (단계형) 국어, 사회, 과학 (심화, 보충형)	수학, 영어, 국어, 사회, 과학	'단계형', '심화보충형' 삭제
교과 교육과정 내용 처방	기본 과정과 더불어 심화, 보충 내용 제시	기본 과정만 제시	교과·교육과정 문서의 '내용' 부분에 '기본 과정' 정선하여 제시, 심화·보충 내용 삭제

이는 '수준별 교육과정'은 수준별 수업을 지원하기 위해서 교육 목표, 내용, 방법, 평가 등을 학생의 수준에 따라 달리 설정할 수 있도록 편성·운영하는 교육과정을 의미하고 있음을 보여주고 있다. 그리고 수준별 수업은 교실에서 교사가 실제로 학생을 대상으로 하는 수업 행위와 관련된 용어임에 비하여, 수준별 교육과정은 수업을 포함하여 학교 교육의 설계도라고 할 수 있는 교육과정의 성격을

일컫는 개념으로서 이해할 수 있다.

현장에 발을 붙이고 있는 나도 어렵고 힘들어 몇 번이나 표를 들여다본다. 이건이것이고, 저것도 이것이고, '띵동' 문자 메시지가 도착하였다. 봉준호 감독의 '괴물'이 재미있으니 보러가자는 친구의 문자이다. 괴물 같은 책을 얼른 덮고 달려간다.'나도 이렇게 머리가 아픈데 다른 이들은 어떨까'라며 웃어버렸다.

8. 2007년 6월: 2007년 개정교육과정 공포

아! 드디어 교육부가 전쟁을 포기한 것일까?

2007년 6월 교육부는 지난 10여 년간의 제 7차 교육과정의 적용상의 문제점과 개선을 위하여 드디어 개정 교육과정을 공포하기에 이르렀다. '2007개정교육과정'으로 명명하며 과거의 6, 7차 개정과 같이 교육과정 전반에 걸친 개정이 아닌 '부분 개정'의 형태로 2007개정 교육과정이 고시되었다. 제 7차 교육과정의 기본적인 틀과 뼈대를 대부분 유지하면서 현시성을 고려하여 부분 개정·고시되어 2009년부터 연차적으로 시행을 앞두고 있다.

이러한 상황에 맞추어 개정된 교육과정의 내용을 고스란히 담은 책자가 2007년 겨울부터 어느 학교의 교무실 책장서랍에 덩그러니 꽂혀져 있었다. 그리고 각 학교의 연구부장 교사들은 교육청의 개정교육과정에 대한 연수를 다녀왔다. 동료 연구부장 교사는 개정내용에 대한 학교 내 연수를 나름대로 계획하고, 개정된 내용의 책자를 대신한 문서 파일을 학교 홈페이지의 교사 연구 코너의 자료실에 탑재한다.

"선생님들, 2007 개정교육과정이 새로 고시된 거 다들 알고 계시죠?"

"일단 바뀐 내용을 학교 홈페이지 교사 자료실에 올려놓을 테니까, 다운 받아서 한번 읽어 보시구요 다음에 언제 적절한 시간을 봐서 전달 연수 시간을 갖도록 하겠습니다."

그렇게 몇 달이 지났다. 2008년 초 겨울 방학이 끝나갈 무렵 2008학년도의 새로운 학교교육과정 계획 수립을 위한 워크숍을 겸한 직원여행을 떠났다. 한 1시간은 지났을까? 워크숍보다는 여행을 위해 떠나온 자리인지라 미리 교무부장과 연구부장을 중심으로 짜여진 새 학년도의 학교교육과정이 발표되었다. 그리고 몇 달 전 제대로 전달 연수의 시간을 갖지 못했던 '2007 개정교육과정'에 대한 전달 연수가 이루어졌다. 교사들의 이해 정도나 깊이와는 별로 무관하게, 변화된 영역이 무엇이며, 언제부터 시작된다는 이야기, 그리고 자세한 내용과 궁금한 점은 홈페이지에 탑재된 파일을 열어보라는 이야기로 채 1시간도 안 되는 개정 교육과정 연수가 끝이 났다. 막상 닥쳐서 필요하면 스스로가 알아서 찾아보고 공부할 테고, 아직은 시간이 많이 남았다는 생각에 개정교육과정에 대한 깊은 관심을 갖는 교사는 그리 많지 않았다. 곧바로 이어질 연회가 준비되어 있는 이유에서였을까…….

교육과정이 부분 개정이란 이름으로 개정된 배경에는 몇 가지가 있었다. 제 7차 교육과정이 적용되고 10여 년이 지난 사회、문화적 변화를 새롭게 반영할 필요가 있었으며, 과학 기술 교육을 강화를 통한 국가 발전과 강한 역사의식을 심어줄 수 있는 교육과정에 대한 요구가 있었기 때문이었다. 또한 제 7차 교육과정 적용상의 문제들, 즉 단위학교의 자율권 확대의 문제, 수준별 교육과정 개선에 대한 필요성과 요구, 학습량과 수준 적정화의 문제, 주5일 수업제에 따른 수업시수 조정 필요, 그리고 학교급과 학년, 교과간의 연계성 강화를 위해 개정이 필요하였다.

이러한 요구와 필요에 기초하여 변화된 '2007 개정교육과정'의 전체적인 특징은 간략하게 네 가지 정도로 이야기할 수 있다. 첫째, 학교교육과정의 실질적인 자율권 확대이며, 이는 재량활동 운영의 학교 자율권을 확대하고 교과 집중 이수제를 도입하는 등의 변화를 통해 학교의 실질적인 역할과 권한을 위임코자 하였다. 둘째, 국가 、사회적 요구사항을 교육과정에 반영하여 고등학교 1학년의 과학과 역사과목의 시수를 1시간 확대하여 과학교육과 역사교육을 강화하고자 하였고 셋째, 고등학교 선택중심 교육과정에 있어 선택과목을 일원화하고 과목군을 조정하는 등 교육과정 운영의 자율성과 학습자 중심 교육의 구현을 꾀하였다. 그리고 넷째, 주5일 수업제 실시에 맞춰 수업일수와 시수를 감축하고 그에 따른 교과별 학습량과 수준 조정을 통해 교육내용을 적정화하고자 하였다.

괜히 마음 한 구석이 허전하다. 상실의 시대, 무라카미 하루키의 소설 속 와타나베가 느끼는 감정, 아련한 애증에 대한 상실감이었다.

늘 그렇듯이 정책이 다가오고, 그것에 적응을 하려고 열심히 달려가면, 또 다른 정책이 다가오고, 이제는 새로울 것도 의미 있을 것도 없는 듯 체념에 빠진다. 나의 동료는 "무엇을 그리 심각하게 생각하는가?"라며 소주잔을 기울인다. 그저 좋은 게 좋은 것으로 가자는 것이다. 그것이 편하게 가는 길이라는 것이다. 때론 그러한 모습이 우리에게 맞는 것 같기도 하다. 무척이나 그렇게 살아가고 싶다. 그렇지만 마음 한 구석이 허전하다. 허전하다. 허전하다. 허~ 전하다. 와타나베도 이러하였을까.

나는 지금 어디에 있는 것인가? 우리는 지금 어디에 있는가? 무라카미 하루키의 물음이 귓가를 맴돈다.

Ⅲ. 어젯밤에 꾼 꿈: 여섯 개의 내러티브

초등학교,
그 두개의 내러티브

꿈 1: 이삭 초등학교 내러티브

나는 경남 진해시에 처음 발령을 받아 올해로 교직경력 17년차를 맞는다. 고등학교 때까지 공부를 열심히 하긴 했지만 대학 입학시험에서 성적이 조금 저조하여 교대를 택하게 되었다. 하지만 어릴 때부터 교사가 되고자 하는 꿈이 있었기 때문에 교대를 졸업하고 초등학교 교사로 생활하고 있는 지금 현재에 만족하고 또한 이 길에 자부심을 느끼고 살아가고 있다.

어릴 때는 평범한 군무원 아버지와 가정주부이신 어머니, 그리고 중산층 정도의 가정 형편 속에서 성장하였다. 그리고 지금은 중학교 3학년인 딸과 초등학교 4학년인 아들 그리고 남편과 함께 오붓한 가정을 꾸리며 살고 있다. 한 가정의 엄마로서 내 아이들이 일상에서 소소한 행복을 느끼고 삶을 즐기면서 살 수 있는 여유로운 마음을 가진 사람으로 커 주기를 바란다. 이것이 곧 나의 자녀 교육관이기도 하다. 그리고 초등학교 교사로서 나의 교직관은 '즐겁고 신나게 수업에 충실하자, 아이들에게 즐거움을 줄 수 있는 교사가 되자, 항상 적극적인 자세로 수업과 교육활동에 임하자'는 것이다.

나는 현재 이삭초등학교에서 학교교육과정 운영을 연구·기획하는 연구 부장 역할을 맡고 있다. 또한 4학년 2반 32명 아이들의 담임교사이기도 하다. 17년 전 교육대학을 졸업한 이후 지금은 다시 대학원에서 교육과정과 수업을 전공으로 석사과정을 공부하고 있다. 이삭초등학교의 학교교육과정을 설계하는 역할과 한 학급의 담임, 그리고 교육대학원의 과정을 밟고 있는 지금의 내 모습을 보고 주위사람들은 학교교육과정 설계·운영의 구심점이라고 말해 주곤 한다.
내가 근무하고 있는 이삭초등학교는 강주시의 신도시 조성 지구에 위치해 있고, 학구 전체가 아파트 단지에 속해 있으며 산이 병풍처럼 둘러싸여 주위의 경관이 빼어나고 아늑한 학교다. 학교 주변에는 자연 체험 학습장으로도 활용할 수 있을 만한 공원과 계곡이 있으며 여러 문화 유적지와 문화센터 등이 있어 활용하기에 편리한 좋은 환경이다. 대부분의 학생들은 학교에서 가까운 아파트와 일부의 주택에서 살고 도보로 통학을 한다.
이삭초등학교는 2004년에 개교해서 지금은 일반 교실이 36실, 유치원 2실, 특별실 8실, 강당, 연구실, 급식소 등의 시설을 갖추고 있고, 유휴교실을 이용해 방과 후 교육활동을 활성화하고 있다. 또, 특수학급이 있으며, 음악실·미술실·토론실 등의 특별실을 갖추고 있어서 교육 여건은 좋은 편이다. 이러한 교육환경 여건은 나와 동료교사들이 이삭초등학교에서 7차 교육과정을 전개해 나가는 데 있어 환경적인 어려움은 크게 느끼지 않는 정도이다.

학교교육과정 계획: 과유불급

2007년 3월 이삭초등학교는 신학기의 시작과 함께 학교교육과정을 발표했다. 그보다 앞선 1월에 학교의 부장 교사들과 교장선생님, 교감선생님, 행정실장을 비롯한 10여명의 교직원들이 경남 남해시의 한 호텔에 모여 학교교육과정을 설계하고 편성하였다.

물론 그보다 이전인 전해 12월 말에 각 부서별로 부장이 중심이 되어, 업무부서 운영을 위해 개선 혹은 추가되어야 할 여러 사항들에 대한 의견 수렴과정을 거쳤다. 업무 부서별뿐만 아니라 각 학년별로 지난 1년간 학년 교육과정을 운영해 오면서 개선이 필요했던 부분에 대해 자유롭게 의견을 내 놓기도 하고, 또 설문 조사를 통해 교육과정 운영 개선을 위한 통계를 추출하였다. 겨울방학이 시작되기 전에 설문조사와 교육과정 개선 회의를 통해 나온 결과를 가지고 나는 학교교육과정 편성회의에 참석했다. 통계자료를 발표하고 이를 새 학년의 교육과정 운영계획에 포함시키는 일이 연구부장인 나의 주 업무이기도 했다. 이삭초등학교 업무분장은 교무부, 연구부, 정보부, 과학부, 윤리부, 체육부 이렇게 크게 6개 부서로 나누어진다. 함께 동행 한 각 부 부장교사들이 한 해 동안의 부별 행사 계획을 발표하고 나면 학교 예산을 담당하는 행정실장을 비롯한 다른 부장 교사들과 상호 조율을 통해, 교육적 의의와 효과 그리고 예산 범위에 맞게 학교의 연간 운영 계획을 세운다. 이렇게 세워진 학교교육과정의 내용은 다음 표와 같이 구성된다.

학교교육과정은 먼저 도교육청과 시교육청의 기본방향을 기초로 학교장의 경영철학을 추가하여 이삭초등학교의 교육목표를 세우고, 목표의 실천을 위한 연간 교육활동을 계획한다. 계획 아래 실제로 어떻게 시간을 운영할 것인가를 정하고, 그 시간 운영계획에 맞게 교과 교육과정, 수준별 교육과정, 재량활동 교육과정, 특별활동 교육과정, 창의적 교육활동, 생활지도, 방과 후 교육활동, 특수교육활동까지 구체적인 내용과 방법들이 짜여진다. 물론, 학교 교육을 위해 모두 필요한 활동들이라는 생각에는 동의하지만 몸에 좋다는 음식이라고 해서 무조건 먹는다고 다 득이 될 수는 없는 일이다. 다양하게 짜여진 학교 활동과 행사들은 아이들과 교육을 위해 정작 무엇이 가장 중요한 일이며 필요한 일인지 제대로 생각해볼 겨를도 없이 짜여진다. 국가교육과정 기준과 학교교육과정에 따라 교사들에게 요구하는 수많은 일들의 구색 맞추기에 치중하다 보면, 무엇이 교사 본연의 임무이며 역할인지 잊고 지낼 때가 많은 것 같다. 그래도 나는 거의 매일 몸에 좋다고 막 떠맡기는 영양 과다 식품들을 맛도 모른 채 마냥 먹고 먹이고 있는 것 같다. 오히려 옛날 '하늘천 따지'하던 서당 아이들이 더 올곧고 더 건강하게 자라났던 게 아닌가 하는 생각도 들곤 한다. '과유불급', 과하면 오히려 모자라는 것만 못하다 했던가.

[표 4] 이삭초등학교 2007년도 학교교육과정 목차

차 례

이렇게 이삭초등학교의 학교교육과정은 80여 쪽에 달하는 내용으로 한 해 동안의 학교교육과정 운영을 위한 기본 지침서 역할을 한다. 그런데 이 많은 내용을 모든 교사들이 처음부터 끝까지 읽어보는지도 사실 의문이다. 나와 학교운영의 중심을 맡고 있는 몇 사람들은 학교교육과정을 꾸려놓아야 하는 것이 임무이기 때문에 읽어야 하지만 다른 동료교사들은 그 내용을 알고 모르고를 떠나 학교일을 나름의 방식대로 잘 처리하고 있으며, 사실 내용을 안다고 해도, 그 기준과 세부 사항에 대해 심도 있게 이해하고 있는 사람은 없어 보인다. 뭐 이런 저런 게 있구나, 그리고 꾸준히 교과 수업을 진행해 나가다가 특정부서에서 뭔가를 요구하면 해주면 되고, 아니면 평소 자기 방식대로 운영해 나가면 되는 것이었다.

학교와 담임교사들에게 요구되는 좋은 활동들이 많아지면 많아질수록, 활동들에 대한 필요성은 나 역시 공감할 수 있다. 다양한 활동들을 통해 다양한 수준을 고려하고 다양한 요구에 부응하는 듯 보일 수는 있지만, 그러면 그럴수록 충분히 의미있는 교육활동과 행사들은 이벤트성 통과의례로 전락해버리는 것 같아 안타까울 때가 많다. 많이 해보는 것보다 적더라도 제대로 해낼 수 있도록 필수적인 활동들이 선택되어져야 하지 않을까 싶을 때가 있다.

7차 교육과정의 원대한 꿈: 수준별 교육과정

7차 교육과정은 원대한 꿈을 품고 있었던 것 같다. 학생 중심, 다양화, 창의성 개발, 자기주도적 학습능력, 수행평가, 수준별 교육과정, 개별화 등 참 좋고 많은 상징어들로 화려하게 장식하고 있는 것 같다. 그런데 왠지 처음부터 나에겐 남의 나라 이야기처럼 느껴졌던 이유는 무엇이었을까? 처음에는 그저 아직 익숙하지 않기 때문이겠지 하고 쉽게 생각했었다. 그리고 차츰 시간이 지나면서 내가 노력이 부족하겠거니 하고 생각도 했다. 그런데 그렇게 계속 부족한 나 자신을 탓하며 지내다 보니 어느덧 2007 개정 교육과정이 고시되고, '수준별 교육과정'이란 말 대신 '수준별 수업'이란 용어로 바뀌게 되었다. '휴~ 나만의 노력 부족은 아니었구나.' 하고 안도의 한숨을 내쉬다가 문득 왜 그럼 그동안 다들 아무 말이 없었을까 하는 의문이 들기 시작했다.

아마도 교사들은 다들 새로운 사상과 새로운 교육방법이 제시되면, 그 자체의 옳고 그름이나 가치를 따지기보다는 우선 이해하기에 급급했던 것 같다. 나 역시도 그러했고 위에서부터 새로운 교육과정 고시라는 이름으로 내려주니까, 또 그런 고시라는 이름에 교육공무원이라는 신분의 교사들은 이미 규정된 성문법처럼 받아들이게 되는 것 같다. 교사들은 새로운 법을 제정하는 입법가가 아니라, 이미 만들어진 법을 수용하고 집행해야 하는 실천가로서 스스로를 인식한다. 그렇기 때문에 새로운 교육과정은 비평을 통한 개선의 대상이 아니라 일단 이해하고 재빨리 수용할 수 있는 준비를 갖추어야 하는 대상이었던 것이다. 수준별 교육과정 역시 그랬던 것 같다. 의도는 좋긴 한데 과연 실현가능할까? 어쨌든 수준별 교육과정이 어떤 것이고 어떤 내용을 어떻게 가르쳐야 하는지는 알고 볼 일이었다. 그렇게 교육청 단위와 학교 단위로 수준별 교육과정을 비롯한

7차 교육과정에 관한 연수를 몇 차례 받았다. 그리고 어느 정도의 이해는 구할 수 있었다. 하지만 그 이해에 비해 실천은 마치 빛깔 좋은 개살구처럼 여겨졌다. 이게 이론대로 되는 게 맞기는 한지, 내가 게으른 탓은 아닌 건지, 왜 이렇게 역부족으로 여겨지는 건지, 답답하기 그지없었다. 그렇게 답답한 채로 2007년, 개정 교육과정과 수준별 수업으로의 전환을 전해 듣게 되었다.

이삭초등학교의 학교교육과정 계획을 수립하는 단계에서 수준별 교육과정이 제 7차 교육과정이 강조하는 것 중에 하나라고 해서 특별한 의미나 비중을 두지는 않았다. 수준별 교육과정 계획이 학교교육과정 내용의 일부분을 차지하기는 하지만 나에게도 역시 그다지 특별한 의미로 여겨지지는 않았다. 수준별 교육을 위한 계획 역시 선생님들이 모여서 주체적으로 직접 짜는 게 아니라 어딘가에서 구해서 형식을 일단 갖추어 놓고 보는 정도에 지나지 않았다. 그렇게 일단 형식을 갖추어 놓기 위해 만들어진 학교교육과정 속의 수준별 교육과정 운영계획은 다음의 표와 같다.

[표 5] 수준별 교육과정 운영계획

수준별 교육과정 운영 (이삭초등학교교육과정)

1) 목 적

학생들의 능력과 관심, 흥미, 적성 등 다양한 특성을 존중하고,
학생 개개인의 개별화된 교육과정을 적용하여 자신의 수준과
능력에 맞는 학습을 할 수 있도록 한다.

2) 운영 방침

단계형 수준별 교육과정은 수학, 심화 보충형 수준별 교육과정은
국어, 사회, 과학, 외국어(영어) 교과에서 편성 운영한다.
수준별 교육과정 운영을 위한 학습 집단의 편성은 학급내 집단
편성을 원칙으로 하되, 학습 결손의 보충을 위한 특별 보충과정을
학년, 학급별로 운영한다.

가) 단계형 수준별 교육과정

- 수준별 소집단 편성은 단원이 시작되는 시간을 이용하여 진단평가를 실시하여 조직한다.
- 단원의 기본학습을 실시한 후에 능력별로 학습할 수 있도록 학생 수준에 맞는 자료를 개발 활용한다.
- 구체물, 조작자료 등의 다양한 자료를 교실 또는 학습도움센터에 비치 활용한다.
- 단원별 성취도 평가를 실시하고, 60% 미만인 아동에 대하여 특별지도 프로그램에 의해 지도한다.

나) 심화 보충형 수준별 교육과정

- 기본학습을 전개한 후 형성평가, 자기평가를 실시하고, 수준별 심화학습과 보충학습을 하도록 한다.
- 기본학습과 보충 심화간의 지도 비율은 80:20의 비율로 기본 과정의 학습을 충실히 지도하도록 한다.
- 보충 심화 학습 시간이 부족한 경우 특별보충학습 시간이나 재량활동 시간을 활용 할 수 있다.

다) 특별보충과정 운영

- 평가에서 진급기준에 도달하지 못한 아동들을 대상으로 학습 요소별 성취도 분석을 통한 교수-학습 계획을 수립하고, 단계진급 기준에 도달한 자는 다음 단계로 진급한다.
- 특별보충아동의 지도 시기는 수업시간, 방과 후, 방학 중으로 한다.

개별화를 궁극적인 목적으로 하는 수준별 교육과정은 이삭초등학교도 마찬가지로 단계형과 심화·보충형 그리고 특별보충과정을 운영하는 방법으로 계획하고 실시하고 있다. 하지만 사실 그 계획도 형식에 가깝다고 볼 수 있다. 나를 비롯한 동료교사들 역시 수준별 교육과정 운영이 제대로 이루어질 만큼의 계획과 준비를 치밀하게 할 시간적인 여유가 많지는 않다. 수준별 교육과정의 필요성과 의미에 대해 충분히 이해는 하고 있지만, 교사 스스로의 특별한 계획과 온전한 실천은 이루어지지 않는다. 능력의 부재로 여기기보다는 그 필요성을 느낄 겨를도 없을 만큼 바쁜 학교 일정 속에서 세밀하게 갖추어 놓을 만큼의 시간적인 여유가 없는 이유를 드는 것이 타당하리라. 그리고 전체 학년교육과정에 이런 것들이 일부

들어가야 된다는 정도로 의식하고 있을 뿐이다. 그렇기 때문에 '일단 형식은 갖추어 놓고 보는 정도'의 수준별 교육과정이었다. 모양새를 갖추어 놓고 그걸 한번 읽어 보면서 '이렇게 해서 이렇게 되는구나.' 하고 의식하고 있을 뿐, 그걸 가지고 구체적으로 매 차시별로 계획에 따라 학생을 지도하지는 못한다.

나를 비롯한 동학년 동료교사들은 제 7차 교육과정이 강조하는 수준별 교육과정이라고 해서 따로 특별한 의미를 부여하기보다는 학교교육과정 운영에 포함시켜야할 여러 항목과 내용들 중의 하나 정도로 여겼다. 내 교실에서 수업 차시별로 이루어지는 어떤 투입은 어찌 보면 의도되지 않은 조금은 즉흥적인, '아! 그 상황에 따라서 이 아이는 이런 게 필요하겠구나.'라는 생각으로 이루어지곤 했다. 그렇게 다소 즉흥적인 형식으로 아이들에게 조금 더 나은 심화 단계의 과제를 제시하거나 지도하였다. 매 수업 상황 마다 어떤 상황이 벌어질지는 누구도 예상 못하는 상황에서 그럴 수밖에 없는 것이라고 변명을 하고 싶다. 그리고 매 차시 차시마다의 계획이 모두 이루어질 수는 없기 때문이기도 하였다. 어떤 아이가 어떤 문제에 있어서 교사의 도움을 얼마만큼 필요로 할 것인지, 또 어떤 아이는 어느 정도의 속도로 빨리해서 심화 단계를 수립해야 될 것인지 예측하지 못하는 상황이기 때문에 큰 덩어리의 계획만 수립할 수 있지 매 차시의 계획까지는 수립 하지 않았다. 즉, 수학이면 수학, 사회면 사회, 과학이면 과학 등에 있어서 전반적인 수준별 지도 계획만 수립할 수 있는 것이지 매 차시 계획을 다 수립 할 수는 없었다. 그러니까 큰 계획에 의해서 이루어진다고는 하지만 각 수업 차시에 있어서 추구하는 것은 상황에 따라서, 교사의 능력에 따라서, 그리고 재량에 따라서 적용시킬 수 밖에는 없는 것이었다. 수준별 지도 계획은 학년교육과정에 있고 학년교육과정에 있는 것을 학급교육과정에 가지고 와서 학급에서 지도하게 되어 있었다. 그래서 그런 수준별 지도계획을 한 번씩 보면서

'선생님들이 아! 이런 식으로 수준별로 수업을 해야 되는구나.'라고 인식하고 있는 정도로 그칠 뿐 그것을 그대로 적용하지는 않았다.

수준별 교육과정: 단편적인, 단편적인, 단편적인…….

내가 4학년 2반 아이들의 수준별 지도를 위해 고려하고 있는 대부분은 주로 다섯 가지 교과목을 중심으로, 세 가지 지도 방법을 활용하는 방법이다. 다섯 가지 교과목은 초등학교에서 주지 교과라고 하여 비중을 두고 있는 국어, 수학, 사회, 과학, 영어 과목이다. 이 다섯 가지 과목을 중심으로 해서 세 가지 수준별 지도 방법, 즉 교과서 구성에 따르는 수준별 지도, 모둠별 협동 학습을 통한 수준별 지도, 그리고 개인 특별 지도의 방법을 통한 수준별 지도를 하고 있다. 그것이 나름 내가 실천할 수 있는 수준별 교육과정의 한 방법이기 때문이었다.

다섯 과목

나는 수준별 수업의 아이디어를 대부분 다섯 과목에 활용하곤 한다. 수학과는 7차 교육과정에 있는 대로 '단계형' 수준별 교육과정을 따르고자 하고, 국어와 영어, 사회, 과학은 '심화·보충형'의 유형으로 수준별 교육과정을 운영하고 있었다. 제 7차 교육과정의 수준별 교육과정 운영지침을 따라 교과 영역에 있어서 유형별로 다섯 과목 위주의 수준별 지도를 하도록 권유는 받고 있지만, 나 자신이 생각하는 수준별 지도의 필요와 이해 정도, 학교 여건과 학생 수준을 고려하여 그 적용 정도를 나름대로 선택했다.

그 다섯 가지 과목 중에서도 수준별 지도를 위한 구상과 실천이 대부분 이루어지는 과목은 국어와 수학 과목이다. 교육과정은 다섯 가지 과목에 대해 수준별 지도를 실시토록 하고 있지만, 다루어야 할 교육과정 내용의 양에 대한 부담과 과목의 중요도를 스스로 판단해서 국어와 수학 과목에 비중을 많이 두는 것이다. 수준별 지도의 필요성은 충분히 인식하고 있지만, 현실적 여건을 고려해 볼 때 일종의 타협으로서 두 과목을 중점적으로 수준별 지도를 할 수 밖에 없다고 판단했다. 그렇기 때문에 국어, 수학 과목 이외에의 과학과 사회 과목의 수준별 수업은 단위 수업 시간에 지도하기보다는 학생 개인적으로 더 깊은 관심이 있거나, 높은 수준의 학생을 대상으로 스스로 심화학습을 할 수 있는 방법이나 내용을 제시해 주었다.

한 걸음 더: 교과서 구성과 수준별 지도

내가 교실에서 주로 활용하는 수준별 지도의 첫 번째 방법은 교과서 구성 내용과 순서에 따른 수준별 수업이다. 국어과 수업이 특히 그러한데 되도록 교과서 구성 순서를 따라 하려고 하고 있다. 학기별로 바뀌는 국어 교과서의 구성은 다섯 개의 마당 형식으로 구성되어 있다. 국어과는 단원이라는 구분을 대신해 '마당'이라는 구분을 두어 구성된다. 각 마당별로 기본 내용을 모두 학습한 다음에는, 각 마당의 마지막 정리 부분에 해당하는 '한 걸음 더'의 '되돌아보기'와 '더 나아가기'를 통해 보충·심화형 수준별 지도를 한다. 이 '되돌아보기'와 '더 나아가기'는 같은 진도지만 과제 난이도를 학생 수준에 따라 달리해서 지도하는 방법이다. 보충지도가 필요한 아이들에게는 '되돌아보기'와 심화된 수준의 학습이 필요한 학생들에게는 '더 나아가기'를 학습하도록 하지만 학생들의 수준에 맞게 따로따로 학습할 수 있도록 학생 그룹을 새롭게 재편성하는 경우는 거의 드물다.

사실 수준별 지도가 제대로 이루어지려면 각 마당의 기본 내용에 대한 학습이 끝나고 나서, 곧바로 마당별로 학업성취도에 대한 적절한 평가가 이루어져야 한다. 그 평가 결과를 바탕으로 심화와 보충이 필요한 학생들을 구분하여, 되돌아보기와 더 나아가기를 통한 수준별 지도가 이루어져야 한다고 본다. 그렇지만, 마당별 평가도 매번 이루어지지 않고 있고, 되돌아보기와 더 나아가기도 수준별로 따로 지도하기보다는 수준이나 성취정도에 상관없이 전체 학생이 다 같이 학습하게 된다. 수준별로 구분되어 지도해야 할 내용이지만, 아이들 각자가 자기 수준에 맞게 선택해 듣도록 하고 있는 셈이다. 그런데 물론 이런 방법에 따라 평가를 하고, 평가 결과에 따른 수준별로 따로 지도하기가 정말 쉽지도 않고, 설령 그렇게 한다고만 해서 학생 수준별 욕구가 충족될 지는 아직도 잘 모르겠다.

[그림 14] 국어 교과서의 수준별 내용

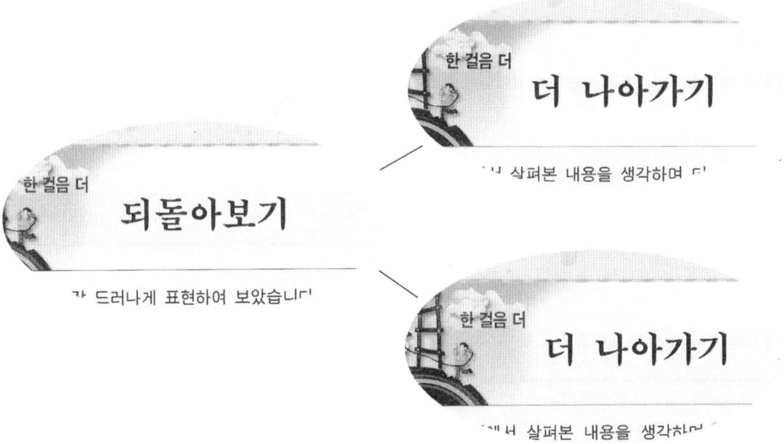

잘 공부했는지 알아보기

매주 수학 수업은 평균 4시간이다. 수학과 수업은 각 단원별로 기본학습 내용을 전체 학생들이 학습한 이후에, 각 단원의 마지막 부분에 나오는 '잘 공부했는지 알아보기'의 문제를 풀어 한 단원의 학습 성취 정도를 알아본다. 그런 다음 일정 비율이상의 학생들은 심화학습을 위해 '좀 더 알아보기'를 하고, 일정 비율 이하의 학생들은 보충학습을 위해 '다시 알아보기' 문제를 풀게 한다. 좀 더 알아보기는 이미 한 단원에서 성취해야 할 기본 개념과 계산 방법 등에 충분히 익숙해진 학생들에게 좀 더 심화된 고난이도의 문제를 제시해서, 좀 더 높은 수준의 지적욕구를 충족시켜주고 우월감을 느끼고 싶은 욕심을 충족시켜줄 수 있는 방법이 되기도 한다. 그런데, 나는 아직 단원이 다 끝나감에도 불구하고 단원내용에 대한 성취수준이 낮은 아이들을 대상으로 '다시 알아보기'를 풀게 하고, 이해가 안 되는 부분을 다시 가르쳐주곤 한다. 상위수준의 아이들에게 심화 과제를 부여해서 스스로 문제를 해결해 보도록 하고, 하위수준의 아이들 중심으로 개별 지도를 하는 것이다. 아무래도, 기본적인 부분에 대한 이해 부족이 축적되다 보면 결국 학습부진이 누적되기 쉽기 때문에 그런 방법을 택했다. 하지만 문제는 수준별 지도라는 이름으로 상위수준의 아이들에게는 난이도가 높은 문제 제시만 하고, 하위수준의 아이들을 중심으로 지도하는 것은 진정한 의미의 수준별 지도라고 하기는 어렵다고 생각한다. 오히려 하향평준화를 지향하는 것이라고 할 수 있을 것 같다. 어쩔 수 없지 않은가, 다양하고 심화된 기회는 둘째치더라도 부진아를 줄이는 게 그나마 택할 수 있는 우선의 책임이라고 느끼니 말이다.

[그림 15] 수학 교과서 수준별 내용

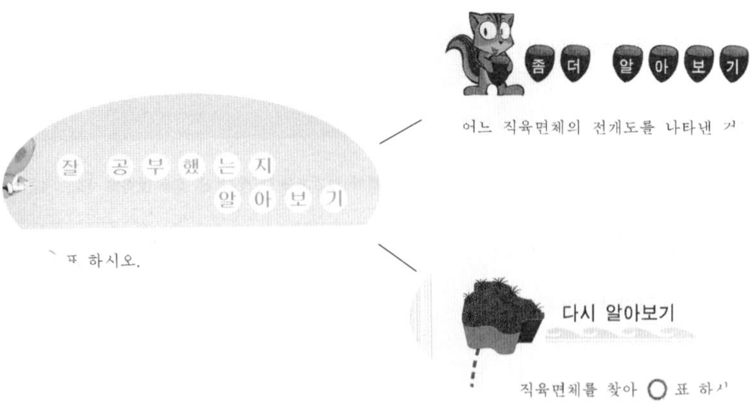

단원정리학습

사회와 과학 과목 역시 마찬가지로 교과서의 각 단원 마지막 부분의 수준별 학습 과제를 학생 수준에 따라 달리 부여하는 방법으로 수준별 지도를 한다. 상·하 수준의 수준별 과제를 수준별로 따로 학습하도록 제시하지만, 한 교실에서 수준별로 집단을 따로 편성하지 않고 수준별 과제만 따로 제시한다. 이런 방법은 각 수준에 맞는 차별화된 지도를 하고 있다기보다는 학습할 과제의 내용이 다른 그룹별로 이중으로 수업을 하는 것에 더 가깝다고 여겨지곤 한다. 나는 이렇게 이중 수업과 같은 부담을 느끼고, 어떤 학생들은 자기 수준에 맞지 않는 내용의 수업도 한 교실 안에서 함께 듣고 있어야 하는 다소 비효율적인 수업의 상황을 자주 감수해야만 했다.

[그림 16] 사회 교과서 수준별 내용

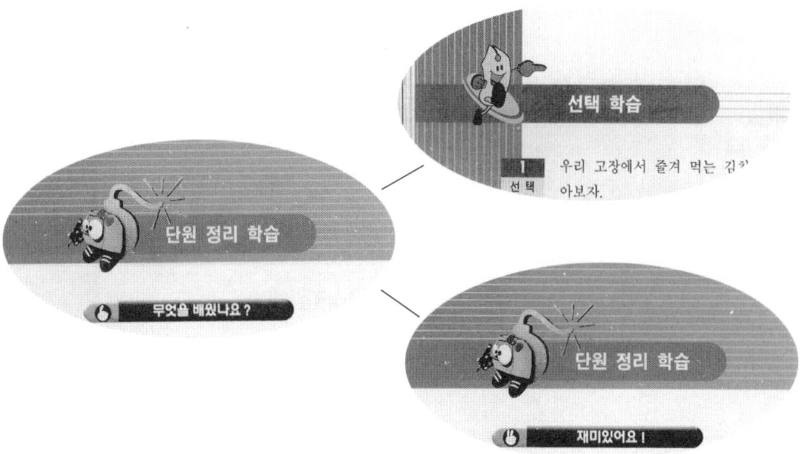

이렇게 교과서의 내용과 구성에 따라 수업을 하는 것만으로도 어느 정도 수준별 지도는 이루어지고 있다고 말할 수 있을 것 같다. 하지만 그보다 수준별 수업 유형 구분에 따른 수준별 수업이 적절히

이루어지고 수준별 수업의 의의를 제대로 살리기 위해서는, 각 학생들의 수준에 대한 상세한 진단에서부터 대부분의 교과목에 대해 거의 매시간 혹은 매 단원별로 수준별 지도를 위한 준비가 철저히 이루어져야한다는 생각을 하곤 한다. 교과서에 제시된 수준별 활동 자료는 예시 정도였지, 실제로 교실 상황에 활용하기에는 준비된 자료가 너무 부족하다. 그래서 더 많은 자료와 교사의 충분한 사전 준비가 필요하다고 주위 선생님들은 다들 얘기한다.

물론 인터넷 교수학습 지원센터라든지 교육청 차원에서의 지원이 있긴 하지만 그다지 실질적이라는 느낌보다 형식적이라는 생각이 드는 건 그 속에 있는 다양한 컨텐츠들을 충분히 살펴보지 못한 내 노력의 문제일까? 만일 그렇더라도 수준별 교육과정이 좀 더 의미 있게 적용되려면 수준별 지도를 위한 교재와 학습자료, 그리고 교사들 간의 수준별 수업을 위한 연구와 협의 등은 좀 더 실질적으로 이루어져야 하지 않을까?

모둠별 협동학습: 멘티, 멘토

평소 수준별 교육과정에 관한 연수를 통해 알고 있는 '수준별 집단 편성 방법과 유형'은 학교 간, 학년 간, 학급 간 수준별 집단 편성 방법과 학급 내 수준별 집단 편성 방법이다. 그 중에서 초등학교교육과정에 명시된 기준을 따라 나의 학급에서는 '학급 내 수준별 집단 편성'을 통한 수준별 지도를 아주 가끔 하곤 했다. 학급내의 학생 수준에 따라 능력별로 분단이나 조를 편성하기도 하고, 개별화 수업의 방법으로 학습이 부진한 학생들을 지도하기도 하였다. 또, 그렇게 수준에 따라 달리 편성된 학생들에게 가르칠 내용과 학습할 과제의 양을 달리 하는 방법으로 지도를 하였다. 하지만 그 또한 국어와 수학 수업의 경우에 주로 이루어질 수 있었다.

수업에서 주로 활용하고 있는 수준별 지도의 첫 번째 방법이 교과서 구성 체제를 따른 수업이라고 한다면, 두 번째 방법은 각 학생들의 수준이 서로 다른 학생들을 한 모둠으로 편성해서 모둠별 활동이 주로 이루어지도록 협동학습 집단을 편성하는 방법이다. 이 방법은 능력이나 수준을 모둠별로 차등을 두는 것이 아니라 학력수준이 서로 다른 학생들이 고루 섞일 수 있도록 이질집단을 편성하여 학생 상호 간의 협동학습이 이루어지도록 구성한 방법이다. 실제로 다양한 수준을 고려한 수준별 모둠 편성이라기보다는 각 모둠 별로 학력평균이 비슷하도록 수준을 고려해 만들었다. 일종의 하향평준화이기도 했다. 각 모둠 내에서 실력이 다소 부족한 학생은 우수한 학생으로부터 멘토링 방법으로 도움을 받기도 하고, 우수한 학생은 친구를 가르쳐 줌으로써 자기가 학습한 내용을 더 확실하게 이해하기도 하고 또한 자부심을 느끼게 되기도 한다. 이런 협동 학습의 방법은 우수한 학생보다는 보충지도가 필요한 학생을 위한 조금은 치우친 배려에 가까운 방법임을 인정한다. 두 마리 토끼를 다 잡는 일은 거의 불가능하기 때문에 그나마 가장 가까운 방법이 이런 방법이 아닐까 싶었다.

개별지도: 끝나지 않는 씨름

오늘도 시간표에 수학 수업이 들어있다. 수학 수업이 든 날은 아침부터 마음이 무겁다. 단계형 수준별 교육과정을 적용하고 있는 수학 교과의 특성에 맞게 앞 단계에서부터 기본 실력이 어느 정도 닦여져 있지 못한 아이들을 생각하니 마음이 답답할 노릇이다. 그런 아이들의 수준을 기준으로 수업을 하자니 시시하다는 불평불만이 생겨나고, 진도는 진도대로 늦어지고 매번 할 일이 아니다. 그 아이들이 정신적으로나 학습장애가 심한 아이들도 아닌데 그렇게 수업 진도를 따라오지 못하는 걸 보면 그건 아마도 부모의 보살핌이 부족했거나 아니면 담임교사가 학습부진을 한편으론 방치했기 때문일 게다. 그렇게 축척된 학습 부진은 교사의 양심으로 포기해버릴 수 있다면 모를까 그렇지 않다면 매년, 매시간 안고 가야할 업보와도 같은 것 같다. 업보인줄 알면서 해결하지 못하는 건 아마도 한 학급에 30명이 넘는 학생들을 모두 관리해야 하고, 또 이해가 부족한 아이들을 남기거나 특별지도를 하거나 해서 끌고 가기에는 너무 많은 시간과 노력이 필요하기 때문인 것 같다. 물론 의미 있는 시간과 노력이겠지만, 그렇게 겉으로 보이지 않는 긴 일들보다 눈에 띄게 해 내야 할 일들이 너무 많다. 앞의 학교교육과정 내용 목차에 볼 수 있듯 아이들에게 교과 공부를 열심히 가르치는 것만으로는 내가 학교에서 해야 할 일의 절반도 못하는 것으로 내비쳐지기 일쑤다. 아마도, 학습 부진이 누적된 아이들을 그렇게 내버려둘 수밖에 없었던 건 모두 나 같은 핑계 때문이 아니었을까. 그래도 나는 오늘도 수학시간이 마냥 괴로운 아이들과 씨름, 씨름이다.

내가 교실 수업에서 주로 활용하는 수준별 지도의 세 번째 방법이 바로 낮은 수준의 학생을 대상으로 한 '개인 특별지도'의 방법이다. 전체 학생들에게 단위 수업 시간 동안 기본 학습 과제에 대한 평균 수준의 성취를 목표로 지도한 다음, 성취수준에 도달한 아이들에게는 심화과제를 제시하거나 교사용 컴퓨터나 다른 컴퓨터를 활용해 인터넷 학습 사이트의 심화 학습 과제를 자기 주도적으로 해결할 수 있도록 하였다. 그러는 동안 나는 주로 학습과제에 대한 이해 수준이 낮은 학생들을 대상으로 개별지도를 실시하곤 하였다. 그것도 진도에 쫓기거나 수업량이 많을 때는 거의 불가능한 일이고, 단위 시간당 학습할 분량이 적거나 반 이상의 아이들이 학습목표에 도달했다고 판단될 때나 가능한 일이었다.

수학 수업의 경우 한 단원 마지막 부분에 '잘 공부했는지 알아보기'의 문제를 풀어보고 그 정답률에 따라 그 이하는 '다시 알아보기', 그 이상은 '좀 더 알아보기'를 학습하게 한다.

"잘 공부했는지 알아보기, 스스로 풀어보고 다한 사람은 가지고 나오세요!"

그렇게 이야기하고 나서 아이들의 문제 푸는 과정을 지켜본다. 행여나 다를까. 한 단원이 다 끝나가는 데 아직 첫 시간에 배웠던 내용도 언제 배웠냐는 듯이 멀뚱멀뚱 내 눈만 쳐다보는 아이들이 몇몇이 있다. 그럼, 그 아이에게 가서 다소 쉬운 문제를 함께 풀어본다. 몇 문제나 개별지도를 했을까? 1명? 혹은 2명도 다 봐주기도 전에, 채 5분도 지나기 전에 공부 잘하는 아이들은 자기가 다 푼 문제를 가지고 하나 둘씩 걸어 나온다. 그리고 뭔가 빈정대는 듯한 자세로 거의 다 맞았을 테니 어서 다 맞았다는 표시로 큰 동그라미 주세요 하는 표정으로 나를 바라본다. 그러면 나는 평소에 보아온 대로 정말 다 맞았을 것 같은 아이의 문제를 채점해 준다. 그리고 그 답을 보고 나온 아이들끼리 각자 채점을 해보게 한다. 그렇게 채점 결과가 만족스러운 아이들은 교사용 컴퓨터로 인터넷 세미학습을 할 기회를 준다. 그렇게 '그 다음은 너희들이 알아서 해봐'라고 하고, 나는 또 아무 걱정도 배운 것도 없어 보이는 아이를 처음부터 하나씩 하나씩 새로 가르치곤 한다.

습관! 공부하는 습관, 수업에 집중하는 습관, 가정에서부터 부모로부터 지도받은 습관이 없는 아이들은 나와 매 달 혹은 매 단원이 끝날 때 마다 씨름이다. 씨름이 끝나고 나면 좀 나아지는가 싶다가도 얼마간 다시 시간이 지나고 나면 또 다시 씨름하고, 또 씨름하고. 이렇게 씨름 씨름하다 보니 남는 것 없이 한해가 훌쩍 지나가 버린다. 내가 끈질기지 못해서? 아님 무책임해서? 공부가, 또 학력이 전부는 아니겠지만 해결을 찾기 어려운 학습부진아만 챙기기도 힘든데, 우월한 학생들에게 수월성을 제고해주기란 정말 쉽지 않다. 몸이 몇 개가 되는 것도 아니고…….

그나마 내가 교실 수업에서 활용할 수 있는 수준별 지도 방법은 이렇게 단순하다면 단순하고, 지엽적이다. 그건 편의상의 선택일 수도 있겠고, 수준별 반편성이나 이동수업이 불가능한 상황에서 여러 과목에 대해 30여 명에 달하는 아이들의 다양한 수준에 적합한 수준별 지도 유형을 찾기가 어렵기 때문이기도 하다. 그나마 기본 학습과제와 목표에 대해 어느 정도 학습 기준에 도달되고 나면, 수업에 대한 일단의 부담과 책임은 떨칠 수 있다. 그리고 굳이 담임교사가 아니더라도 다른 수단과 방법을 통해 학습 조력을 얻을 수 있는 상위권 학생보다는, 학습 부진이 누적되고 교육환경적인 혜택을 덜 받은 하위권 학생을 대상으로 한 개별 지도가 더 의미 있는 수준별 지도로 여겨지기도 한다. 그래서 수준별 지도를 위한 가장 현실적인 선택이 바로 부진아 지도와 같은 소수 하위 수준의 학생을 지도하는 것이라고 나는 생각했다.

즉흥 환상곡: 교사 수준만큼 준비 · 운영되는 교육과정

«쇼팽의 즉흥환상곡(Fantasie Impromptu)»
쇼팽이 사랑하는 상드를 위해 작곡한 '즉흥 환상곡'
전반부에 밀려오는 격렬한 선율은 듣는 이를 걷잡을 수 없이 흐르는 격정으로
휘몰아 넣고 격정이 지난 후에
매혹적이며 아름다운 그리고 안타까운 슬픔과 우수에 찬 선율로
마음을 적신다.

쇼팽의 즉흥환상곡은 때론 격정적이며 때론 그 끝을 알 수 없을 만치 서정적인 선율이 듣는 이를 이내 음악 속으로 빠져 들게 만든다. 곡의 완벽한 완성도와 환상적인 선율은 즉흥곡이라는 이름이 어울리지 않을 만큼 어색한 듯 절묘한 조화를 이루어 낸다. 즉흥환상곡이라고 명명하긴 하지만 즉흥환상곡이 탄생하기까지 쇼팽은 이미 피아노의 시인이었던 것이다. 제 7차 교육과정을 직접 현실로 실천해 나가는 교사와 교실의 광경 역시 '즉흥환상곡' 그 자체였다. 적어도 나와 가까운 동료교사들에게는 그러했다. 교사의 수준, 능력과 준비 정도 등에 따라 '즉흥곡'일 수도 '환상곡'일 수 있는 것이 교실 수업의 생생한 실상이다.

수준별로 다양한 수업을 해보고자 하는 이삭초등학교 선생님들도 소수에 불과한 듯하다. 경력이 많은 일부 선생님들은 현재의 교육과정이 5차든 6차든 7차든 그냥 교과서 그대로의 수업을 하고 있는 것이었다. 그 수업이 '좋다. 나쁘다.'를 떠나 일단은 그런 선생님들 나름의 경험과 노하우를 바탕으로 성공적인 수업을 하고 계심을 인정해야한다. 이삭초등학교 교사의 노하우와 열정을 담은 수업이 국가수준에서 정해놓은 7차 교육과정의 취지에 따르는 수업보다 못하다고 할 수만은 없지 않을까? 어차피 허울만 좋은 7차 교육과정을 근근이 뒤쫓기만 하는 것보다는 담임교사 나름의 열정과 노하우 그리고 수업기술로 주도적인 수업을 해 나가는 것이 더 나을 지도 모른다. 선생님들 스스로 생각하건데 이 정도가 국가수준에서 정한 수준별 교육과정의 의도에 충분히 부합된다고 보지는 않더라고, 분명 학생들의 다양한 수준에 부합하는 과제부여와 지도의 필요성은 충분히 느끼고 있기 때문에 그러한 필요성의 인식하에 현실 여건이 허락하는 범위 내에서 교사 나름의 의미 있는 수준별 지도, 즉 나름의 '환상곡'을 연주하고 있는 것인지도 모른다.

그렇다고 국가수준의 교육과정을 무시할 수만은 없기에, 실제 교실 수업의 상황에 따라서 교사 나름의 수준별 지도를 위한 고려가 어느 정도는 이루어지기도 한다. 그리고 방과 후 과제 부여를 통해 가정에서 학부모나 다른 조력자를 통한 보충 지도를 받도록 안내하거나, 상위 학력 학생이 하위 학력 학생에게 도움을 제공하도록 구성해 학생 상호 간의 조력을 통한 수준별 지도가 이어지도록 하기도 한다. 수준별 교육과정의 취지에 딱 걸맞은 수준별 수업이나 개별 지도를 위한 현실적인 여건은 부족하지만, 그 필요성은 충분히 공감하고 있기 때문에 나를 비롯한 주위 선생님들 나름의 수준별 지도를 하고는 있다는 것이다.

또한, 어차피 7차 교육과정의 의도대로 수준별 교육과정이나 다른 아이디어의 적용이 쉽지 않을 바에야, 선생님들 나름의 노하우와 실제적 지식을 활용한 나름의 즉흥곡이 오히려 '환상곡'에 더 가까울지도 모를 일이다. 그런 즉흥 수업에 대한 소박한 변명은 아래의 시간표가 보여주듯 매일, 매 시간 마다 다른 과목과 새로운 내용, 새로운 자료가 필요한 수업들이 일주일에 25시간이나 되기 때문이라고 얘기해도 될 듯싶다. 4학년의 경우 일주일 동안에 지도하도록 정해진 기준 수업 시간 수는 29시간이다. 그 중 4시간은 전담 선생님이 가르쳐 주시기 때문에 실제로 내가 수업을 준비해서 하는 수업은 25시간이다. 매일 평균 4시간의 수업과 4가지 과목을 가르치기 위해 한 과목당 1시간 준비를 한다고 해도 적어도 4시간의 수업 준비가 필요하다. 그 4시간도 주제와 관련된 인터넷 자료를 검색해서, 그 중에서 보여주면 좋은 자료들은 주소를 저장해두고, 필요한 학습지를 출력하여 복사해두고, 실습이 필요한 과목은 준비물을 갖춰놓고, 사전 연습이 필요한 과학 과목이나 실과 등의 과목은 교사가 먼저 만들어보고, 미술은 예시로 보여주기 좋은 참고 작품을 찾아두고, 음악은 피아노 반주를 연습해 보기도 한다.

하지만 사실 이런 준비도 발령을 받고 난 후 몇 년 동안이었다. 아이들 수업을 준비하는 일 이외에 처리해야 할 업무며 수업 준비며 학교 일과 시간만으로는 부족해 집에 바리바리 싸 들고 와서 일을

[표 6] 4학년 2반의 시간표

시간 \ 요일	월	화	수	목	금	토
1	국어	도덕	수학	수학	국어	국어
2	수학	미술	국어	사회	음악	사회
3	사회	미술	과학	국어	과학	수학
4	음악	국어	체육	영어	특활	재량
5	과학	체육	특활	재량	체육	

한 적도 부지기수였다. 아이들이 집으로 간 이후에도 학교 업무만으로도 이내 퇴근 시간이 다 되어버리기도 했다. 애써 시간을 내서 아이들을 위한 준비랍시고 무언가를 만들어 보지만, 힘에 부쳐서 지내던 몇 년이라는 시간이 지난 후에 남은 교훈은 결국 수업에 대한 기대치를 낮추는 일이었다.

수업 준비를 위한 기대치를 낮추는 데 톡톡히 한 몫을 한 것은 비단 수업 준비자체에 대한 어려움이 아니었다. 아이들이 집으로 간 이후, 교실에서 수업준비를 하고 있을 량이면 "수업준비? 그거 너만 하나? 누구나 다 하는 걸 가지고 뭘 그렇게 유별나게 생색이냐?"라며 따가운 눈총만 따를 뿐이었다. 수업이 끝난 이후라도 학년별로 맡겨진 업무나, 부서별로 맡겨진 업무, 학교 행사 준비 등등의 일에 한사람 몫의 역할을 하지 않고 느긋하게(?) 수업 준비라도 하고 있을 량이면 이네 바늘방석이다. 아예 집에 싸 짊어지고 가서 하든지, 아님 아침 일찍 남들보다 먼저 와서 하든지, 아님 에라 모르겠고 립서비스로 수업을 하는 일. 이 세 가지 중, 한 가지를 택할 수밖에 없었다. 그렇게, 그렇게 내 교직생활에서 수업 준비와 연구의 의미는 얼마간 저 먼 뒷자리를 차지할 수밖에 없었다. 그리고는 학교 업무와 교직에 어느 정도 익숙해 질 때 즈음, 난 비로소 수업이라는 교사의 첫 번째 임무에 대한 반성과 자각이 있었다. 그 이후로 나는 가장 관심을 가지고 있는 국어과 과목의 수업 하나에 대한 실력과 자신감을 얻고자, 국어 수업을 연구하고 국어 수업 연구교사가 되었다. 그 또한 너무 늦었다. 대부분 10과목 전부를 가르쳐야 하는 초등교사라는 나의 직함과 경력, 그리고 나이에 비해 한 과목에 대한 수업 노하우와 수업 연구교사라는 타이틀은 어찌 보면 참 부끄러운 일일지도 모르겠다.

누군가의 말이 떠오른다.

"교사의 생명은 수업이다!"

나는 얼마나 강인한 생명력을 지니고 있는지 모르겠다.

교사로서의 내 생명을 지탱해 주는 가장 든든한 버팀목이 과연 수업기술이나 교육과정에 대한 해박한 지식이라고 장담할 수도 없다. 평소의 수업이 어떠하든, 평소의 생활지도가 어떠하든, 공개 수업의 경우에만 그럴싸한 수업을 보여 주며 근근이 생명을 이어온 건 아닌지 한번 돌이켜 볼 일이다.

언제나 '즉흥환상곡'을 연주할 수는 없겠지만, 학부모에게 공개하기에 부끄럽지 않은 수업을 준비하듯, 매일 마주하는 아이들에게 매번 공개하기에 당당하고 부끄럽지 않을 만큼의 수업을 준비한다면 나만의 즉흥환상곡을 자주 연주될 수 있으리라 기대를 가져본다.

수준별 교육과정:
공개용과 비공개용 수업의 페르조나(Personas)

"누군가의 페르조나(persona)는
아마도 그 사람의 실제 성격이나 본성과는 달리,
다른 사람에게 드러내 보이기 위한 자신의 성격이나
본성의 일면이다."

나의 4학년 2반 교실 수업은 때론 '환상곡'이지만 대부분은 '즉흥곡'으로 연주되는 수업이다. 교실에서 매 시간마다 아이들의 이해 수준을 파악하고, 상황에 적절한 학습 자료를 준비해 놓기는 쉽지 않다. 늘 수준에 적절한 처치를 위한 지도 계획을 짜고 그에 따라 의도된 수업이 이루어지지도 않는다. 나를 포함해 대부분 교사의 의지와 인식 정도에 따라 수업의 정도가 다양하게 실천될 수는 있지만, 7차 교육과정의 의도에 들어맞는 수준별 수업을 위한 '환상곡'은 '공개를 위한 목적의 수업'에서나 제대로 이루어질 수 있을 법한 일이라고 생각된다. 나의 평소 수업들 중 외부에 공개할 계획이 없는 일반 수업의 장면에서는'즉흥곡'처럼 수업이 이루어진다. 연구수업이나 공개를 목적으로 수업을 해야 할 때는, 매 차시 마다 수준별 수업을 위한 준비가 이루어지고 있는 것 마냥 수업을 구상하고 또 수업을 하곤 한다. 또 그렇게 하는 것을 다른 선생님들도 당연하게 여기고 있다. 설령 평소에 하는 대부분의 수업처럼 진행할 양이면 "저게 무슨 공개수업이야, 저렇게는 나도 바로 할 수 있겠네."라고 들리지 않는 핀잔이 쏟아지기 마련일 게다. 연구수업이니까 다소 이상적인 수업의 모습을 추구해야 하는 것이겠지만, 그 이상과 현실의 수업은 거리가 너무 멀다. 보여주기 위한 수업에서처럼 매 시간 교수학습 지도안을 짜고, 수업 시나리오를 짜보고, 수준별 지도 계획과 자료를 준비하고, 수행평가를 구상하고 흥미를 끌 자료들을 직접 제작하려면 한 시간 수업을 위해 준비 하는 시간이 최소 20시간은 족히 넘는다. 그런 과정을 통해 나를 비롯한 교사 자신의 수업 연구와 발달을 위한 실험이나 훈련이 될 수도 있겠지만, 평소 수업을 잘 모르는 학부형들은 어쩌면 너무나 자연스럽게 받아들일지도 모를 일이다. 또 보여주기 위한 수업의 과정을 이상적이라 여기고 또한 추구하고자 하지만, 그런 이상적인 수업으로 나아가기 위해 제반여건과 현실의 간격이 너무 커서 그때만 그렇게 하고 만다는 데 문제가 있는 것 같다.

가르쳐야 할 학생 수가 너무 많다. 그리고 맡겨진 업무의 양과 신경 써야 할 일들이 많다. 여러 가지 학교 행사와 평소 수업의 조율이 부족하다. 행사는 행사대로 수업은 수업대로. 학생을 어떻게 하면 쉽고 재미있고 제대로 가르칠 수 있을까에 대해서만 고민할 수 있게 만들어 주면 좋겠는데. 그건 나의 지나친 욕심일까?

2007년 6월 15일, 국어과 연구교사 공개수업이 이삭초등학교에서 있었다. 이번에는 4학년 2반 교실이 아닌 학교도서관을 이용해 공개수업을 하였다. 시교육청은 각 과목별로 연구실적과 경력 등을 교과 수업 기술과 연구 능력이 우수하다고

[그림 17] 2007년 8월 15일 공개수업

판단되는 교사를 선발하여 일정 기간 동안 수업을 연구하도록 한 후, 일반교사들에게 수업 연구의 결과로서 수업을 공개토록 하여 교사 상호 간의 수업장학을 독려하도록 하고 있다. 나 역시 국어과 수업 연구교사로서 그 동안 효과적인 국어과 수업 연구를 위해 평소 고민하고 생각해 적용해본 방법으로 국어과 수업을 공개하였다. 그간의 연구와 실천의 결과로서의 공개수업 발표를 위해, 긴 시간에 걸쳐 수업지도안을 작성하고, 다양하고 많은 교수 학습 자료를 제작하고, 수업 리허설까지 해보았다. 한 시간의 공개 수업을 위해 족히 20시간이 넘는 수업준비를 해야만 했다. 평소의 일반적인 수업이 아닌 공개수업 준비였기에 가능한 일이었다.

막상 당일 날의 수업은 20여 년 가까이 해온 수업이라 여러 사람들 앞이라고 해서 그다지 떨리거나 하지는 않는다. 그날도

[표 7] 공개 수업을 위한 준비 내용과 소요 시간

준비내용	소요시간
교재 연구: 교사용 지도서와 교과서를 중심으로 본시 수업의 위계 및 전후 관계 파악하기, 학생들의 수준과 교실 상황에 적절하게 내용 재구성, 본시의 중요 학습 내용 추출하기.	3-4시간
교수 학습 과정안 작성: 교재 연구의 결과를 바탕으로 일반적인 형식에 따라 수업의 흐름과 틀을 알 수 있는 교수 학습 과정안 작성하기.	3-4시간
수행평가 계획 및 수준별 지도 계획 수립: 학습목표의 성취와 관련된 수행평가의 내용, 방법, 시기 등을 계획, 성취 정도를 예상하여 상, 하 수준별로 차별화된 수준별 지도 방법 구상하고 수준별 활동자료 제작하기.	1-2시간
시나리오 작성하기: 가상의 상황을 미리 설정하여 학생에게 설명하고 주고받을 구체적인 멘트와 발문, 제시할 활동들을 중심으로 시나리오 작성하기.	2시간
시간 맞춰가며 리허설 하고, 보충 및 시간 조절하기	2시간
흥미로운 학생 활동 및 학습 자료 제작: 학생의 관심을 끌 수 있는 흥미로운 자료 제작, 교사의 설명용 확대 실물 자료, 학생 개인의 활동 실물 자료, PPT 자료, 멀티미디어 자료, 인터넷 자료 등.	6-7시간
기타 (판서 계획, 학습지 복사, 학생좌석배치 계획, 멀티미디어 환경 점검 등)	1시간
합계	약 20시간

이삭초등학교 도서관을 찾은 40여 명의 선생님들 앞에서 국어과 수업을 하였다. 그 선생님들의 표정에는 수업 연구교사 수업에 어떤 특별한 걸 준비했을까 하는 관심과 궁금해 하는 모습이 엿보였다. 학생들은 도서관의 신문을 활용하고, 인터넷을 통해 정보를 검색하는 활동을 할 수 있도록 계획하였다. 학습목표와 관련해 배운 기본 개념이 실생활에 활용되고 있는 모습을 찾아보고 응용토록 하기 위해서였다.

수업이 시작되었다.

동기유발! 먼저 수업의 동기 유발을 위해 신문을 준비해 학생들에게 나눠주고, 살펴보도록 하였다. 동기유발은 한 수업의 시작을 알림과 동시에 수업을 성공적으로 이끌어 나가기 위한 중요한 첫 단추가 된다. 학생들의 동기를 제대로 이끌어 내지 못하면 수업 내내 학생들과의 상호작용이 긴밀하게 이루어지지 못할 수도 있다. 그래서 동기유발은 어찌 보면 한 수업의 성패를 결정짓는 첫 시험대라고 평소 생각해 왔다. 다양한 읽을거리가 실려 있는 신문에서 학생들이 좋아할만한 만화나 읽을거리를 중심으로 이야기를 시작했다. 광고, 만화, 기사 등등 다양한 글의 종류가 신문에 실려 있음을 알고, 그런 다양한 종류의 글을 좀 더 재미있고 쉽게 읽기 위해서는 목적에 맞게 글을 읽는 방법을 알고 읽어야 한다는 학습목표를 이끌어 냈다. 그러면 가벼운 소재의 동기유발 자료를 통해 한 시간의 학습목표를 이해하게 되었다.

[표 8] 공개수업 개요

- **수업 개요**

  동기 유발하기

  본시 수업 목표 인지 :

  목적에 알맞은 방법으로 글을 읽을 수 있다 .

  원리 이해하기 :

  1. 지식이나 정보를 얻기 위한 읽기 방법 .
  2. 재미나 교훈을 얻기 위한 읽기 방법 .

  활동하기 :

  원리에 따라 목적에 알맞게 다양한 글 읽기 정리하기

그런 다음 지식이나 정보를 얻기 위한 읽을거리와 재미나 교훈을 얻기 위한 읽을거리를 도서실 책장에서 찾아오도록 하였다. 아이들이 직접 찾아온 다양한 읽을거리에 따라 목적에 알맞은 방법으로 글을 읽는 방법과 원리를 이해하고 글을 읽을 수 있도록 진행해 나갔던 수업이었다. 수업의 주제로 볼 때 도서실의 다양한 읽기 자료들을 활용하면 더 유익한 수업이 될 수 있으리라 생각했다. 평소와 달리 교실에서 도서실로 장소를 옮겨 도서실의 다양한 자료를 활용하여 수업하는 것은 특별히 새로운 아이디어는 아니지만, 연구수업을 위해

긴 시간 준비하고 계획하는 동안 가장 적합한 것이라 판단했다. 활용한 읽기 자료는 학생의 수준별로 적절하게 선정되고, 수준별 학습을 위한 기회를 두루 부여하는데도 도움이 되었다. 장소를 옮겨서 학생들 좌석배치를 새로 하고, 수많은 책들 중에 아이들이 찾아올 수 있는 읽을거리의 범주를 정해주고, 그런 책들의 위치를 미리 알아두어야 하는 등등 사전에 미리 준비해 놓지 않으면 한 시간 수업만으로는 거의 불가능한 일이었다. 그렇기 때문에 이런 약간의 실험적인 수업은 말 그대로 실험 수업이고 일상적인 수업과는 거리가 먼 힘든 수업이 되고 마는 것 같다.

평소 연구하고 적용해 보면서 터득한 수업의 노하우를 있는 그대로만 공개한다면, 그렇게 나름 연구해서 건진 수업 노하우라 할지라도 수업을 보러 온 다른 선생님들은 '저게 무슨 공개수업이야? 평소와 다를 게 없잖아. 저렇게는 나라도 할 수 있겠어.'라고 핀잔 아닌 핀잔을 줄 것이다. 그러다 보니 수업 자체에 충실한 수업보다 보여주기 위한 수업을 준비해야만 한다. 하지만 그런 핀잔의 말대로 연구수업이라는 건 누구나 쉽게 따라할 수 있어서 효과가 널리 파급될 수 있는 수업이 진정한 연구수업이 아닐까하는 생각을 자주 하곤 한다. 아마 교사라면 누구나 공개용 수업과 비공개용 수업의 다른 양면을 인정하면서도 이중적 잣대의 일치를 쉽게 꾀하지 못하는 것 같다. 누구나 평소의 수업 실태를 서로 잘 알고 있고, 공개수업과 평소수업이 너무나 다르다는 것 또한 잘 알고 있었다. 다만, 남들에게 보여주는 공개수업이기에, 실제와는 많이 다르더라도 도전적이거나, 실험적이거나, 이상적인 교실 수업의 장면을 보여줘야 하는 것으로 대부분의 교사들은 생각하고 있는 것이었다. 나 역시 공개수업에서는 일종의 이상적인 수업의 모습을 마음속에 그리고 또 실제로 보여주어야 했다. 공개수업을 위해 교사가 쏟은 온갖 열정과 준비, 준비된 수업으로 인해 동기와 흥미가 한층 고양된 학생들의 모습, 그리고 성공적인 수업!

평소 수업도 이와 같을 수만 있다면 더할 나위가 없으련만…….

이상적인 수업의 모습을 알고 쫓고 있지만, 이상과 현실의 차이가 너무 큰 탓에 이상적으로 계획한 수업은 일종의 쇼(Show)처럼 잠시 반짝 보여지고 이내 일상의 모습으로 돌아가 버리는 것이다.

공개 수업 따로, 평소 수업 따로

아주 특별한 동기유발 방법 생각하기, 상세한 수업 지도안 짜기, 수준별 지도계획 짜기, 수준별 활동 자료 만들기, 적절한 활동 구상하기, 수행평가 계획하고 평가하기, 활동 시간 안배하기, 교사용 자료 만들기, 학생 활동용 자료 만들기, 다양한 교수·학습 자료를 준비하여 활용하기 등등 공개수업을 위해서는 평소의 일반적인 수업과는 달리 훨씬 많은 시간과 준비가 필요했다.

평소의 일반적인 수업에도 공개를 위한 목적의 수업처럼 다양한 학습 자료와 학생의 흥미를 유발할 수 있는 수업 방법을 활용해 수업이 이루어진다면 훨씬 효과적인 수업이 이루어질 수 있음은 인정한다. 하지만 그런 이상적인 수업을 위한 제반 여건이 갖추어지지 않은 상황에서는 현실적으로 불가능하며 단순히 나와 주위의 교사들만의 노력 부족의 문제로 치부할 수는 없는 문제인 것 같다. 수준별 수업 역시도 공개용 수업만 보면 별다른 문제없이 무난히 이루어지고 있는 것처럼 말할 수 있지만, 평소의 일반적인 수업의 장면과 비교해보면 수준별로 적절히 준비된 수업은 공개수업 때나 제대로 하는 일종의 Show라고도 말할 수 있다. 교사 나름이겠지만 어떤 안일한 선생님들은 시간이 있음에도 불구하고 수준별 수업을 하기 위한 준비를 하지 않는 사람들도 있고, 또 하고자 하는 의욕은 있지만 여러 가지 맡은 학교 업무나 여건들이 따라주지 못해 실천하지 못하는 경우도 있다. 내 경우는 의지가 없는 것은 아니나 주어진 여건들, 예를 들어 학교 전반의 교육과정을 운영해 나가야 하는 입장 때문에 교실

단위의 수준별 수업에 신경을 쓸 여력이 부족하다. 제대로 준비된 수업은 먼저 나 자신이 자신감과 기대가 있고, 또 학생들의 집중도와 눈빛이 다르다. 나날이 그런 수업이었으면 얼마나 좋으련만…….

대부분 제대로 된 수준별 수업이나 지도, 즉 심화 보충으로 나눈 지도는 공개수업 때나 있을 법 하였다. 그렇다고 해서 아예 안 한다고 볼 수는 없는 것이, 부진아나 속진아를 위해서 차별화된 수준별 학습 자료를 만들어 놓고 활용을 한 경우도 있었다. 하지만 그것도 나 자신이 국어과 수업연구교사이기 때문에 국어과 정도만 수준별 지도 자료를 준비해서 활용하는 편이라고 할까. 수학의 경우에는 보통 수준의 문제를 제시하기 때문에 해결하는 데 도움이 필요한 아이들은 물론 선생님이 개별적으로 지도하지만 더 빨리 심화활동이 필요한 아이들까지 학습지만을 제공하는 등의 기본적인 심화 지도에 그치는 상황이다. 국어의 경우에는 내가 국어과에 관심을 가지고 수업을 하는 입장이라 다양한 활동들을 안내해주고 함께 해보도록 유도하고 있다. 특별히 수준별로 아동들의 수준이나 흥미에 맞게끔 몇 가지 활동을 제시하였는데 편지 쓰기, 노래 가사 바꿔 부르기, 신문형태로 바꿔 표현해 보기 등의 활동은 아이들이 적극적으로 즐겁게 참여했고 국어라는 교과에 대해 관심을 갖도록 한 계기가 되기도 했다. 오랜 기간 동안의 경험에서 쌓인 노하우가 담긴 구체적인 활동들은 수업을 더욱 효과적으로 만들어 주곤 했다.

수준별 교육과정: 보편성과 수월성, 두 마리 토끼를 쫓다

[그림 18] 수월성과 보편성

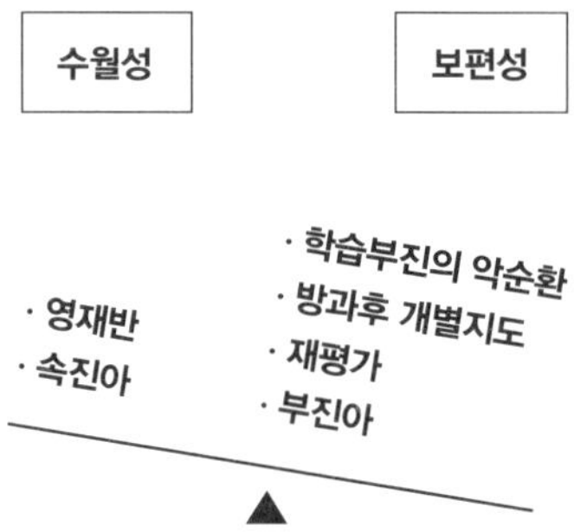

7차 교육과정이 적용되면서 힘주어 강조했던 부분 중의 하나로 수준별 교육과정을 기억한다. 수준별 교육과정은 크게 심화 대상과 보충 대상이라는 두 부류를 나누고, 그 각 부류에 대해 잘하는 아이의 기를 더욱 더 살려주는 '수월성'과 부족한 아이들은 기본만이라도 제대로 이해하게 하자는 '보편성'을 각각 동시에 추구하기를 기대하였다. 물론 각종 연수를 통해 수준별 교육과정의 의의와 필요성에 대해서는 나를 비롯한 대부분의 교사라면 누구나 이해하고 공감할 수 있는 부분이었다. 그리고 수준별 교육과정이란, 상위 수준에서부터 하위 수준에 이르기까지 다양한 학생들의 수준을 파악하고 그 수준에 적절한 처방과 지도를 통해 수월성과 보편성을 동시에 추구하며 궁극적으로는 개별화에 목적을 두는 것이라고 평소 이해하고 있었다.

그런 의도에 대해서 충분히 공감하고 있었지만 지금까지의 현실에 비추어 수월성과 보편성 두 가지를 동시에 추구하기란 마치 두 마리의 토끼를 쫓는 일과 다를 바가 없다는 생각이다. 오히려 두 마리를 다 쫓다 모두를 잃느니보다는 보편성, 즉 교육적 혜택으로부터 소외되거나 불이익을 받고 있거나 학습능력이 부족한 학생을 더 배려하는 쪽에 더 중점을 두려고 하였다. 타고난 재능을 지니고 있거나 부유한 부모로 인해 사회·문화적 자본이 풍부한 가정의 자녀는 학교교육의 혜택을 크게 바라지도 신뢰하고 있지도 않는 편이었다. 그런 학교교육의 책임의 한 부분을 맡고 있는 초등학교교사인 나 역시 우수한 학생보다는 학습이 부진한 학생에 대해 책임감을 더 느낄 수밖에 없었다. 게다가 보편성과 함께 수월성을 동시에 추구하기 힘든 학교 현실 속에서 나는 둘 중 보편성을 추구하고자 하였고, 그 보편성 추구는 곧 학력이 가장 낮은 학습부진아 지도로 귀결되기 쉬운 일이었다.

학습부진학생의 구제도 제대로 되지 않고 있는 상황에서 우수한 학생을 위한 심화지도는 이삭초등학교에서는 다양하게 이루어질 수 없었다. 이런 학교 여건에 대한 이해와 보완을 위해 대신 교육청에서는 영재반을 운영하여, 전체 학교 중에서 희망 학생을 대상으로 영재 선발 시험을 통과한 학생들에게 영재반 특별수업을 받을 수 있는 기회를 제공하기도 하였다.

부진아도 속진아도 학교보다는 학원을 더 선호하고 학교 교육에 대한 신뢰문제를 비롯해 속진아와 부진아 모두에게 적절한 개별 처치를 제공해 주지 못하고 있는 학교 현실에서는, 결국 비중을 두고 있는 수준별 지도는 부진아 지도에 가까웠다. 하지만 그런 부진아에 대한 관심마저도 학부모의 호응이나 협조가 부족해 학원에 맡겨지고 있었고, 부진아에 대한 책임 있는 지도가 이루어지거나 학습 부진을 근본적으로 해소시키지는 못하고 있었다.

부진아 지도를 위한 문제는 항상 학년 초에 부진아가 발생을 해도 학기나 학년말이 되면 거의 다 구제가 된다고 하였다. 그런데 다시 또 다음해 3월이 되면 구제되었던 학생이 다시 똑같이 문제가 되는 것이었다. 다른 반 선생님들도 학습 부진이 구제되었다고 했는데 얼마간 시간이 지나 다시 부진아 판별 시험을 치면 한 명도 없던 것이 다시 열 몇

명씩 생겨나는 걸 보면서 모순이란 생각이 든다고 하였다. 그리고 학교 주변의 학구에 의한 차이도 있었다. 교사가 학부모에게 "댁의 아이가 이렇습니다. 그래서 학교에 남겨서 이렇게 하고 갑니다."라고 안내를 해도 남아서 하는 것을 꺼려 할 뿐 아니라, 학원으로 가려하기도 하고, 부모님과 함께 해 오는 과제로 대신하기도 했다.

이삭초등학교의 수준별 지도는 보편성 추구, 그것도 부진아를 위한 투자에 비중이 치우쳐져 있다. 수업시간 중에는 사실상 학습 부진 학생들을 따로 지도할 수 있는 시간이 없기 때문에, 방과 후 시간을 따로 내어 아이들을 지도하기도 했다. 하지만 교사의 의지가 있어도 그 의지에 학부모나 학생이 부응하지 않거나, 교사가 꼭 부진학생의 학습부진을 해소시키고야 말겠다는 강한 의지나 책임감이 강하게 요구되지는 않기 때문에 학습 부진의 악순환이 거듭될 수밖에 없었다.

단계형 진급평가: 통과의례로써의 평가

제 7차 교육과정에 명시된 '단계형'수준별 교육과정은 초등학교에서는 수학과에만 해당된다. 수학과의 단계형 수준별 교육과정은 매 단계별, 즉 학기별로 단계 진급평가를 실시하도록 하고 있으며 진급평가에서 60점 이상을 받아야 단계 진급이 가능하도록 되어있다. 60점미만 학생에게는 특별보충과정을 통해 보충 지도를 실시한 후, 재평가 결과가 60점 이상이어야만 다음 단계, 즉 다음 학기 또는 다음 학년의 과정을 이수할 수 있도록 하고 있다. 하지만 이삭초등학교의 재평가 실시 이후에 진급 기준을 통과하지 못하더라도 유급처리가 되거나 단계 진급을 안 시키는 경우는 없다. 결국 수학과 단계 진급을 위한 과정으로 진급 평가를 실시하고 있지만, 재이수는 현실적으로 거의 불가능한 일이며 진급평가 역시 실제 취지보다는 형식에 그치는 정도였다.

이삭초등학교에서 수학과 진급평가는 단계형 수준별

교육과정 실행과 관련해 가장 가시적이고 전형적인 수준 판별 형식이었다. 일반 초등학교는 중·고등학교와는 달리 수준별 학급편성이나 수준별 이동 수업 등이 이루어지지 못해, 수학과 단계 진급평가가 '1-가' 단계에서 '10-나' 단계의 20단계로 나눈 의미의 구현이 될 수 있다고 볼 수 있다. 하지만 이삭초등학교의 단계형 진급평가 실행에 있어서는 형식적인 단계에 머무는 수준에 지나지 않기 때문에 수학과 진급평가는 정말 '형식적'이라고 말하는 편이 훨씬 쉽다.

이삭초등학교의 수학과 진급평가의 의례적인 모습은, 1학기의 7월 초와 2학기의 12월 초 경에 진급평가에서 두드러진다. 진급평가의 채점 결과를 바탕으로 60점을 넘기지 못한 아이들에게 특별보충과정의 지도를 하고 얼마간의 시간이 지나면 재평가를 실시하는 것이었다. 그 재평가는 해당범위에 속하는 다른 유형의 문제가 아니라 똑같은 문제를 다시 지도하고 비슷한 문제로 재평가를 실시하기 때문에, 실제 재평가 대상 학생의 실력 향상보다는 어떻게 해서든지 60점 이상을 받게 해서 통과를 목적으로 이루어지는 것이 바로 수학과 진급평가였다.

바로 옆 반 선생님도 그렇게 얘기하곤 한다.

"예, 진급 못하는 애가 없잖아요 결국. 진급평가가 사실 의미 없는 건 맞아요. 왜냐하면 정말 다양한 영역의 문제들이 있는데 진급평가 시험 문항 자체도 타당도나 신뢰도에 있어서 저 아이가 과연 수와 연산, 측정, 도형 등등을 다 할 수 있는 능력을 가졌느냐는 것을 측정할 수 있다고는 볼 수 없으니까요."

옆 반 선생님의 말처럼 진급평가라는 형식에 치우친 평가만으로 가장 기초적인 능력이라도 갖추었는가를 측정할 수는 없다는 것이다. 그렇기 때문에 가장 기초적인 능력만 이수되면 그냥 진급을 시켜준다는 의미에 가깝고, 그 기초적인 능력이라는 것도 몇 장의 평가지와 한 차례의 평가만 통과하면 가능한 일이었다.

"그런데 사실은 그게 아니고 예를 들어 두 자리 수 나누기 한 자리 수 나눗셈이 안 된다고 하면 두 자리 수 나누기 한 자리 수 전반적인 것에 대한 보충 지도를 해줘야하는 거죠."

그런데 60점 미만이면 퍼센트로만 보면 괜찮은 듯하지만 60점 미만을 받을 아이가 나눗셈 한 가지만 해서 될 아이가 아닌 게 현실이다. 처음부터 다시 한 학기 동안 공부한 것을 거의 다 되짚어 줘야할 경우가 대부분 인 것이다. 즉 학습부진의 누적이었다. 그런 학습부진아 문제의 또 다른 문제는 항상 부진아가 발생을 했다가도 진급평가를 치르게 되는 학기 말에는 거의 다 구제가 되는 것 같지만, 이듬해 3월이 되면 다시 부진아가 수두룩하게 생겨나는 것이, 바로 형식적이고 의례적인 진급평가가 만들어낸 모순인 것이다.

형식적으로 수학과 단계 진급평가를 실시하고, 그 결과 기준에 못 미치는 학생에게는 근본적인 학습 부진의 문제점을 찾아서 해결해 주는 것이 아니라 일단은 통과시키기 위해 치러지는 진급평가이다 보니 학습부진의 순환이 이루어질 수밖에 없다. 그래도 진급평가라는 형식이 있어, 외형적으로는 단계를 진급하기에는 기초학력이 부족한 아이들을 선별해서 재지도의 기회를 부여해 준다는 점에서는 필요한 과정이지만, 제대로 된 진급평가와 보충지도가 이루어지지 않는 아쉬움이 항상 남는다.

이삭초등학교에서의 진급평가는 위에서 만들어 놓으라니까 일단 하고 보는 정도이다. 그렇게 형식이긴 하지만 형식적으로라도 이런 과정이 있기 때문에 부족한 아이들에게 한 번 더 지도할 수 있는 시간을 갖는 것은 긍정적인 면이라는 생각도 든다. 그런 긍정적인 면에 반해, 그 짧은 시간 안에 정말 부진한 아이를 완전히 이해를 시켜서 넘어가게 하는 것은 또한 쉬운 일이 아닌 것 같기도 하다.

사실 그런 부진아들을 제대로 지도하려면 거의 매일 지속적으로 지도를 해도 부진이 해소될까 말까할 정도이다. 그런데 학교에서는 어렵다고 본다. 그 아이가 그걸 알 만큼의 꾸준함과 지속적인 지도를 할 수 없다는 게 바로 문제이다. 그러니까 그 아이는 학교에서 교사가 단기간으로 지도해서는 구제될 수 없을 정도의 아이라는 것이다. 그런 경우에는 가정과 연계되어 뭔가가 지속적으로 이루어져야만 한다. 진급평가를 통과하기 위한 목적으로 재지도와 재평가가 이루어지지만, 그 아이가 다른 비슷한 유형의 진급평가 문제를 접했을 때 과연 해결할 수 있을까 하는 의문이 들게 하는 평가가 바로 진급평가이다. 이런 진급평가를 도대체 왜 하는 걸까? 하려면 제대로 하든지, 눈 가리고 아웅 식으로 할 거면 아예 다른 효과적인 방법을 찾아보던지…….

수학과 단계 진급 평가를 통해서 일단 기본 수준 이하의 학생을 판별하고, 재지도의 기회를 부여한다는 점에 있어서는 진급평가에 대해 긍정적이지만, 나를 비롯한 이삭초등학교 동료 교사들의 그러한 필요성의 인식 그리고 교사의 양심과 걱정으로 학생을 남겨서 지도도 해보지만, 학생은 학원을 가야한다는 핑계와 학부모는 우리 아이를 기죽인다는 등의 이유로 보충과정에 들기를 원치 않는다. 그런 비협조적인 상황에서, 교사들은 시간적인 부담을 느껴가면서 까지 보충 지도를 자처할 열의를 계속 유지시킬 필요는 없다고 생각한다.

옆 반 선생님은 진급평가 문항을 출제할 때도 "진급평가 문항을 출제할 때, 진급평가를 통과하지 못하는 학생들이 생길 부담감 때문에 담임선생님들이 진급평가 문항은 다 통과될 수 있도록 최저 수준의 문제를 만들죠. 그래서 어떻게 해서든 다 통과를 하게 만들어요."라고 진급평가 문항 자체를 가능한 쉽게 출제를 한다고 말한다. 그런데 문제는 쉽게 출제된 진급평가가 과연 해당 단계에서 기본적으로 성취해야 할 최소 기준을 제대로 판별할 수 있냐는 것이다. 역시나 기준의 정확도보다는 통과 여부자체에 대부분 선생님들의 관심이 집중되어 있으니 자연 그럴 수밖에 없는 것이었다.

주위 선생님들이 어느 정도가 최소 성취 기준인가에 대한 분명한 인식을 갖고 있지는 않는 것 같다. 현실에서 이수를 못한 아이가 생기면 담임교사들은 특별보충지도를 해야 되고, 무언가 담임교사에게 책임이 전가되는 부담을 갖고, 또 진급을 못할 실력이라고 해서 사실 진급을 안 시킬 수도 없는 일이기 때문에 결국 형식적으로 받아들이고 실시하는 것이다. 7월에 진급평가를 쳐서 계속 통과를 못한다고 해서 실제로 성취할 수 있을 때까지 8월 방학까지 할 수도 없는 일이다. 학생도 교사들도 원하지 않기 때문에 어떻게든 진급을 시켜 줄 수 있게 만들어간다. 그래서 똑같은 문제를 가지고 지도와 평가를 반복하다보면 어떻게 해서든 통과하게 되는 것이다. 사실상 단계를 진급 못하는 학생은 없지만 그래도 그런 부담감 때문에 사전에 그런 아이들이 생기지 않도록 문서 자료상으로 통과를 시키는 것이다. 또 현실에서는 재이수라는 게 불가능하고, 학부형도 인정하려들지 않기 때문이었다. 그리고 진급평가는 60점 이상이 되어야 통과하는데 만약 까딱까딱 55점이라면 그냥 60점으로 해줘서 통과를 시켜주는 것이었다. 그렇기 때문에 자연히 미이수자도 생기지 않는 것이었다.

수행평가: 교육개혁을 향한 달콤한 꿈

수행평가는 7차 교육과정이 시작된 2000년부터 학교교육과정과 수업에 적용되었다. 기존의 지필 평가 위주의 전통적인 평가가 아닌 수행평가를 통해 교수 학습목표를 분명히 인식시키고 교수학습의 질을 향상시키는 등 평가를 통해 교육의 전반을 개혁하고자 도입되었다. 이런 도입 취지에 맞춰 이삭초등학교와 4학년 2반 교실에도 학급교육과정 계획과 더불어 필수적으로 준비하고 결재를 받아야 하는 것이 바로 수행평가 실시계획이었다. 이 계획안에는 각 과목별 영역에 대한 성취기준과 평가기준, 평가도구, 방법 등에 대한 구체적인 준비가 갖추어져 있어야 한다. 그리고 수행평가 실시를 위해 교육부에서는 수행평가의 개념과 지침을 다음과 같이 제시하였고, 그에 따라 이삭초등학교는 수행평가에 대한 이해를 구하고 구체적인 실천 계획을 세웠다.

수행평가의 개념

'수행평가(Performance Assessment)'는 평가자가 학습자들의 학습과제 수행 과정 및 결과를 직접 관찰하고, 그 관찰 결과를 전문적으로 판단하는 평가 방법'으로 정의하고 있다. 그리고 각 학교의 교과협의회에서는 각 과목의 교육과정 및 학교·교과의 특성을 감안하여 수행평가의 영역·방법·횟수·세부기준(배점)·반영비율 등과 성적처리방법 및 결과의 활용 등에 관한 수행평가 계획을 수립하여 학교 학업성적 관리위원회에 제출하도록 하고 있으며, 평가자는 학교 학업성적관리위원회의 심의를 거쳐 확정된 각 교과별 수행평가 계획과 평가 후 결과를 학생 본인에게 공개하여야 하며, 이의 신청이 있을 때에는 면밀히 검토하여 적절한 조치를 취하여야 한다고 규정하고 있다(교육부).

이러한 수행평가에 대한 개념과 지침에 따라 수행평가에 대한 계획과 실천이 이루어져왔다. 하지만 그 실천이 형식적이며 많은 문제를 야기 시키는 점 등을 고려해 2005년 교육부에서는 훈령 676호 '교과학습발달 상황 평가 및 관리'지침을 새롭게 발표 하였다.

그 지침에 따르면 교과학습발달상황 평가는 지필평가와 수행평가로 구분하여 실시하며 실기과목 등 특수한 경우는 시·도교육청의 학업성적관리 시행지침에 따라 학교 학업성적관리규정으로 정하여 수행평가만으로 실시할 수 있다고 제시하였다. 또한 교과학습의 평가(지필 및 수행평가)는 모든 학생들이 교육목표를 성공적으로 달성할 수 있도록 돕기 위한 교육의 과정으로 실시하며, 학습 상황에 대한 평소의 평가와 계속 지도한 결과를 자료로 학생 개개인의 교과별 교수목표의 성취도와 학습 수행과정을 평가하는 방법을 적용하도록 하고 있다. 그리고 각 교과별 지필평가 및 수행평가의 영역·방법·횟수·기준·반영비율 등과 성적처리방법 및 결과의 활용 등은 각 학교·교과지도의 형편을 고려하여 교과협의회에서 정하고, 이를 학교 학업성적관리위원회의 심의를 거쳐 학교장이 최종 결정하도록 하고 있다.

수행평가 1: 그 모호함의 해석

하지만…….

이삭초등학교에서의 수행평가는 오히려 기존의 전통적인 지필 평가에 종류와 횟수만 더 가중된 평가에 지나지 않는 게 아닐까 하는 생각이 들곤 한다. 평소 수업시간에는 수행평가를 하지 못하다가 학기 말이나 결과물이 필요할 때 몰아서 수행평가를 실시하는 경우도 적지 않기 때문이다. 어떤 선생님은 학교 업무 때문에 너무 바쁘다 보니 수행평가를 마지막 달에 몰아서 하시는 분도 계신다. 결국 평가를 했다는 증거 남기기와 점수내기를 위한 평가에 지나지 않을 수도 있다. 수행평가에 대한 제대로 된 협의나 준비 없이, 그리고 현실성을 충분히 고려하지 않은 채 실행하다 보니 교사에게는 부담만 과중되고 학생에게는 무의미한 평가가 되어 버리기도 하는 것 같다.

사실 수행평가가 수업과 맞물려 본 취지대로 실시되고 있지는 않다. 수행평가에 대한 일반적인 인식도 기존의 지필평가의 방법에서 좀 더 다양한 평가 방법들의 수용 정도로 여겨지고 있는 것 같다. 수행평가를 통해 다양성을 존중하고 창의성을 기르는 것을 비롯해 교육을 근본적으로 개혁한다든지 하는 취지는 처음부터 교사들의 기억 속에 자리 잡지 못했다. 조금 새로운 방법이지만 한편으로는 혼란스럽고 부담스러운 평가였던 것이다.

실제 수행평가의 모습이 그랬다. 주위 선생님들도 몰아놓았다가 또 다른 총괄평가처럼 실시하는 경우도 많고, 수행평가를 그때그때마다 실시하는 선생님들도 많지 않다. 원래의 의도대로 수행평가가 이루어지고 있지 않는 것이다. 음악, 미술, 체육, 과학 같은 경우의 실기나 실험 실습 위주의 교과목, 국어과 말하기 과목은 그때 평가를 하지 않으면 안 되니까 해당시간에 하는 편이지만, 국어나 수학, 사회 등의 과목의 경우는 수업시간에 하는 것이 아니라 수행평가를 위한 시간을 따로 마련해서 이루어지기도 한다.

예를 들어, 수학과의 '컴퍼스로 원 그리기' 수업을 하면 수행평가는 단순히 결과가 어떠한가 만을 얻기 위한 목적이 아니라, 수행능력이 노력요함(△)인 아이는 보통(○)이 되도록 지도하고 또, 잘함(◎)을 받을 수 있도록 하기 위함이 목적인데, 실제 적용에 있어서는 결과 도출을 위한 총괄평가와 별반 다를 바가 없는 것이었다. 수행평가의 의도는 알지만 현실적인 문제들, 학급의 인원 수, 잦은 학교 행사, 수업 시수 때문에 제대로 안 되어지는 현실을 원망하곤 했다.

수행평가를 받아들이는 선생님들의 입장은 대체로 하라고 하니까 당연히 하는가 보다 하고 하기도 하고, 수행평가 결과를 토대로 성적을 처리하기 때문에 어쩔 수 없이 학기 말에라도 몰아서 하는 경우가 많고, 또 일부는 수행평가를 하긴 하지만 나머지는 대충 얼굴을 떠올려 '개라면 이럴 거야', '아니 뭐 다 동그라미 두개(◎) 줘도 괜찮을 것 같아, 좋은 게 좋은 건데 뭐.'라고 쉽게 간주하고 이왕이면 좋은 평점을 줘버리기도 한다. 수행평가를 안 해도 좋은 점수만 받으면 학생도 학부모도 불만을 말하는 사람은 없기 때문이었다. 이렇게 수행평가의 취지나 올바른 해석은 어디론가 사라진 지 오래고 부담과 형식만 고스란히 남아있는 것 같다.

수행평가 2: 과정이냐 결과냐

"마치 수행평가는 코에 걸면 코걸이, 귀에 걸면 귀걸이인 것 같아요. 교사가 평가의 잣대를 어디에 두느냐, 그리고 학생에 대해 어떤 선입견을 지니고 있느냐에 따라 그 결과는 천차만별일 수도 있을 것 같습니다."

옆 반 동료 선생님은 수행평가의 타당성을 묻는 질문에 이렇게 대답했다. 수행평가의 평가 척도를 쉽게 잡느냐 어렵게 잡느냐에 따라서, 그리고 교사가 학생 개개인에 대해 평소 지니고 있던 편견이나 선입견이 어떠냐에 따라서 평가의 결과가 크게 좌우될 수 있다는 것이다. 하지만 수행평가에 있어서 평가자의 주관성에 대해 충분한 방패막이를 해 놓지 않으면 교사들 간이나 학부모들 사이에서도 문제가 될 수 있고, 수행평가를 결과적으로 신뢰하지 않는 방향으로 호도될 수 있는 여지를 제공할 수 있다. 사실 수행평가 자체가 주관적인 평가가 될 수 있는 여지를 많이 갖고 있다기보다는, 수행평가의 성취기준과 평가기준, 평가방법 등에 대해 동학년 교사들끼리의 충분한 타당도 검증 절차가 제대로 이루어지지 않았기 때문이라고 봐야 할 것 같다.

중학교를 다니고 있는 내 딸의 경우를 볼 때 초등학교와 중등학교가 다른 점은, 중학교의 경우 점수가 백점 만점이면 수행을 백점 만점 속에 그 한 영역으로 점수를 차지하게 하는 점이다. 우리 아이의 학교에서는 수행평가가 30점이고 지필평가가 70점이면, 수행평가도 점수화되어 합산되기 때문에 굉장히 중요하게 생각하는 경향이 있는 반면 초등은 수행을 점수화하지 않는다. 등수화하지 않고 학습해 나가는 하나의 과정으로 삼고 학기 말에 그 평가결과는 서술식으로 기술된다. 수행평가 결과를 참고로 해서 서술식으로 기술하고 기록되기 때문에 선생님들도 평가를 기술 할 때 부정적인 서술은 자제하는 편이다. 부정적인 기술은 자제하기 때문에 수행평가에 학부형들이 그렇게 큰 비중을 두지 않는 것 같다. 아이 얼굴만 떠올려 보면 수행평가 안 해도 뻔하다고 생각하는 선생님들이 있는 반면, 계획에 의해 평가를 실시하면서 수행평가의 원래 취지에 맞도록 근접해가려 노력하는 교사들도 많다. 예를 들어 리코더 불기와 같은 기능 평가 위주의 수행평가를 하는 경우 그 수행평가를 하기위해서 아이들이 연습을 하고 목표 달성을 위해서 교사가 아이에게 기회를 여러 번 주는 등의 방식들을 이용함으로써 수행평가의 원래 취지나 목표에 근접해나가고 있음을 볼 수 있다. 그런데 수행평가의 영역 중에 지식이나 이해를 묻는 수행평가 영역은 지필평가와 별반 다르지 않다. 그것도 역시 결과를 중심으로 하는 지필 평가와 마찬가지인 것 같다.

수행평가 문항은 이삭초등학교 교사들이 직접 제작하여 준비하지는 않는다. 다른 대부분의 학교의 경우와 마찬 가지로 거의 공유되어 있는 그런 사이트들에서 수행평가를 다운받아서 조금 더 맞게 수정을 한다. 조금 더 수정하고 보완을 해서 우리 반이나 각자 반에 맞게 수정을 해서 수행평가를 만들어서 적용을 하지만, 그것도 이미 기존의 시범학교나 연구학교에서 많이 제작해놓은 수행평가 문항들을 다운받아 수정 보완해서 실시하는 정도이다. 그런 문항지를 유심히 살펴보면 수행평가의 목적이나 의도에 어긋나는 문항들도 적지 않는데, 사전에 그런 문제점을 찾지 못한 경우 수행평가를 해나가던 도중이 이를 발견하는 경우도 있다. 하지만 때는 이미 늦고 만다. 지식이나 이해를 묻고 결과만을 보는 그런 문항들이 수행평가지의 결과를 산출해 내기 위한 목적의 평가로 고스란히 이루어지고 있다.

수행평가 성취기준과 평가기준을 수립하는 단계에서 객관적인 평가를 위한 이삭초등학교 동료교사들 간의 협의는 거의 없지만, 나 나름대로 평가에 대한 교사의 선입견과 편견의 개입 가능성을 배제하기 위한 노력도 없지만은 않다. 수행평가 체크리스트를 항상 교탁 가까운 곳에 두고 그때그때 바로 체크를 하곤 한다. 그래야, 나중에 '이랬던가?' 하고 추측성으로 애매하게 평가를 하지 않기 때문이다. 가능하면 수행평가를 한 그 때 그 때의 평가 결과를 기록으로 남겨 평가의 타당도를 높이려고 하기도 한다. 또한 평가 영역에 대해 한 차례의 수행평가 만으로는 그 영역에 해당되는 성취기준의 성취여부를 제대로 평가할 수 없다고 판단하고 가능한 여러 차례의 평가를 실시하여 타당도를 높이려고 하기도 한다. 수행평가의 타당도 확보를 위해 수차례에 걸쳐 열심히 수행평가를 실시하였지만, 사전에 수행평가에 대한 확실한 계획과 기준이 주어지고, 수행평가 자체에 대한 동료교사들 간의 협의가 적절했다면, 평가에 대한 부담도 줄고 더 효율적인 평가가 될 수 있지 않았을까 하는 아쉬움이 있다.

수행평가 3: 지필평가에 비한 상대적 가벼움

한 학기 혹은 한 학년 동안 수행평가로 실시한 평가 결과와 중간·기말의 지필평가 결과는 거의 유사하지 않다. 수행평가는 과정을 중시하여 부족한 부분에 대한 피드백을 통해 학습의 발전을 독려하고자 한다. 그래서 그 수행과제에 대해서 반복지도 혹은 강조를 통해 대부분의 학생들이 좋은 결과(◎)가 나올 수 있도록 이끄는 편이다. 또한 온정적으로 수행평가 점수를 주기도 한다. 하지만 지필평가의 결과와는 비교될 정도로 다르다. 물론 수행평가와 지필평가의 수행평가는 그 성격이나 초점이 다르다고 할 수 있지만, 기존의 전통적인 평가에 익숙해져 있는 학생들과 학부모들에게 이런 큰 차이는 받아들이기 쉽지 않은 것이 문제가 되는 것 같다. 수행과제와 그 평가가 제대로 이루어져서 수행평가의 결과가 좋다면 중간·기말의 지필평가 결과도 같이 좋게 나오는 것이 이상적이겠지만 그런 상관관계는 성립하지 않는다. 또 수행평가에 강점을 보이지만, 지필평가에 그렇지 못한 아이들은 초등학교 졸업 후인 중학교에 가면 작은 충격을

[그림 19] 교과평가 기록

6. 교과 평가 기록 초등학교

(국어)과 (1)학기

번호	성명	성취도평가		수행평가관점						의견
		중간고사		말하기	쓰기	듣기	문학	읽기	국어지식	
1		100		○	◎	◎	◎	◎	◎	
2										
3		95		○	○	◎	◎	○	◎	
4		95		◎	◎	◎	◎	◎	◎	
5		95		◎	◎	◎	◎	◎	◎	
6		100		○	◎	○	◎	◎	◎	
7		95		○	◎	◎	◎	○	◎	
8		90		◎	◎	◎	◎	◎	◎	소리내어 읽기 연습 필요.
9		100		◎	◎	○	◎	◎	◎	
10		90		◎	◎	◎	◎	◎	◎	
11		95		◎	○	◎	◎	◎	◎	
12		85		○	◎	◎	◎	◎	◎	
13		100		◎	◎	◎	◎	◎	◎	
14		95		○	◎	◎	◎	○	◎	
15		85		○	◎	◎	◎	◎	◎	
16		100		◎	◎	◎	◎	◎	◎	
17		100		◎	◎	◎	◎	◎	◎	
18		100		○	◎	◎	◎	◎	◎	
19		100		○	◎	◎	◎	◎	◎	
20		100		◎	◎	◎	◎	◎	◎	
21		100		◎	◎	◎	◎	◎	◎	
22		75		◎	○	◎	◎	◎	◎	
23		100		◎	◎	◎	◎	◎	◎	
24		100		◎	◎	◎	◎	◎	◎	
25		100		◎	◎	○	◎	◎	◎	
26		95		○	◎	◎	◎	◎	◎	
27		100		◎	◎	◎	◎	◎	◎	
28		100		○	◎	○	◎	◎	◎	
29		95		○	◎	◎	◎	◎	◎	
30		100		◎	◎	◎	◎	◎	◎	
31		95		◎	○	◎	◎	◎	◎	
32				○	○	◎	◎	◎	◎	

6. 교과 평가 기록

(수학)과 (1)학기

번호	영역 / 성명	성취도평가		수행평가관점						의견
		중간고사		수와연산	측정	3. 도형	4. 분수	5. 문제		
1		100		◎	◎	◎	◎	○		
2										
3		95		◎	◎	◎	◎	○		
4		95		◎	◎	◎	◎	◎		
5		100		◎	◎	◎	◎	◎		
6		85		◎	◎	◎	◎	○		
7		95		◎	◎	◎	◎	◎		
8		95		◎	◎	◎	◎	○		
9		95		◎	◎	◎	◎	○		
10		90		◎	◎	◎	◎	○		
11		95		◎	◎	○	◎	○		
12		45		◎	○	○	◎	△		
13		100		◎	◎	◎	◎	◎		
14		85		◎	◎	◎	◎	○		
15		70		◎	◎	◎	◎	○		
16		95		◎	◎	◎	◎	◎		
17		100		◎	◎	◎	◎	◎		
18		95		○	◎	◎	◎	◎		
19		100		◎	◎	◎	◎	◎		
20		95		◎	◎	◎	◎	◎		
21		90		◎	◎	◎	◎	○		
22		30		◎	◎	◎	◎	△		
23		100		◎	◎	◎	◎	○		
24		95		◎	◎	◎	◎	○		
25		100		◎	◎	○	◎	○		
26		100		◎	◎	◎	◎	◎		
27		100		◎	◎	◎	◎	◎		
28		80		◎	◎	◎	◎	○		
29		75		◎	◎	◎	◎	○		
30		100		◎	◎	◎	◎	◎		
31		90		○	◎	◎	◎	○		
32				○	○	◎	◎	○		

경험하게 된다.

초등학교 통지표에는 잘한다, 좋다는 말이 대부분이기에 그다지 성적에 신경을 안 썼던 부모님들이, 막상 중학교를 가서 등수가 표시된 성적표를 보고는 기겁을 하기도 한다는 것이다. 우리 아이가 정말 이렇단 말인가 하고 기겁 아닌 기겁을 하기도 한다. 그렇다 보니 수행평가를 하는 우리 교사들도, 학부모님들도 중간·기말고사나 학원 시험을 더 눈여겨 볼 수밖에 없는 것이다.

15번 학생과 30번 학생의 국어과 수행평가 결과는 6개 영역 중, 5개 영역은 모두 동그라미 2개(◎)로 매우 잘함이고, 15번 학생의 경우 말하기 영역 만 보통(○)이다. 반면, 중간고사에서 두 학생의 국어과 점수는 각각 85점고, 100점이다. 수학과 수행평가 결과 역시

[표 9] 국어 과목의 수행평가 결과와 성취도 평가 결과 비교

6. 교과평가 기록 (국어) 과

번호	영역 / 성명	성취도평가	수행평가 관점						의견
		중간고사	말하기	쓰기	듣기	문학	읽기	국어지식	
15	천정영	85	○	◎	◎	◎	◎	◎	
	…								
30	홍진희	100	◎	◎	◎	◎	◎	◎	

[표 10] 수학 과목의 수행평가 결과와 성취도 평가 결과 비교

6. 교과평가 기록 (수학) 과

번호	영역 / 성명	성취도평가	수행평가 관점					의견
		중간고사	수와 연산	측정	도형	분수	문제푸는 방법	
15	천정영	70	◎	◎	◎	◎	○	
	…							
30	홍진희	100	◎	◎	◎	◎	◎	

마찬가지 이다. 중간고사 결과는 각각 70점과 100점이지만 수행평가 결과는 한 영역을 제외하고 나머지는 모두 잘함(◎)이다. 기존의 100분율 점수로 보면 두 학생의 국어, 수학 성적은 큰 차이가 있는 편이다. 하지만 수행평가결과는 그렇지 않다. 수행평가가 물론 과정을 중시하는 수행평가이긴 하지만 지필평가 결과와 유의미한 상관이 없는 것으로 나오고 학부모도 학생도 지필평가결과만 신뢰하게 된다면 거의 매일 실시한 수행평가는 그다지 의미 없는 행위로 끝나버릴 수도 있는 게 아닌가?

수행평가 4: 수행 대신 결과 중심의 수행평가

내가 생각하는 수행평가는 기존의 지필평가 위주의 평가에서 단순히 지식뿐만 아니라 기능과 태도를 평가하고, 평가의 결과만이 아닌 과정도 함께 평가하여 교수학습에 활용할 수 있다는 점에서 그 자체에 대해서는 무척 긍정적으로 받아들였다. 하지만 수행평가를 실시해야할 내용이나 횟수에 대한 부담이 너무 크고, 그런 부담을 안고 실시하는 수행평가의 횟수나 내용에 비해 실제 교육적인 효과나 학부모들의 신뢰가 부족하기 때문에 수행평가를 실시하는 데 큰 의미를 부여하지 않고 있다. 오히려 학력에 대한 학부모나 학생의 관심은 여전히 중간, 기말고사에 집중되어 있어서, 다양한 방법을 활용해 수행평가를 실시하고 있다는 사실 정도에 만족하는 수행평가를 하고 있다.

'수행'이란 단어의 의미처럼 수행평가는 단순 지식에 대한 평가가 아니라, 과정, 행동, 실질적인 평가, 결과보다는 과정을 중시하는 평가라고 생각한다. 지필평가에서는 파악하기 어려운 내용이나 능력, 즉 지식보다는 기능영역을 평가하는데 좋은 것 같다. 수행평가에 대해 이삭초등학교의 동료교사들은 우선 빈도 면에서 기존의 평가에 비해 많은 비중을 두고 있고, 한 단원이 끝난 후나 학기가 끝난 후의 '결과'를 위한 평가가 아닌 학습 '과정'에서 필요시 마다 수시로 실시하는 평가,

그리고 지식 영역에만 한정되지 않고 '기능'과 '태도' 등도 함께 평가하여 평가와 피드백을 통해 학습과 수행을 독려하기 위한 평가라고 대부분 인식하고 있는 듯하다. 아울러 기존의 지필평가보다 평가의 목적과 관점, 방식이 다양해졌음에 대해 교육 평가의 본질에 더욱 가까운 평가로 생각하기도 한다.

하지만 그런 인식정도와는 다르게 수행평가 계획에서부터 실행에 이르기까지는 너무나 형식적이고 의례적으로 이루어지고 있다. 한 학기 혹은 한 학년 동안에 걸쳐 치러지게 될 수행평가의 기준과 내용에 대한 전반적인 계획이 수행평가 담당 계원 한 사람에 의해 이루어졌으며, 그 자료에 대한 교사 협의과정이나 충분한 검토 없이 수업에 적용하기에 바쁘다. 그리고 수행평가의 필요성에 비해 교사의 준비나 학부모의 이해는 많이 부족했으며, 오히려 수행평가 자체에 대한 불신으로 인해 수행평가가 온전한 모습으로 실천되기 어려운 것 같다. 그렇기 때문에 결국은 여러 가지 평가들 중의 일부 정도로서 수행평가가 치러지고 있는 것이다.

지필평가를 대신해 수행평가를 실시하게 되면서, 분명 실시 횟수나 평가에 대한 인식이 차츰 변화되고 있었다. 하지만 수행평가를 위한 계획에서부터 적극적인 참여나 준비가 이루어지지 않았던 것처럼, 실행에 있어서도 수행평가가 필요한 수업의 장면에 유효적절하게 적용되는 경우는 많지 않았다. 수행평가는 결과도출을 위한 평가의 일종이 아니라 학습목표 도달을 위한 정확한 성취기준을 인식시켜 학습을 독려하기 위한 수단임에도 불구하고, 수행평가의 좋은 결과 도출을 위해 너무 많은 시간을 투자하거나 평가 증거자료로서 결과물을 만들어 내기 위한 의례적인 평가로 이루어지는 오류를 범하기도 하였다.

수행평가 계획자체가 3월에 수립되니까, 많은 업무들과 겹치게 되었다. 그러다 보니까 수행평가 계획을 이삭초등학교의 각 학급의 현실에 맞게 계획을 세우지 못하였다.

7차 교육과정은 각 급 학교의 실정에 맞게 운영하도록 자율권과 재량권을 인정해 주어 교육행정 당국에서 딱 이것이다 하고 정형화된 틀을 내려주지 않는 게 특징이라면 특징이라고 할 수도 있다. 이삭초등학교의 각 학급의 담임교사는 수행평가 담당계원이 정해준 수행평가 계획을, 각반의 상황과 교사의 의견에 따라 어느 정도 수정·편집하여 각 반의 수행평가 계획으로 삼았다. 그리고 그 계획에 따라 교과서 진도에 따른 수업을 진행해 나가다가 사전에 계획해두었던 수행평가가 관련된 차시에 해당되면, 수행평가를 실시하곤 하였다. 그러다 보니 수행평가는 수시로 하고 있음에도 수행평가의 의미와 필요에 걸맞게 의도된 평가라기보다는 형식에 맞추고, 학기 말에 수행평가 결과를 바탕으로 성적처리를 위해 실적을 만들어 내기 위한 평가가 되기도 하였다.

수행평가가 왜 필요하고 의미 있는지에 대해 대부분의 학부모들은 잘 모르고 있으며, 수행평가 결과는 매 학기 말에 한 차례 통지되기 때문에 과정을 중시하는 수행평가라 하더라도 학기 말에 수행평가 결과만 일방적으로 통지받게 되는 학부모 입장에서는 기존의 평가와 뭐가 다른지 모르겠다는 반응이었다. 단지 '수우미양가' 방식 대신 각 과목별로 좀 더 세분화된 평가 결과가 문장으로 기술되었다는 점이 달라졌고, 오히려 해석이 두루뭉술해서 무엇을 잘하고 잘못하는지를 판단하기가 더 어렵다는 것이 학부모들의 주반응이었다. 또 각 과목별로 몇 점씩 수치화되고, 석차가 나와 있는 성적표에 더 신뢰를 보일 정도로 학부모의 수행평가에 대한 인식과 이해의 부족이 수행평가를 더 형식적이게 하는 하나의 원인이 되기도 하였다.

단위 수업 시간 동안 수행평가 과제의 해결 과정에 교사가 개입하여 적절한 성취가 이루어질 수 있도록 조언할 수 있는 평가로서의 수행평가는 학습에 무척 효율적이다. 그러한 과정을 통해 각 과목별, 각 영역별로 실시한 수행평가의 성취 결과가 누가기록이

되어 학기 말에 학교 생활기록부에 기입되고, '생활통지표'를 통해 각 가정으로 보내진다. 하지만 중간·기말 고사의 결과에 비해 방학과 동시에 한 학기당 1회성으로 가정에 보내지는 '생활통지표'는 학부모들의 어떠한 의견도 수렴되지 않으며 일방적인 통지에 거치기 쉬운 것이었다.

수시로 학습을 독려하기 위한 수행평가의 취지와는 달리 각 가정으로는 한 학기에 그것도 일방적으로 통지되어 학부모와의 상호작용은 이루어지기 어려웠다. 그리고 학부모들은 생활통지표의 결과에 대한 신뢰도가 높지 않았다. 초등학교 담임교사이면서 초등학생을 둔 학부모의 입장에 있는 동학년의 한 선생님은 "내가 교사지만, 사실 수행평가 결과의 생활통지표를 그다지 신뢰하지 않아요. 저도 좋은 게 좋은 거라고 학부모에게 나가는 거니까 되도록 좋은 말만 써서 집으로 보내는 편이에요."라고 얘기할 정도였다. 오히려 중학교에 다니는 아이의 성적표를 보면 각 과목별로 석차가 잘 나오기 때문에 아이의 성적이나 위치를 알기 쉽고 어디가 얼마만큼 부족한지 알 수 있고 더 믿음이 간다는 것이었다. 한 학기 동안 애써 수행평가를 실시한다고 해도 학급 내에서는 그 과정을 통한 학습의 성취를 어느 정도로 이룰 수 있을지 모르지만, 충분한 성취를 이루지 못한 영역에 대해 가정의 도움이나 보충학습을 위한 학부모 안내는 적절한 시기에 이루어지기 어려운 것이었다. 이렇게 수행평가를 통해 학부모와 상호작용을 하는 일은 거의 불가능한 일이었고, 그렇게 학부모에 대한 안내나 보충학습에 대한 학부모의 조력을 의미 있게 요구하지도 않았다. 그렇다면 학교는 학부모의 조력이 필요 없어도 될 만큼 학생들에게 완전한 성취를 경험케 해 그 결과를 학기 말에 통지하는 수밖에 없을 것인데 과연.

수행평가 5:
제 의미를 찾지 못하는 수행평가, 그리고 생활통지표

아이러니, 한 학기 내내 실컷 수행평가를 해서 그 결과를 가정으로 보내지만, 의미를 갖지 못하는 것이 학기 말 생활통지표였다. 한 학기 동안 학생의 교과 성적, 재량활동, 특별활동, 행동발달상황 등을 가정에 알려주는 역할로 매 학기 말에 '학교생활통지표'가 각 가정으로 보내지게 되었다. 이 학교생활통지표를 통해 학부모와 가족들은 학교생활 전반에 대한 정보를 얻게 된다. 생활통지표는 교과 성적 부분이 가장 큰 비중을 차지하며, 지금까지도 학부모들이 가장 관심 있게 보는 부분 역시 교과 성적 부분이다. 이 교과 성적의 결과는 다름 아닌 수행평가시의 성취기준과 평가기준에 의한 결과 기록이었다. 학교에서 치러지는 평가는 한 학기에 걸쳐 진단평가, 수행평가, 중간·기말 고사, 단원평가, 진급 평가 등 다양한 평가가 이루어지지만 학생생활기록으로 남기는 부분은 바로 수행평가의 기록이기 때문에 교과 성적에 있어서 수행평가 결과의 비중이 매우 크게 작용하고 있다. 하지만 학부모들은 두루뭉술한 수행평가 결과를 토대로 한 해석에는 신뢰를 두지 않는 것이었다. 오히려 비공식적이지만 학부모의 요구에 의해 통지표와 함께 발송되어지는 학기 말 성취기록표(기말고사 성적표)를 더 신뢰하였다. 그렇기 때문에 수행평가 결과나 그 결과를 토대로 작성된 학교생활기록부는 제 의미를 갖지 못하며, 수행평가에 대한 학생과 학부모의 인식 역시도 총괄평가보다 못할 수밖에 없었다.

수행평가 결과를 토대로 가정에 보내지는 생활통지표에 대한 학부모의 반응은 과거의 '수우미양가' 식의 평가기준과 석차가 제시되었던 방식에 비해, 너무 두루뭉술하고 우리아이가 정말 어떤 부분이 우수하고 또 어떤 부분이 부족한지에 대해 깊이 있는 이해가 안 된다는 것이었다. 학교생활통지표에 대한 신뢰도가 높지 않은 것은, 수행평가에 대한 신뢰도가 낮음을 뜻하는 것이었고, 이것은

[그림 20] 생활통지표

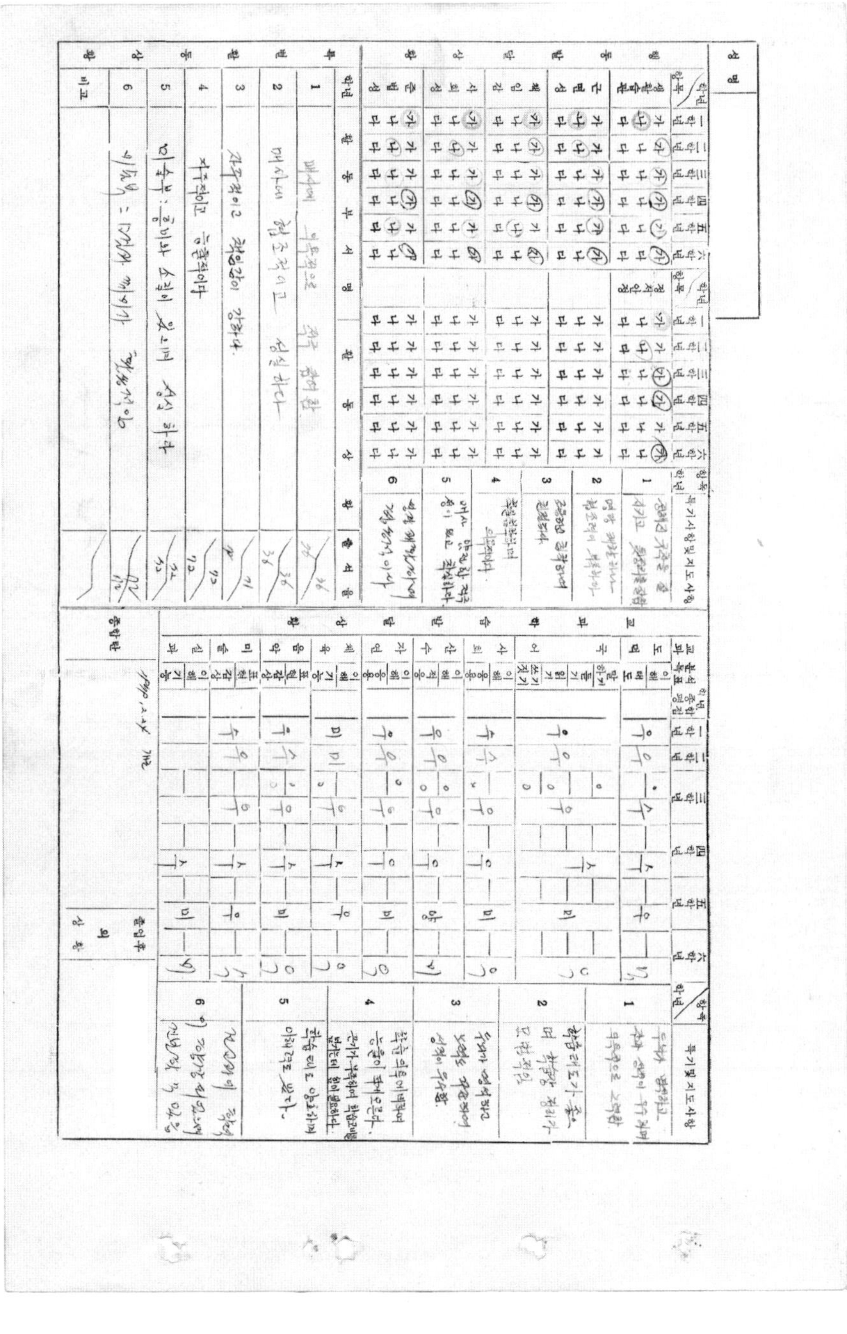

수행평가 성취기준과 평가기준 자체의 신뢰성 문제나 불명확함에서 기인하는 것이었다. 과목별로 세분화되고 구체적으로 기술된 학업성취 정도가, 점수화되고 서열화 되었던 과거의 평가결과 통지방식보다 학부모들에게 와 닿지 않는 이유는 학부모들에 대한 홍보 부족의 문제도 있겠지만, 어떤 영역은 확실하게 '잘한다.' 혹은 '못한다.'와 같이 분명한 언어로 지적해 주지 않고, '잘한다.' 또는 '덜 잘한다.' 정도의 느낌으로 표현되고 있기 때문이었다. 초등학교 생활통지표만 믿고 있던 학부형들은 우리애가 공부를 곧잘 하겠거니 하고 여기고 있다가 중학교를 보내고 나면 큰 충격에 휩싸이게 되는 경우를 접하기도 한다고 동학년의 선생님은 말한다.

"맞아요. 중학교 진학하면 석차가 바로 나와 학생들도 학부모님들도 당황하는 경우가 많은 것 같아요. 중학교는 정말 점수화해야 하기 때문에 뚜렷한 기준이 필요하고, 중학생들은 평가 상황 자체를 유심히 보고 있기 때문에 교사의 주관적인 평가가 거의 없다고 볼 수 있겠죠."

중학생 학부모인 동학년 선생님의 생각이겠기에 믿음이 가는 말이었다. 사실, 초등에서는 점수화되지 않고 서술되기 때문에 명확한 기준에 의한 평가보다는 인정에 치우쳐, 애매하게 평가가 이루어지는 것이었다. 웬만하면 잘함(◎) 쪽으로 감정적으로 치우치게 되고 또, 그래야 수행평가의 원래 취지나 의도에 맞는 것 같다. 웬만하면 잘함을 주는 것이 수행평가의 의도에 맞는 것이라기보다는, 학습 활동 과정에서 지속적인 피드백과 성취동기를 자극하여 학업 성취도를 향상시키고, 의미 있는 수행을 독려하고자 함이 목적에 더 가까웠다. 수행평가와 즉각적인 피드백과 반복 지도를 통해 첫 번째 평가 결과보다 실력이 향상되고 나은 점수를 주고 싶은 마음에서 기인되지만, 수행평가 과정이나 결과가 추구해야 할 궁극적인 목표를 고려해 볼 때 인정에 치우친 오류의 소지는 있는 것이었다. 그리고 그렇게 가능하면 좋게 평가결과를 기술해 주는 생활통지표에 대해 학부모들의 호응을 별로 얻지 못하는 것 같다.

교사이면서 학부모의 입장에 서 있는 그 선생님은 생활통지표가 그다지 충분하다고는 생각지 않았다. 이삭초등학교에서는 학부모들이 무엇을 원하는지 알고 있기 때문에, 충분해지려고 노력하지만 'NEIS 교무업무시스템'에 입력되어 출력해서 보내지는 형식과 내용에 대해 기대를 가지고 있는 학부모는 거의 없었다. "우리 애는 중학생인데 오히려 중학생의 통지표는 점수와 과목별 석차가 나오니까 결과가 한눈에 보이게 나오니까 기대나 관심을 갖고 보게 되는 것 같아요." 하지만 초등학교의 통지표는 대부분 두루뭉술하고, 부정적인 기술은 피하고 있기 때문에 그다지 큰 신뢰를 주지는 못하는 것이었다. 행동발달상황이나 종합의견은 상세하게 기술해 주고 있지만, 교과부분에 있어서는 되도록이면 좋게 기술해주니까 이 아이가 정말 잘하고 있는 건지 못하는 건지 명확히 구분이 안가는 게 아닌가 하는 의문을 들게 한다. 수행평가 결과로 통지표가 나갈 경우에는 대개 2/3까지는 ◎를 주고, ○는 또 몇이 안 되고, △를 주는 경우는 정말 이해도가 많이 떨어지는 아이들에게 나가는 것이었다. 그래서 이삭초등학교는 학부모의 요구에 따라 수행평가 결과를 학기 말에 나가는 통지표의 교과평가 결과와 함께, 중간 기말고사로 실시한 총괄평가 결과를 발송하는데 통지표보다 총괄평가 결과를 더 신뢰하고 있었다.

수행평가보다 중간·기말 고사 성적을 더 선호하는 학부모의 요구와 부딪히게 되면서 통지표와 함께 중간·기말 성적을 함께 가정으로 보내고 있는 실정이지만, 실제로 학부모들에게는 주객이 전도되어 한 학기동안 학업 성취를 위해 수시로 실시되었던 수행평가의 결과로서의 생활통지표보다는 중간·기말 고사 성적이 통지표의 역할을 대신하고 있었다. 곧 '학교생활통지표'는 학생의 학교생활을 제대로 통지해 주지 못하는 통지표가 되고 말았고, 수행평가의 의미는 사라져버리고 마는 순간이었다.

7차 교육과정에 접어들면서 달라진 평가가 바로 수행평가였다. 바로 그 수행평가에 가장 큰 의미를 부여하고자 '학교생활기록부'에 결과를 기록으로 남기는 것도 바로 수행평가였다. 하지만 수요자 중심의 교육과정이며, 수요자의 요구를 학교교육과정에 반영한다는 취지에서 학부모와 학생들이 가장 신뢰하는 총괄평가를 매 학기에 2회씩 연간 총 4회를 실시하고 있고, 그런 총괄평가에 대한 학부모의 관심이나 신뢰에 비하면 수행평가는 쪽지시험 정도로 여겨지는 정도였다.

이삭초등학교 교과 평가계획에 따르면 학생의 학습준비도 파악을 위한 진단 평가가 매학기 초나 매 단원이 시작되기 전에 계획되어 있으며, 수행평가는 연중 수시로 필요에 의해 실시토록 하고 있다. 그 이외에도 형성평가를 거의 매 시간마다 실시토록 권장하고 있는데 이는 수행평가와 형성평가가 내용상으로는 중복될 여지가 많으며, 수행평가가 총괄평가나 형성평가를 대신하지 못하고 병행하여 실시됨에 따라 평가 횟수의 증가와 평가에 대한 부담을 더욱 가중시킨 것으로 볼 수 있었다. 즉, 수행평가의 처음 도입 취지와는 달리 수행평가의 의미는 여전히 뒷전에 머물고 있음을 말해주고 있었다.

반면, 수행평가의 도입으로 인해 평가에 대한 부담은 가중되었지만, 반면 학생들 상호평가나 골든 벨 퀴즈 같은 게임 형식의 평가, 그리고 태도의 평가도 평가의 한 방법으로 인정받고 가능해 진 부분은 수행평가의 장점이기도 하였다. 즉, 다양한 평가 관점과 평가 방법이 인정된 점이 장점이기도 하지만 평가자의 주관성 문제를 제기하는 이유가 되기도 하였다. 또 그와 비슷한 이유로 중간, 기말 고사와 같은 총괄평가에 대한 기대나 신뢰가 더 높아지게 되기도 하였다.

중간, 기말시험을 무시하고 수행평가만을 칠 수도 없는 건 학부모들의 요구를 수용하는 것이었다. 근래의 수요자 중심의 교육과정에서 교육시장에서 살아남기 위해서 수요자인 학부모들의 요구를 귀담아 들어야했다. 또 다른 7차 교육과정의 의도에 맞게 교육과정을 재구성해서 중간, 기말 고사는 치지 않고 수행평가만 치겠다고 하면 학부형들의 신뢰를 얻기가 쉽지 않았다. "너희 학교는 도대체 왜 중간·기말 고사를 안 치노?"라고 바로 이렇게 나오기 십상이었다. 그리고 아이들을 학원에 보내서, 우리 아이 실력이 어느 정도 되는지 어떻게 해서든 알아내려고 할 것이다. 내신이다 수능이다 말은 많지만, 결국 현재로서는 총괄평가의 결과로 부모님들이 원하는 대학을 가고 직업을 갈 수 있다고 생각하니까 수행평가보다는 당연히 총괄평가 결과에 더 의존하는 편이었다. 옆 반의 전구슬 선생님은 "그런데 수행평가 결과나 지필평가 결과가 거의 엇비슷하다는 생각이에요. 거의 비례하는 것 같아요. 과목에 따라 차이가 나긴 하지만, 국어와 수학 같은 주지교과는 특히 비슷해요."라고 말한 적이 있었다. 이런 반응은 수행평가의 한계라면 한계라고 볼 수도 있으며, 수행평가가 신뢰도와 타당도를 더 높여서 교육수요자인 학생과 학부모의 공감을 얻을 수 있어야만 본래의 취지를 살릴 수 있다는 뜻으로 해석이 가능한 일이었다.

꿈 2: 새하초등학교 내러티브

식물의
광 합 성

열정

김아람 선생님은 올해 교직경력 3년차다.

그녀가 매일 아침 학교 주차장에 도착하는 아침 8시쯤이면

아직 주차장은 한산하다.

열정 가득한 젊은 초임교사라는 말이 어울릴 정도로,

다른 동료교사들보다 30분은 더 일찍 출근해서

매일 매일의 수업과 학급 경영을 준비한다.

3년가량의 길지 않은 교육경험을 지닌 젊은 교사에게

남들보다 조금 일찍 여는 아침도 아이들과의 바쁜 하루를 준비하기위한

일종의 보너스 시간으로는 그리 충분하지 않았다.

다음날 수업을 위한 구상과 계획은 주로

퇴근하기 전 시간과 퇴근 후 집에서 이루어졌다.

아침 시간에는 미리 구상하거나 준비해 둔

학습지를 복사하거나 학습 보조 자료를 갖추어 놓은 뒤

아이들과 아침활동을 시작하였다.

아이들과 열띤 하루 수업을 마치고 나면

또 학력이 뒤쳐진 아이들을 요일별로 나눠 개별지도를 해주었다.

그리고 퇴근시간이 한 시간도 훨씬 지나서야 학교를 나서지만

두 손에는 아직도 못 다한 수업 준비를 위한 짐들이 양손 가득이다.

아직은 만족할 만한 수업 노하우나 기술이 충분하지는 않다.

하지만 경력이나 풍부한 교육 경험을 대신할 만한 열정과

아이들에 대한 의욕만은 그 누구 못지않다.

새하초등학교

새하초등학교는 도시 주택가가 밀집한
주거지역 내의 인근 아파트 단지
학생들이 대다수를 차지하는 학생 수 1500여명에 달하는
규모가 큰 편에 속하는 학교이다.
이 학교의 학급 수는 43학급으로 편성되어 있고,
여자 교장 선생님과 남자 교감 선생님을 비롯하여
교사 수는 남교사 9명과 여교사 66명으로 전체 75명이다.
1500여 명에 달하는 학생 수에 걸맞게 테니스와 수영을
학교 교기로 지정하여 체육특기생을 지도하고 있으며,
교내 밴드부도 있다.
방과 후 교육활동으로는 영어, 컴퓨터, 주산 암산부,
무용부, 과학부 등의 과목을 개설하여 운영하고 있다.
이는 학교별로 다양하게 운영되고 있는
수준별 교육과정의 대안적인 모색의 하나이기도 했다.

Ⅰ.수준별 교육과정

6가지 이야기

새하초등학교는 7차 교육과정을 운영하면서 중요하게 여기는 몇 가지가 있었다. 그 중 하나는 학생이 중심이 되고 이들의 다양한 수준을 최대한 존중하는 수준별 교육과정의 운영이었다. 수준별 교육과정을 중심으로 새하초등학교의 다양한 이야기가 그려졌다.

1)

시작: 수준별 교육과정 계획

수준별 교육과정 운영

[표11] 2007 새하초등학교 5학년 수준별 교육과정 운영지침

가. 수준별 교육과정 운영의 목적

학생의 능력, 적성, 필요, 흥미에 대한 개인차를 최대로 고려하는 수업을 통해서 학생 개개인의 성장 잠재력과 교육의 효율성을 극대화할 수 있도록 하며 이수 교과 수의 과다로 인한 학생의 수업 부담을 경감한다.

나. 수준별 교육과정 운영의 필요성

(1) 학생의 학습능력과 학습의 요구에 대응하는 교육 기회를 다양하게 제공한다.

(2) 자기 주도적인 개별화 학습 기회를 제공한다.

(3) 교육의 수월성을 추구한다.

다. 수준별 교육과정의 운영 계획

(1) 수준별 교육과정의 운영은 각 반의 담임이

지도함을 원칙으로 한다.

(2) 수업시간 중에 지도하되 시간이 부족할 경우에는 아침 자습시간이나 점심시간, 방과 후 시간을 활용할 수 있다.

(2007 새하초등학교 5학년 교육과정)

새하초등학교는 학교교육과정 계획을 세우는 과정에서 7차 교육과정이 강조한 수준별 교육과정을 실행하기 위한 문서상의 계획을 세우고 일정한 틀을 갖추어 놓았다. 학년과 학급교육과정에도 나름의 계획을 세워 놓지만, 수준별 수업을 위한 구체적인 계획이나 협의가 학교교육과정 차원에서 특별하게 이루어지지는 않았다. 대신, 학교교육과정에서 제시한 방침에 따라 각 학년이나 각 학급별로 구체적인 계획을 적절히 수립토록 하고 있고, 담임교사의 역량과 의지에 따라 수준별 지도의 깊이와 방법이 달리 실천될 수 있었다.

김아람 선생님의 수준별 지도는 대부분 학생 개인차가 크게 벌어지는 수학과 국어과를 통해 이루어졌다. 수학과의 경우 매 단원별로 중심요소의 인지 정도를 평가하여 주로 낮은 수준의 학생을 중심으로 개별 지도와 피드백을 주는 방식으로 지도하는 반면, 국어과는 개별 학생이 위치한 수준을 고려하여 이에 적합한 교육 내용을 제시해 줌으로써 각자 나름대로의 학업성취를 이룰 수 있도록 배려하였다. 김아람 선생님의 수준별 지도 방식의 특징은 국어과와 수학과 모두 낮은 수준의 학생들의 학업 성취에 비중을 두어 지도하였다는 점이었다.

구체적인 지도 방법은 국어 과목의 경우 글쓰기 능력이나 이해속도의 차이로 인한 실력 차이므로 지문을 조금 쉽게 주거나 쓸 내용의 양을 줄여주는 방식으로 실시하였다. 평균 한 바닥 분량이 주어지면 실력이 부족한 아이에게는 반 정도만 쓰게 하고, 글쓰기를 하는 동안 그 아이만 집중적으로 지도를 하곤 하였다. 김아람 선생님

반에는 국어실력이 현저히 떨어지는 아이가 2명 있었다. 그래서 그 아이들을 집중적으로 개별지도를 하는 데 시간을 투자하다보니 다른 아이들이 손해를 보는 경향이 생기기도 하였다. 수학은 문제의 수를 줄이거나 숫자가 복잡하면 자릿수를 줄여준다든지 해당 수업 시간의 목표보다 더 낮은 단계의 문제를 주는 방식을 활용하였다. 잘 따라오는 대부분의 아이들에게는 기본 개념이나 원리 이해가 끝나고 스스로 혹은 모둠별로 해결할 수 있는 형성평가 문제를 주어 풀게 하고 부족한 아이들을 개별지도를 할 수 있었다. 그리고 방과 후에 남겨서 개별적으로 지도하는 경우도 많은 편이였다.

수준별 교육과정을 위한 계획은 학교교육과정 차원에서는 문서상의 교육과정 계획으로 수준별 교육을 위한 방향 제시와 안내 정도에 그쳤다. 그리고 실질적인 수준별 지도의 과목과 방법, 시기와 빈도 등의 구체적인 지도 계획은 사전에 교사협의 과정을 거치기보다는 각 학급 교사 개개인의 필요와 인식 정도에 따라 달리 계획, 실천되었다.

2) 우리 힘으로 해결해 봅시다: 교과별 수준별 수업

초등학교 수준별 교육과정이 제시한 유형으로는, 수학과의 단계형 수준별 교육과정과 국어, 영어, 사회, 과학의 심화·보충형 수준별 교육과정이 있다. 유형별로 이 다섯 과목의 수준별 지도를 하도록 권장하고 있지만, 교사의 필요 인식에 따라, 학교 여건에 따라, 학생 수준에 따라 선택적으로 활용되고 있었다.

김아람 선생님의 수준별 지도를 위한 구상과 실천은 대부분 국어, 수학 과목을 중심으로 이루어졌다. 교육과정은 다섯 가지 과목에 대해 수준별 지도를 실시토록 하고 있지만, 다루어야 할 교육과정 내용의 양에 대한 부담과 과목의 중요도를 김아람 선생님이 스스로 판단하여 국어와 수학 과목에 비중을 많이 두고 있다고 하였다.

수업 중에 개별지도나 수준별 지도가 필요한 아이들에게 수준에 맞는 용어나 지도법으로 지도를 해주기도 하고, 상위 학력 학생이 하위 학력 학생에게 도움을 제공하도록 모둠을 구성해 학생 상호 간의 조력을 통한 수준별 지도가 이루어지기도 하였다. 아침활동시간이나 방과 후에 개별 지도를 하다가 마무리를 짓지 못하게 될 경우에는 과제를 주어 가정에서 학부모나 다른 조력자를 통해 보충 지도를 받도록 안내해주는 방식을 활용하기도 한다.

국어, 수학 과목 이외에 과학과 사회 과목의 수준별 수업은 단위 수업 시간에 지도하기보다는 개인적으로 깊은 관심이 있는 학생이나, 높은 수준의 학생을 대상으로 스스로 심화학습을 할 수 있는 내용과 방법을 제시해 주는 것으로 대신하였다.

사회과의 경우, 단원 마지막에 '우리 힘으로 해결해 봅시다.' 코너를 통해 심화보충을 할 수 있었다. 그 시간에 조사학습이나 사회 신문 만들기 등을 통해서 개별적으로 백과사전이나 인터넷을 조사해서 보고서를 꾸미는 활동을 하게 하는 식으로 지도가 이루어졌다. 신문 만들기의 경우 교과서 이외의 것들을 조사하게 하되 모둠별로 다른 주제를 나눠줘서 활동을 하고 발표 시간을 가짐으로써 심화보충 지도를 하였다. 사회는 기초적인 부분의 지식 암기를 요하는 내용이 많아, 틈틈이 쪽지 시험을 치곤하였다. 암기식 시험은 지양해야한다는 생각을 하고 있었지만, 아이들이 공부해야 할 내용이 많은데 비해 지필평가 성적이 너무 안 나오는 편이라 그렇게 자극을 주었더니 성적이 눈에 띄게 달라진 걸 확인할 수 있었다는 것이다.

사회과는 기본 교과서와 참고서로 제시된 사회 탐구 교과서 역시 기본적으로 암기를 요하는 내용이 너무 많아 두 책의 내용을 읽어만 보는 대도 많은 시간이 소요되었다. 적어도 교과서 내용은 모두 살피고 지나가야 하는 것으로 생각하고 있는 학교 현실에서 7차 사회과 교육과정이 추구하는 궁극적인 목표인 합리적 의사결정 능력 배양과 민주 시민으로서의 자질을 향상시키기에는 교과서 내용이 너무 많았다. 내용 자체에 대해 실질적인 융통성을 부여해 교과서가 아닌 교사의 주도적 계획에 의해 민주적 의사결정 능력을 기를 수 있는 기틀을 마련할 필요가 있을 것 같다고 김아람 선생님은 말했다. 가끔씩은 사회 수업에서 현실 여건과 수준에 맞는 교육내용과 방법으로 모둠별 조사학습을 독려할 수 있는 기회가 부족함을 아쉬워하기도 하였다. 심화된 형태의 수준별 지도의 하나로 교과서 이외의 내용과 자료를 다양한 수단과 장소를 통해 조사학습을 할 수 있도록 하는 프로젝트 학습을 적용해 볼 수도 있지만, 그것도 따로 시간을 내서 준비부터 활동의 모든 과정을 지도하여야만 하였다. 그런 경우는 현장학습이나 수학여행과 같은 기회에 특별한 주제 학습의 기회가 주어졌을 때나 가능한 일일 수밖에 없었다.

교과목의 특성과 가르쳐야할 교육과정 내용의 양의 문제, 그리고 학습 준비물 구비가 어려워서 수준별 지도가 거의 불가능한 경우도 있었다. 과학과와 실과의 경우 실험 실습을 중시하는 과목 특성상 실제 실험 실습이 중요하지만, 학습 자료와 교재를 준비하기 어려운 이유로 실물을 통한 경험 위주의 수업이 이루어지기는 여의치 않았다. 새하초등학교에서 학습준비물 구입 명분으로 각 학급에 지급되는 경비는 한 학기 학생 1인당 5천 원 정도에 불과하였다. 기본적으로 갖춰져 있는 실험 기자재며 교구, 실험 약품 등을 제외하고 나머지 실습을 위한 소모성의 준비물과 재료는 한 학기 1인당 5천원 한도 내에서 구입하거나 학생 개개인이 직접 준비를 해와야만 실습이 가능한 일이었다. 가정 형편이 좋지 못한 아이들은 실습 준비물을 제대로 가져오지 못해 김아람 선생님이 여분의 자료를 미리 준비하거나 그렇지 못하면 제대로 된 실습수업도 하기가 어려울 때가 많았다. 과학과는 내용의 양과 실험을 중시하는 특성상의 문제로 인해 실험은커녕 각 단원의 기본 개념만 지도하는 데도 상당 시간이 소요되었다. 그렇기 때문에 사실 기본 개념 중심의 이론지도와 실험 두 가지를 동시에 충족시킨다는 것은 거의 불가능한 일이었다. 기본 개념을 토대로 하여 원리를 발견할 수 있는 실험으로 전개되는 수업이라기보다는 이론 수업 따로 실습수업 따로 이루어지는 것이 대부분의 과학 수업의 모습이었다. 수행을 강조하는 7차 교육과정이라지만, 당장 눈앞에 수치화 되어 다른 반과 비교될 총괄 평가 결과를 생각한다면 실험은 뒷전에 머무를 수밖에 없는 현실이었다. 이론 수업 위주로 인해 부족한 과학실험에 대한 욕구를 충족시키지 못한 학생들 중의 일부는 그나마 특별활동의 과학실험 계발활동 부서를 통해서 1주일에 1시간 정도 실험의 기회를 더 갖기도 하지만, 그 기회도 몇몇 소수에게만 주어지는 일이었다.

3)
오리발: 부진, 부진 학습부진

일러스트: 정충식

늪에 발을 담그고 그곳이 늪 인줄도 모르고 한 발 한 발 내딛는 아이들이 있다.

또 그 장면을 물끄러미 바라보고 있는 사람들이 있다.

그러는 사이 아이들은 늪 속으로 조금씩, 조금씩 빨려 들어가고 있다.

그때서야 멀지 감치에서 이쪽으로 나오라며 손짓을 한다.

몸이 이미 절반 이상 늪 속에 잠기자 밧줄을 던져보지만, 몸은 애써 바둥거릴 뿐 더 이상 헤어 나오질 못하고 만다.

새하초등학교 수준별 지도는 학력이 우수한 학생들보다는 학습부진아를 위한 투자에 비중이 치우쳐져 있는 편이었다. 수업시간 중에는 사실상 학습 부진 학생들을 따로 지도할 수 있는 시간이 없기 때문에, 방과 후 시간을 따로 내어 아이들을 지도하곤 했다. 하지만 교사의 의지가 있어도 학부모나 학생이 부응하지 않거나, 교사가 꼭 부진학생의 학습부진을 해소시키고야 말겠는 의지나 책임감이 강하게 요구되지 않았기 때문에 학습 부진의 악순환은 계속 반복될 수밖에 없는 일이었다.

학습부진은 크게 기초학력부진과 교과부진으로 나누어졌다. 기초학력부진은 읽기, 쓰기, 셈하기 세 가지 영역의 기초학습 능력을 3학년 때 평가하여 부진을 판별하였다. 기초학력부진은 모든 교과 학습을 하는 데 있어 기초적인 능력이 부족한 것을 의미하기 때문에 교과부진에 비해 그 정도가 심각하다고 할 수 있다. 반면, 교과부진은 매년 국어, 수학, 사회, 과학, 영어 교과목의 성취정도를 평가하여 보충 지도가 필요한 과목과 학생을 판별하였다. 각 과목의 평가 결과가 성취 백분율 60% 미만일 경우, 교과학습부진으로 간주하였다.

김아람 선생님 반은 교과부진이 3명, 한 명은 교과부진과 기초 학력부진으로 딱히 구분하기 어려운 아이가 있었다. 축구

체육특기생인데 수업을 마치자마자 축구 수업을 나가야하기 때문에 6교시 수업을 빠지는 경우가 허다했다. 이 아이는 따로 가르치려고 해도 운동을 하느라 시간이 부족하고 부모님도 아이에 대해 큰 관심이 없이 방치되어 있는 상태라 애로사항이 적지 않았다. 나머지 3명의 아이들은 보충학습지나 평가지를 따로 줘서 공부시키고 평가를 하고, 중간 기말시험이 다가오면 최소 3주 전 쯤에 매주 3번 정도 약속 지도를 하곤 하였다.

예를 들어 월, 수, 금에 남는 아이들과 화, 목, 금에 남는 아이들로 시간표를 짜고, 부족한 부분의 보충 학습을 시키곤 하였다. 하지만 학부모도 학생도 모두 학원을 가야한다는 이유를 대면서 빠져나가려 하니 김아람 선생님으로서도 더 이상 어쩔 수 없는 일이었다. 아마도 이런 어쩔 수 없는 선택 혹은 방관이 교과학습부진의 누진과 악순환을 낳는 것 같다고 김아람 선생님은 애기했다. 열정 가득한 젊은 교사의 양심과 책임감으로도 어쩔 수 없는 선택이었을까? 억지로 그 아이를 붙잡고 학습부진을 완벽하게 해소 시켜 주는 것이 담임교사의 당연한 역할이라고는 누구도 생각하지 않는다는 것이었다. 학부모나 학생 누구도 교사의 책임어린 희생과 억척에 고마워하거나 감동하지 않으며, 차츰 그런 무관심 속에 교사로서의 고상한 책임의식 마저 희미해져 가고 있었다.

4)
등산의 3가지 유형: 통과의례의 수학과 단계 진급평가

세 수준의 아이들이 등산을 시작한다.

한 수준의 아이들은 등산 실력이 아주 뛰어나다. 한번쯤 쉴 만도 한데, 한 걸음에 정상까지 달려 올라간다.

어떤 수준의 아이들은 땀을 뻘뻘 흘려가며 나름 자신의 체력과 인내심을 동원해 완주를 위해 안간힘을 쓰며 올라가고 있다.

일러스트: 정충식

또 한 수준의 아이들은 피둥피둥 살이 찐 아이들도 있고, 비쩍 말라 몸이 비실비실하기 짝이 없다. 아이들을 이끈 담임선생님은 처음부터 모두 걸어서 정상까지 갈 생각이었다. 하지만 살찌고 비실거리는 아이들은 정상까지 오르기란 불가능하다는 것을 이내 알아챘다. 그렇다고 산 아래에 남겨두면 아이들을 지켜봐줄 사람도 없다. 처음에는 그래도 같이 걸어가 보자고 다그쳐도 보지만, 하는 수 없이 걔네들은 중간쯤에서 걸어 올라가는 등산은 포기하고 케이블카를 타고 유유히 정상까지 올라가 대열에 합류한다.

7차 교육과정의 수준별 교육과정의 유형은 단계형과 심화·보충형으로 나누어져있었다. 그 중 초등학교에서의 단계형 수준별 교육과정은 수학과에만 한정되어 있었다. 그런 수학 과목에 있어 각 단계, 즉 기존의 학기에 준하는 단계별로 단계형 진급 평가가 실시되고 있다.

새하초등학교의 수학과 단계형 진급평가는 마치 모든 아이들을 수단과 방법에 상관없이 목적지까지 이끌고 가는 일과 같았다. 수학과의 단계 진급이 어려운 아이들도 결국은 어떤 수를 써서라도 모두가 진급 기준을 통과한 것으로 만들어 놓는다. 진급평가의 취지는 이해하고 있지만, 현실적으로 그 취지를 수용하기는 어려웠다. 진급평가 문항은 5학년 '가' 단계에 필요했던 기초적인 문제를 담당계원이 내는데, 김아람 선생님 반은 7월 첫 주에 실시했다. 쉬운 문제임에도 불구하고 재평가를 친 아이는 세 명이나 있었다. 그 아이들은 언어이해 능력 자체가 떨어지는 아이여서 문제의 지문 해독력이 부족하여, 문제를 읽고 이해하여 해결하는 데 많은 어려움을 느꼈다.

김아람 선생님은 진급평가를 실시하고 그 결과를 제출하기까지 시간적 여유가 있었다. 그래서 이 아이를 구제하기 위해 똑같은 문제를 숫자만 바꾸어서 세 번 시험을 쳤다. 같은 시험지를 두 번 풀고 숫자만 바꾸어서 한 번 더 문제를 풀게 하여 재시험을 치르고 결국 진급평가를 통과시켰다. 실제로 시험을 네 번 정도 치게 한 것이었다. "진급평가 업무를 맡고 있는 담당 선생님이 될 수 있으면 탈락자가 없도록 해 달라고 하셔서 단 몇 시간 동안이라도 집중 지도해서 실제 아이 실력은 안 되더라도 억지로 통과를 시켰거든요.", "근데 진급평가라는 것은 시행하는 본래 의미가 이런 게 아니잖아요. 진급평가라 함은 이 아이가 다음단계를 이수할만한 능력이 되는가를 평가하는 것인데 만약 이 아이가 이 단계를 통과하지 못한다면 유급이 되는 거잖아요."이런 상황을 만들지 않기 위해 일단은 될 수 있는 한 이번 단계를 통과 시키려고 노력하는 것이었다. 그런데 이렇게 하는 게

[그림21] 진급평가 재평가

그 아이에게는 과연 의미가 있는 일일까? 25개의 문항만으로 아이가 배운 모든 내용을 제대로 평가하고 있는지 판별하기는 어렵다. 이러한 형식적 평가는 당장의 유급은 면하게 되지만 누적된 학습부진으로 학년이 올라갈수록 공부를 더 힘들어지게 하는 원인이 된다.

김아람 선생님 스스로도 수학과 진급평가는 필요하고 의미 있는 과정이며, 제대로 이루어질 수 만 있다면 학생 개개인의 학력 향상과 학습 부진 해소에 큰 도움이 될 수 있을 것이라고 하였다. 하지만 그것이 가능하기 위해서는 특별보충과정 지침이 현실화되어 학부모의 동의를 충분히 얻을 수 있어야 하고, 담임교사 역시 다른 잡무를 대신해 책임감 있게 특별보충과정의 지도를 하고 정직한 진급이 이루어질 수 있도록 노력해야 한다는 것이었다.

[그림22] 1차 진급평가 문항지

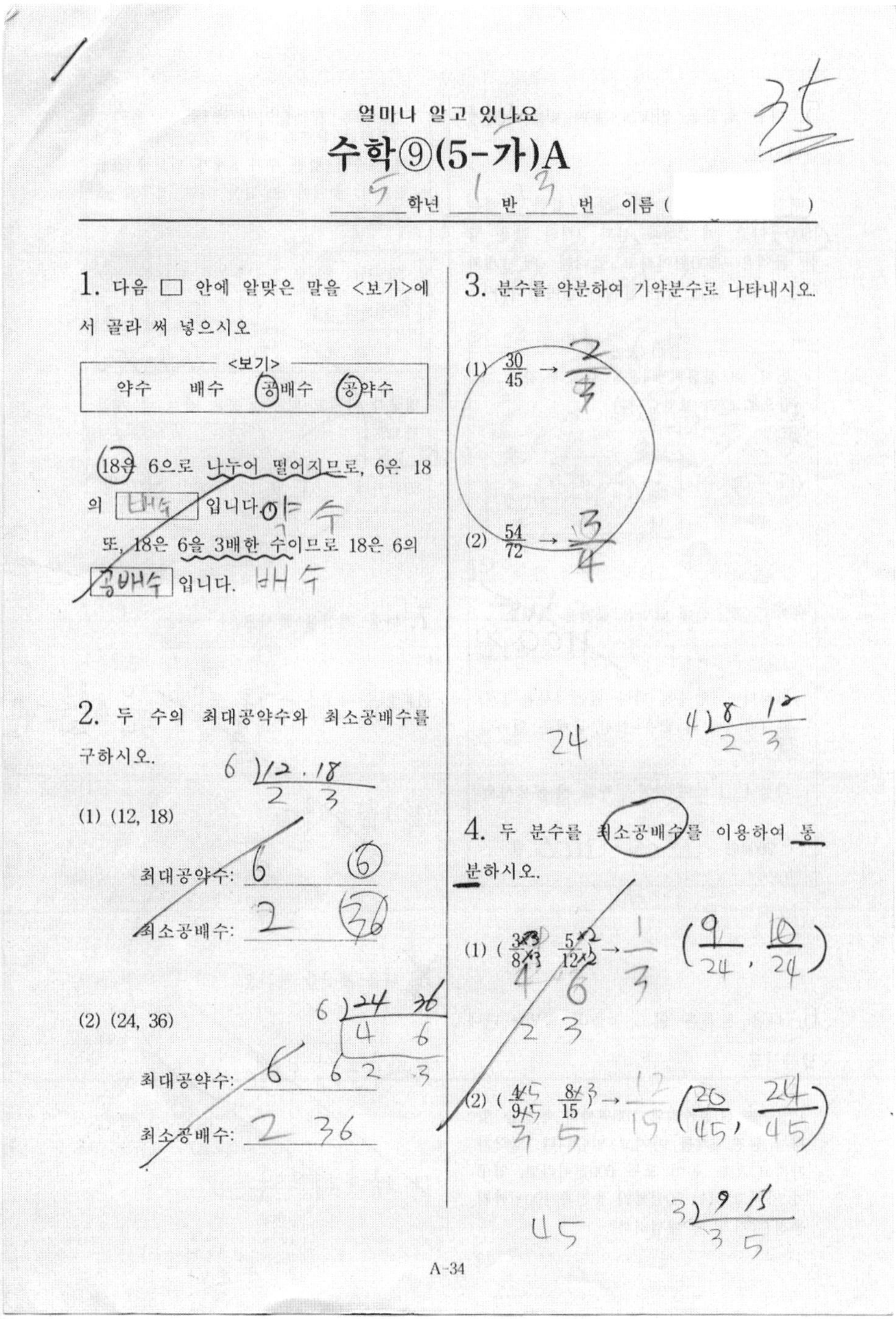

얼마나 알고 있나요

수학⑨(5-가)A

____학년 ____반 ____번 이름 (　　　　　)

1. 다음 □ 안에 알맞은 말을 <보기>에서 골라 써 넣으시오

<보기>

약수　배수　공배수　공약수

18을 6으로 나누어 떨어지므로, 6은 18의 □ 입니다.

또, 18은 6을 3배한 수이므로 18은 6의 □ 입니다.

2. 두 수의 최대공약수와 최소공배수를 구하시오.

(1) (12, 18)

최대공약수: ______

최소공배수: ______

(2) (24, 36)

최대공약수: ______

최소공배수: ______

3. 분수를 약분하여 기약분수로 나타내시오.

(1) $\frac{30}{45}$ →

(2) $\frac{54}{72}$ →

4. 두 분수를 최소공배수를 이용하여 통분하시오.

(1) ($\frac{3}{8}$　$\frac{5}{12}$) →

(2) ($\frac{4}{9}$　$\frac{8}{15}$) →

A-34

[그림23] 재평가 통과 문항지

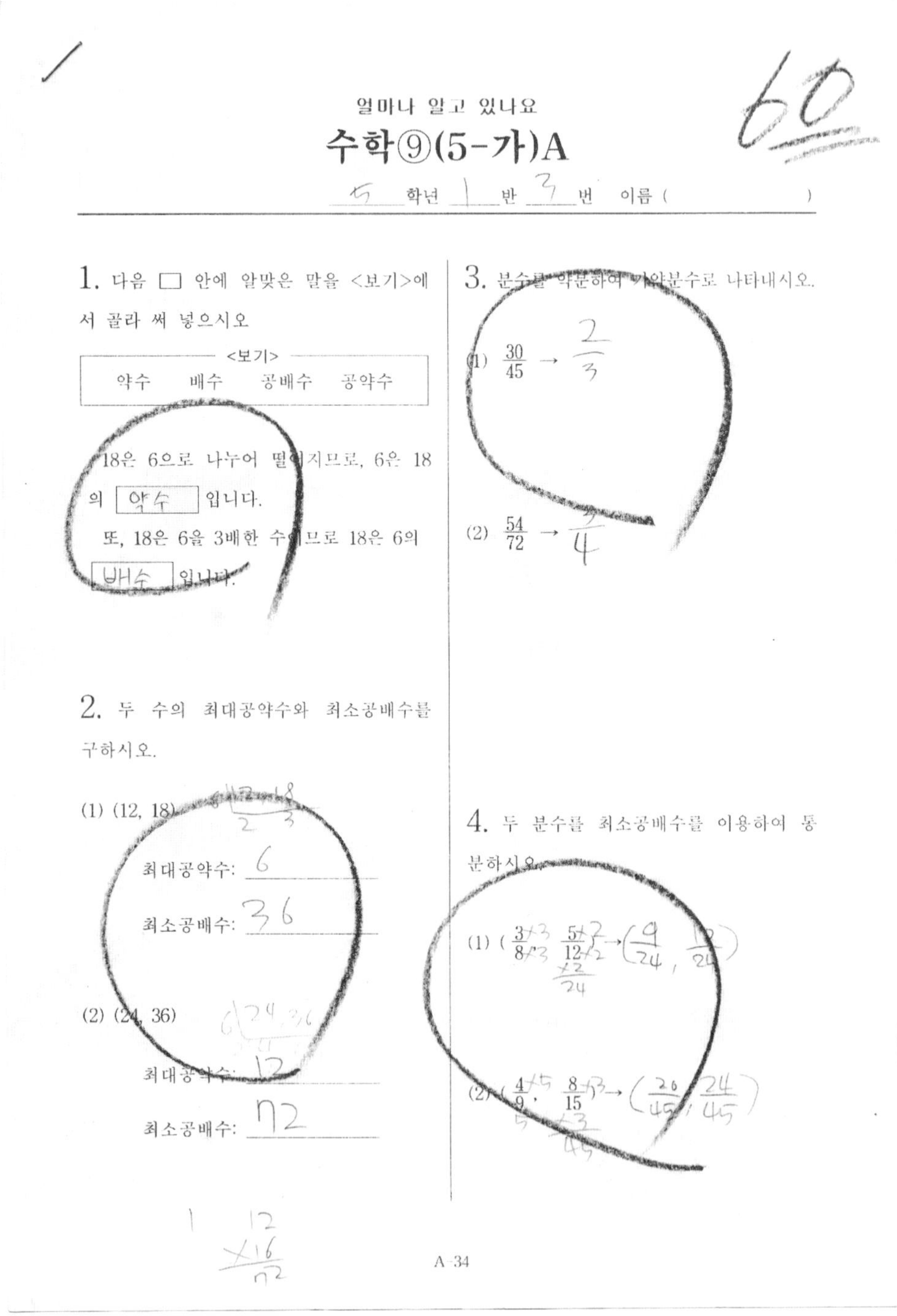

60

얼마나 알고 있나요

수학⑨(5-가)A

5 학년 1 반 3 번 이름 (   )

1. 다음 □ 안에 알맞은 말을 <보기>에서 골라 써 넣으시오.

<보기>

약수 배수 공배수 공약수

18은 6으로 나누어 떨어지므로, 6은 18의 [약수] 입니다.

또, 18은 6을 3배한 수이므로 18은 6의 [배수] 입니다.

2. 두 수의 최대공약수와 최소공배수를 구하시오.

(1) (12, 18)

최대공약수: 6

최소공배수: 36

(2) (24, 36)

최대공약수: 12

최소공배수: 72

3. 분수를 약분하여 기약분수로 나타내시오.

(1) $\frac{30}{45}$ → $\frac{2}{3}$

(2) $\frac{54}{72}$ → $\frac{3}{4}$

4. 두 분수를 최소공배수를 이용하여 통분하시오.

(1) ($\frac{3}{8}$, $\frac{5}{12}$) → ($\frac{9}{24}$, $\frac{10}{24}$)

(2) ($\frac{4}{9}$, $\frac{8}{15}$) → ($\frac{20}{45}$, $\frac{24}{45}$)

A-34

5)

새미 사이버 학습: 수준별의 대안적 모색 1

김아람 선생님은 수준별 교육과정의 취지에 대해 공감에 비해, 그 취지를 살릴 수 있는 여건의 부족하다는 점을 말하며 아쉬워하고 있었다. 그러나 최근 정보통신기술이 발달하고, 학교 및 가정의 정보화 여건이 갖추어지면서 수준별 교육과정의 개선을 위한 뒷받침 여건들이 조성되어 가고 있다. 교육청에서는 정보통신 매체를 활용한 수준별 교육과정의 전개를 돕기 시작하였는데, 그 중의 대표적인 것이 '?미 사이버 학습'이었다.새미 사이버 학습(새미 학습)은 정보통신매체를 활용한 학습 사이트의 하나로, 경상남도교육청에서 제작 지원하여 각급 학교와 학생들에게 활용토록 권장하고 있었다. 사이버 가정학습은 학생 스스로 학습하는 자율학습을 바탕으로 만들어진 사이버 학습체

그림 24] 새미 사이버 학습 화면

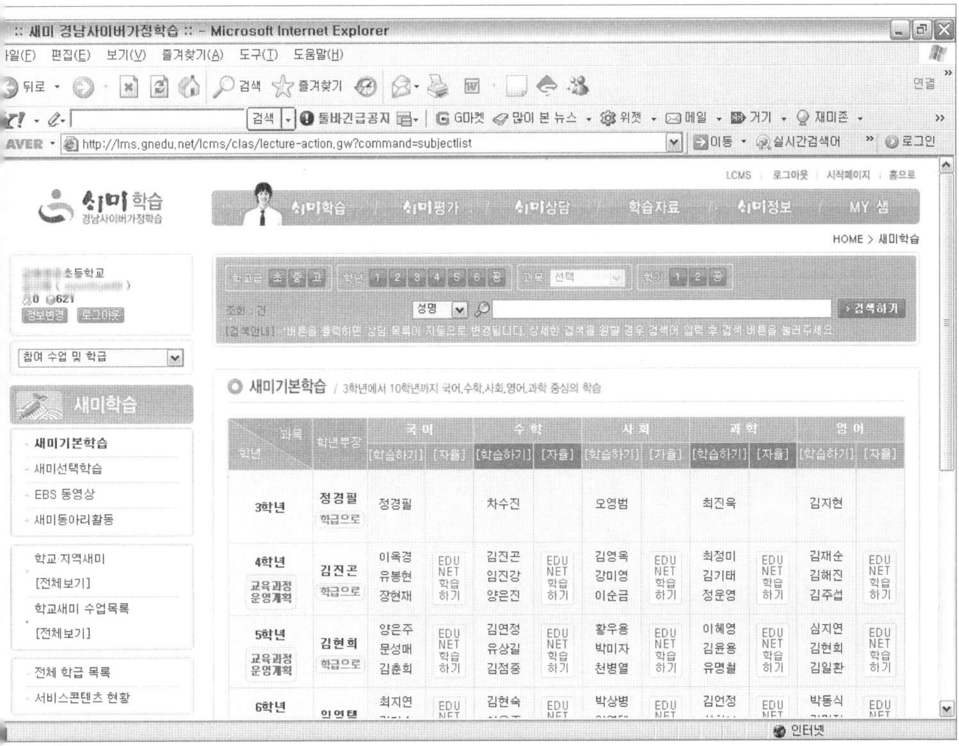

[그림 25] 질문과 답변 화면

제인데, 이를 실현시키기 위하여 경남은 '새미 학습'을 두어 운영하고 있다. 새미 학습을 통해 학교 수업만으로는 부족한 학생들이 개별 수준에 맞는 학습 내용을 제공받고 그에 따른 피드백을 받을 수 있도록 하였다. 교실 수업만으로는 충족되기 어려운 수준별 학습 욕구를 해소하는 방안의 하나로 새미 학습이 권장되었고, 김아람 선생님 역시 이를 적극적으로 활용하였다.

"7차 교육과정이 강조하였던 수준별 교수-학습이 초기에는 현실적 여건이 매우 부족해 구체화되어 현장에서 활용할 수 있는 방법이 다양하지 않았어요. 근래에 와서 차츰 정보화 여건이 갖춰지면서 새미 학습을 활용해 개별적인 수준에 따라 심화, 혹은 보충 학습이 일부 가능하게 된 것 같아요."

김아람 선생님은 개인적으로 새미 사이버 학급을 직접 운영하고 있는데, 사이트 화면 좌측 하단의 '질문/답변' 코너를 활용하여 학생들의 질문을 받고 개인별 수준에 맞는 답변을 해주면서 개별 지도가 가능하게 되었다. 주로 수학 과목의 풀이과정에 대한 질문이 많은 비중을 차지하고, 드물게는 사회나 과학 지식에 관한 질문을 주로 하였다. 그런 질문에 답변을 해주면 아이들이 대부분 만족스러워 하는 편이지만, 더 궁금한 사항이 있을 때는 수업 전 아침 활동 시간에 질문거리를 들고 와서는 해결해 가기도 한다. 이와 같은 활용은 학생의 자기주도적인 학습능력을 높여주고 학습욕구를 충족시킬 수 있는 방안이 되기도 하였다.

새미 학습을 활용해 저마다 수준이 다양한 학생들은 각자의 수준과 흥미에 따라 개인별 과제 해결활동을 할 수 있는 기회가 주어졌다. 매 교실 수업 상황 속에서 다양한 수준을 고루 충족 시켜주지 못하는 대신, 사이버 학습 환경이라는 매체의 장점을 활용하여 학생과 학습사이트 간, 그리고 학생과 교사 간의 수준별 상호작용의 가능성도 열어주었다.

하지만 이런 수준별 지도도 학업성취욕이 강한 아이들의 참여가 높고, 학습 의욕이 떨어지거나 부진아의 경우는 온라인 학습에 대한 관심 또한 낮아서, 컨텐츠 활용 학습마저도 별다른 의미를 갖지 못하였다. 결국 학력이 부족한 아이들은 학부모나 교사, 혹은 다른 누군가의 책임과 관심어린 지도를 통해 학습 자체에 대한 의욕을 돋구어주지 않으면 어떤 특별한 매체나 방법도 의미를 찾기 어려움을 확인시켜 주었다. 그리고 가정에 컴퓨터나 인터넷 같은 정보화 여건이 갖추어져 있지 않은 학생에게는 이러한 좋은 내용도 무용지물이 되기 십상이었다.

6)

방과 후 학교 교육활동: 수준별의 대안적 모색2

제 7차 교육과정의 3대 영역은 크게 '교과, 특별활동, 재량활동'으로 구분되었다. 그 중 7차 교육과정이 추구한 변화의 하나인 재량활동 확대와 신설이 방과 후 학교로 이어질 수 있는 계기가 되었다. 재량활동 영역을 통해 국가교육과정은 지역교육청이나 학교의 교육과정 편성, 운영에 일부 재량권을 부여하고자 하였다. 지역이나 학교별로 자율적이고, 다양화되고 차별화된 활동을 독려하기 위함이었다.

하지만 김아람 선생님과 새하초등학교 선생님들이 느끼는 재량활동은 10개 교과목 이외에 다른 이름의 교과가 하나 둘 더 추가된 것과 별다른 차이를 느끼지 못했다. 7차 교육과정의 재량활동의 취지야 어떠했건 대부분 한자와 컴퓨터, 창의활동 등의 일부 과목으로 한정되어 교과와 거의 똑같이 운영되기 때문이었다. 새하초등학교 역시 수업이 한두 시간 씩 더 추가된 형태로 컴퓨터, 한자, 창의활동 등의 과목을 재량활동으로 운영하고 있었는데, 지역이나 학교의 재량권을 부여하자는 재량활동 도입의 본래 취지가 실제 단위 학교에서는 제대로 적용되고 있지 못하고 있음을 알 수 있었다. 한편, 이런 재량활동의 애매한 운영과 달리, '방과 후 교육활동'이란 이름으로 재량활동의 취지를 대신한 활동이 자리를 잡기 시작했다. 방과 후 교육활동은 학교의 특성을 고려하고 다양한 과목을 선정하기도 함으로써 차츰 학부모·학생의 요구를 수용해 다양한 방향으로 개선되어 현재는 인기 있는 교육 활동이 되어가고 있다.

김아람 선생님 역시 방과 후에 학생들의 특기 계발과 다양한 교육적 요구에 부응한다는 의미에서 2007년 1학기 동안 강좌 하나를 개설해 방과 후 교육활동을 실시하였다. 그러나 학생들의 좋은 호응에도 불구하고 2학기 때는 폐강을 하게 되었는데, 수업이 끝난 후

[그림 26] 특기적성 교육활동 안내

* 2007 특기적성 교육활동 안내 *

5월부터

순	강좌명	강사명	전화	월 수강료	주수업 시량	장소	학년	요일	시간
1	컴퓨터 교실			3만	주6회 (120분)	3층 컴퓨터실	ITQ(A반)3층	월,수,금	08:00-08:40
							ITQ(B반)3층	화,목	08:00-08:40
							워드2급4층	화,목	07:50-08:50
							워드3급4층	월,수,금	08:00-08:40
							1 3층	월, 수	13:00-14:00
							2 3층	화, 목	13:00-14:00
							3,4A(B) 3층	월,수(화,목)	14:00-15:00
							5,6A(B) 3층	월,수(화,목)	15:00-16:00
2	영어회화			3만	150분	어학실	5,6	월,수,금	08:00-.8:45
							2	월,수,금	13:00-13:45
							3, 4A	월,수,금	13:55-14:40
							4, 5A	월,수,금	14:45-15:30
							4, 5B	화, 목	08:00-.8:45
							1,2신규	화, 목	12:45-13:50
							3,4,5(파닉스)	화, 목	14:00-15:05
3	미술			3만	주120분	1의5 교실	1	화,목	12:30-13:30
							2	화,목	13:30-14:30
							3,4	화,목	14:30-15:30
4	무용			3만	주2회 (100분)	강당	1,2	화,금	13:00-13:50
							3,4	화,금	14:00-14:50
						화(음악실)	5,6	화,금	15:00-15:50
5	오카리나, 단소			3만	100분	음악실	1~4	금	13:30-15:10
6	과학발명 (버그) (011.326.98[illegible])			3만	주1회 (100분)	어학실앞 특별실	1,2	금	13:00-14:40
							3~6	금	15:00-16:40
7	종이접기			3만	주2회반	2의2교실	1,2,3,4	화,목	40분
					주1회반		2,3,4	화목	80분
8	주산식암산 수학			3만	주2회	보건 교육실	1-2 3	화, 목	13:00-14:00 14:00-15:00
9	음악줄넘기			2만5천	주2회	강당	3-6	화, 수	15:00-15:50
10	독서논술			3만	주2회	보건 교육실	1-6	월, 수	13:00-16:00

다음날 이어지는 수업을 준비할 시간이 부족했기 때문에 어쩔 수 없이 폐강하기로 했다. 김아람 선생님은 수업 시수만 가중된 비정상적인 재량활동이 아닌, 말 그대로의 '재량'활동으로서 존재해 주길 희망하면서

학교의 여건, 수요자의 요구와 실태에 맞는 방과 후 학교 형태의 교육활동이 지속적으로 유지되면 좋겠다고 생각했다.

새하초등학교는 학교 실정과 수요를 고려하여 7~10개 과목의 방과 후 수업이 이루어지고 있었다. 과목은 교과와 관련된 영역으로는 영어, 속독, 주산, 과학, 논술 등이었고, 그 외의 영역은 개별 특기신장과 관련된 미술, 바이올린, 합창, 컴퓨터, 바둑, 풍물 등의 수업이었다. 이렇게 방과 후 시간을 활용해 학생 개개인의 적성에 맞는 다양한 활동의 기회를 제공하는 것도 넓은 의미의 수준별 교육과정의 새로운 방향 모색일 수 있었다.

II. 수행평가

6가지 이야기

김아람 선생님이 맡고 있는 5학년 2반은 한 학기 동안 적어도 40회 이상의 수행평가가 계획되어 있었다. 거의 전 과목에 걸쳐서 필수 영역별로 수업 중간 중간에 실시하도록 계획 되어있는 셈이었다. 새하초등학교는 수행평가 업무를 맡고 있는 담당자를 중심으로 그 계획과 평가지가 주로 구비되었다. 그리고 수행평가는 기존의 총괄평가, 형성평가처럼 단원의 끝이나 학기 말과 같이 일정시기에 한정되어 치러지기보다는, 학기 초나 사전에 계획된 바에 따라 단위 수업의 상황에 수시로 활용되어 평가를 실시했다. 그리고 그 결과를 학교생활기록부에 기록으로 남기고, 학교 생활통지표를 통해 학부모와 학생에게 안내 되었다.

1)
어지럼증: 새하초등학교 연간 평가 계획

[표 12] 새하초등학교 연간 평가 계획 (2007)

평가 종류	목표	시기	대상	비고
진단 평가	1회	3월	전교생 (2-6년)	학습 부진아 판별, 학습지도 기초자료로 활용
형성 평가	수시	교수-학습 활동중	전교생	단위학습 시간 목표 달성정도 확인
수행 평가	수시	교수-학습 활동중	전교생	수행평가 계획에 의거 평가
중간 평가	2회	4,10월	전교생 (2-6년)	교과별 도달목표 (국어, 수학, 과학, 사회)
총괄 평가	2회	7,12월	전교생	선택형, 단답형 등 단순한 암기위주의 평가를 지양하고, 주관식 서술식 방법으로 공부한 내용 중 기초와 기본 학력을 평가

학습 부진아	4회	3,6,9,12월	기초학습 부진아	읽기, 쓰기, 셈하기, 구구단. 담당자가 평가지 작성 제공
진급 평가	2회	7,12월	4-6년	수학과 영역별 성취기준 달성정도, 필수 기본 학습 요소 추출하여 문항지 작성 평가

[표 13] 5학년 1학기 수행평가 계획

교과	평가영역	관련단원	평가방법	평가내용	시기
국어	말하기	둘째마당 2. 알리고 싶은 내용	서술형 자기평가 동료평가	분류의 방법으로 내용을 전개하여 말하기	4월2주
	국어	넷째마당 2. 숨어 있는 의미	서술형	들을 때에는 듣기 상황을 고려하여야 함 알기	6월1주
	도덕	다섯째마당 1. 손을 맞잡고	서술형	이야기를 읽고, 이어질 내용을 예측하기	6월4주
	사회	넷째마당 1. 분명하고적절하게	논술형	예시의 방법으로 내용을 전개하여 글쓰기	5월4주
		첫째마당 2. 경험	서술형	우리말의 시간 표현에 대하여 이해하기	3월3주
	문학	셋째마당 2. 무지개를 찾아서(읽)	서술형 구술시험	작품에 등장하는 인물들의 다양한 삶 비교·대조하기	5월2주
도덕	개인생활	2. 절제하는 생활	관찰법	절제하는 행동 실천하기	4월1주
	가정이웃 학교생활	3. 공경하고 사랑하는 마음	자기평가 체크리스트	공경해야 하는 까닭 알기	5월4주
	사회생활	5. 서로 존중하는 태도	관찰법	권익을 존중해야 하는 까닭	6월1주
사회	인간과 공간	1-(1)우리 생활과 자연환경	관찰법 서술형	산간, 평야, 해안 지역의 특징 알기	3월2주
	인간과 사회	2-(1)도시 지역의 생활	토론법	도시의 여러 가지 문제를 알고 관심 가지기	4월8주

수학	수와 연산	7. 분수의 곱셈	지필평가	분수와 자연수의 곱셈, 단위 분수, 진분수, 대분수의 곱셈	6월2주
	도형	4. 직육면체	지필평가	직육면체, 정육면체의 구성요소, 성질 찾고 겨냥도, 전개도 이해	4월4주
	측정	6. 평면도형의 둘레와 넓이	지필평가	넓이를 이해하고 직사각형, 정사각형의 넓이를 구하기	5월4주
	문자와 식	8. 문제 푸는 방법 찾기	지필평가	다양한 문제를 적절한 방법을 선택하여 해결하기	6월4주
	규칙성과 함수	2. 무늬 만들기	실기평가	한 가지 무늬를 옮기기, 뒤집기, 돌리기 등 새로운 무늬 만들기	3월3주

과학	에너지	1. 거울과 렌즈	실험, 관찰	오목거울과 볼록거울에 비친 물체의 모습은 어떤 특징이 있는지 관찰할 수 있다.	3월5주
	물질	6. 용액의 진하기	실험, 관찰	물의 온도와 붕산이 녹는 양과의 관계를 이해하고 있다.	6월2주
	생명	5. 꽃	조사, 기록	식물의 다양한 꽃가루받이 방법을 설명할 수 있다.	5월4주
	지구	3. 기온과 바람	서술형	바닷가에서 낮과 밤에 부는 바람의 방향을 기온과 관련지어 설명할 수 있다.	5월2주
	탐구	9. 작은 생물	관찰보고서	작은 생물을 관찰하고 조사하여 보고서를 작성할 수 있다.	7월1주
	과학적 태도	전 단원	관찰, 기록	과학적 탐구를 수행하기 위해서 바람직한 태도를 가진다.	수시

실과	가족과 일의이해	1. 우리의 가정생활	실험실습법 보고서	생활 계획표를 작성하고 실천하기	3월1주
	생활 기술	5. 우리의 식사	실기 관찰	필요한 계량기구, 가열기구, 조리 용구의 종류와 쓰임새 알고 다루기	6월1주
	생활자원, 환경관리	2. 깨끗한 생활환경	서술형 관찰법	정리, 청소, 쓰레기 분리, 처리 실천하기	3월3주

체육	체조	Ⅰ-1. 맨손체조	실기, 관찰	스트레칭체조 하기	4월3주
	육상	Ⅱ-1. 달리기	실기, 관찰	배턴을 주고받으며 이어달리기하기	4월1주
	게임	Ⅲ-1. 구기활동	실기, 관찰	간이 농구하기	5월4주
	체력	Ⅴ-1.체력을 알자	실기, 관찰	유연성을 기르는 운동하기	3월3주
	보건	Ⅵ-1. 균형있는우리몸	서술, 관찰	운동과 건강과의 관계 알기	3월4주
음악	가창	14. 기차를 타고	실기평가	악상기호에 맞게 노래하기	7월1주
	기악	9. 봄이 가고 여름 오면	실기평가	단소로 '태', '황', '무' 소리내기	5월3주
	창작	12. 참새	관찰평가	가락에 어울리는 리듬과 화음 찾기	6월2주
	감상	5. 엘리제를 위하여	체크리스트	론도 형식의 각 부분 구별하기	4월2주
미술	미적 체험	2. 전체와 부분	실기평가 관찰법	관찰하여 그리기	3월4주
	표현	6. 수묵화와 채색화	실기평가 관찰법	수묵화와 채색화 그리기	6월2주
	감상	4. 이야기 세상	관찰법 서술형	서로의 작품 감상하기	5월2주
영어	듣기	8. Let's Go Swimming	지필 평가	제안하고 응답하는 표현을 듣고 이해	7월1주
	말하기	4. What a Nice Day!	실기형 평가	그림 보며 사물 묘사하는 표현하기	4월7주
	읽기	6. I Get Up at Seven Every Day.	지필 평가	하루 일과와 관련된 간단한 낱말을 읽기	6월1주
	쓰기	2. What Day Is It Today?	지필 평가	학습 시간표를 영어로 완성	3월4주

이 표는 새하초등학교 5학년 2반의 한 학기 수행평가 계획이다. 이 사진이 주는 이미지는 압박감이라고 할까? 표를 구성하고 있는 사각 틀은 보는 이로 하여금 답답하고 복잡 미묘 혼란함을 느끼도록 한다.

> 한 눈에 들어오지도 않는 차트의 나열, 무엇을 평가하는지 애매하게 나열되어 있는 문장들, 머리가 어지러워지는 방대한 양의 평가계획, 일정한 방향이나 규칙도 없이 산발적으로 널려 있는 평가에 대한 이미지와 기억의 파편들.
> 보는 이를 답답하게 만드는 이 모든 것들이 머리를 어지럽히기 시작한다. 그리고 마치 일정한 방향이나 규칙도 없는 파도처럼 어지럽게 밀려든다. 바닷가에 일렁이는 파도처럼 답답함과 갑갑함의 물결이 머릿속에 일렁이고 있다. 어지럼증을 겪고 있나 보다. 아니 어지럼증을 겪고 있다. 수행평가라는 틀에 의해.
> 실제 우리 학교의 현장에서도 일어나는 수행평가는 의미도 목적도 방향도 없이 흩날리는 현실만이 존재하고 있다.
> 과연 무엇을 평가해야 하고, 무엇이 진정한 의미의 수행평가인지를 알아챌 수 있게 해주지 못하는 수행평가 계획은 어지럼증을 겪게 하고 있다.

앞의 수행평가 계획처럼, 한 학기의 수행평가 계획은 보통 10개 과목, 최소 40여개 영역에 걸쳐 짜여지고, 대부분은 각 단위 수업시간에 수행평가가 이루어지거나 아니면 평소의 참여도나 태도 등을 고려해서 평가가 이루어지곤 했다. 김아람 선생님의 생각은 한 학기 동안 40여 차례의 수행평가 만으로는 각 학생의 능력을 평가하고 판단하기에는 너무 부족하다 싶어 그 보다 훨씬 많은 수행평가를 실시하고 있었다. 평소 실력으로 보면 분명 동그라미 두 개(◎)를 받을 수 있는 아이임에도 해당 수행평가를 치는 날 컨디션이 좋지 않아서 운 나쁜 결과를 얻었다든지, 평소 행동과 평가지에 기술한 내용이 너무 상반된다든지 하는 경우에 있어서 평가의 시기를 조절하거나 횟수를 늘려서 수행평가의 자체 타당도를 높이려고 노력하기도 하였다.

수행평가는 서술형(주관식) 검사, 논술형 검사, 구술시험, 토론법, 실기시험, 실험·실습법, 면접법, 관찰법, 자기평가 보고서법, 연구보고서법, 프로젝트법 등 다양한 수행평가의 방법들을 이용하여 실시되고 있다. 이런 방법들 중, 체육, 음악 과목의 경우는 실기시험법과 관찰법을 주로 활용하였고, 국어과는 구술시험과 토론과정의 관찰, 사회과의 프로젝트나 보고서 등의 방법이 활용되기도 하였다. 하지만 대부분의 수행평가는 여전히 학생 개인용 평가지를 통한 서술형(주관식) 검사로 한정되어 있었다. 아마도 증거가 남지 않는 평가 방법에 대한 신뢰도나 타당도의 문제, 그리고 평가 교사의 주관 개입 가능성, 평가의 편의를 이유로 서술형 평가가 가장 많이 이루어지고 있다는 것이다.

[그림 27] NEIS 교무업무 시스템에 입력된 교과 평가 영역

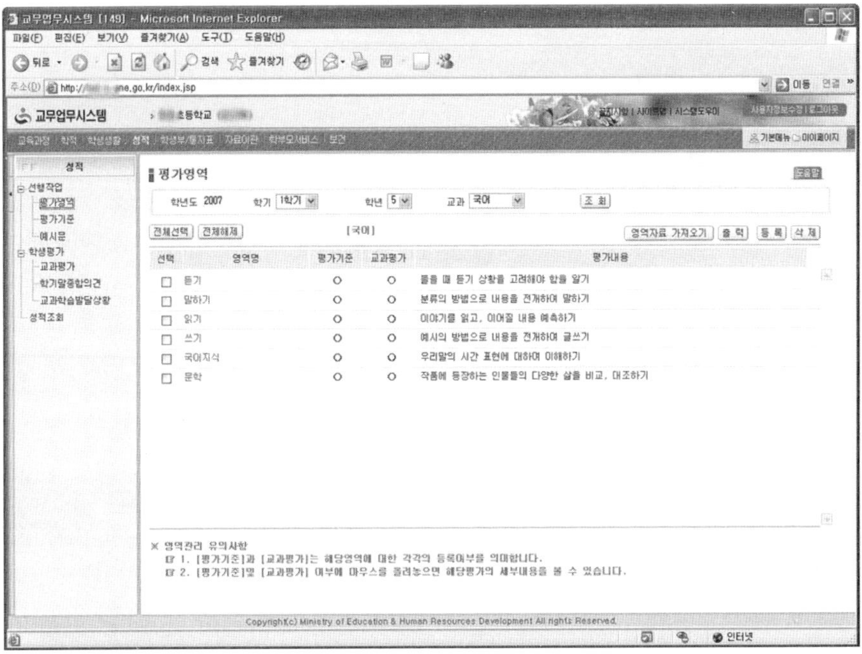

교무업무시스템 [149] - Microsoft Internet Explorer
교무업무시스템
교육과정 학적 학생생활 성적 학생부/통지표 자료이관 학부모서비스 보건
성적
선행작업
평가영역
평가기준
예시문
학생평가
교과평가
학기말종합의견
교과학습발달상황
성적조회
평가영역
학년도 2007 학기 1학기 학년 5 교과 수학5-가 조 회
전체선택 전체해제 [수학5-가] 영역자료 가져오기 출 력 등 록 삭 제
선택 영역명 평가기준 교과평가 평가내용
수와 연산 O O 분수와 자연수의 곱셈, 단위 분수, 진분수, 대분수의 곱셈하기
도형 O O 직육면체와 정육면체의 구성요소와 성질을 알고, 겨냥도와 전개도 이해하기
측정 O O 넓이를 이해하고, 직사각형과 정사각형 넓이 구하기
문자와 식 O O 다양한 문제를 적절한 방법을 선택하여 해결하기
규칙성과 함수 O O 한 가지 무늬를 옮기기, 뒤집기, 돌리기 등을 하여 새로운 무늬 만들기
※ 영역관리 유의사항
1. [평가기준]과 [교과평가]는 해당영역에 대한 각각의 등록여부를 의미합니다.
2. [평가기준]및 [교과평가] 여부에 마우스를 올려놓으면 해당평가의 세부내용을 볼 수 있습니다.
Copyright(c) Ministry of Education & Human Resources Development All rights Reserved.

교무업무시스템 [149] - Microsoft Internet Explorer
교무업무시스템
성적
평가영역
학년도 2007 학기 1학기 학년 5 교과 사회 조 회
전체선택 전체해제 [사회] 영역자료 가져오기 출 력 등 록 삭 제
선택 영역명 평가기준 교과평가 평가내용
인간과 공간 O O 산간, 평야, 해안 지역의 특징 알기
인간과 사회 O O 도시의 여러 가지 문제를 알고 관심 가지기
※ 영역관리 유의사항
1. [평가기준]과 [교과평가]는 해당영역에 대한 각각의 등록여부를 의미합니다.
2. [평가기준]및 [교과평가] 여부에 마우스를 올려놓으면 해당평가의 세부내용을 볼 수 있습니다.
Copyright(c) Ministry of Education & Human Resources Development All rights Reserved.

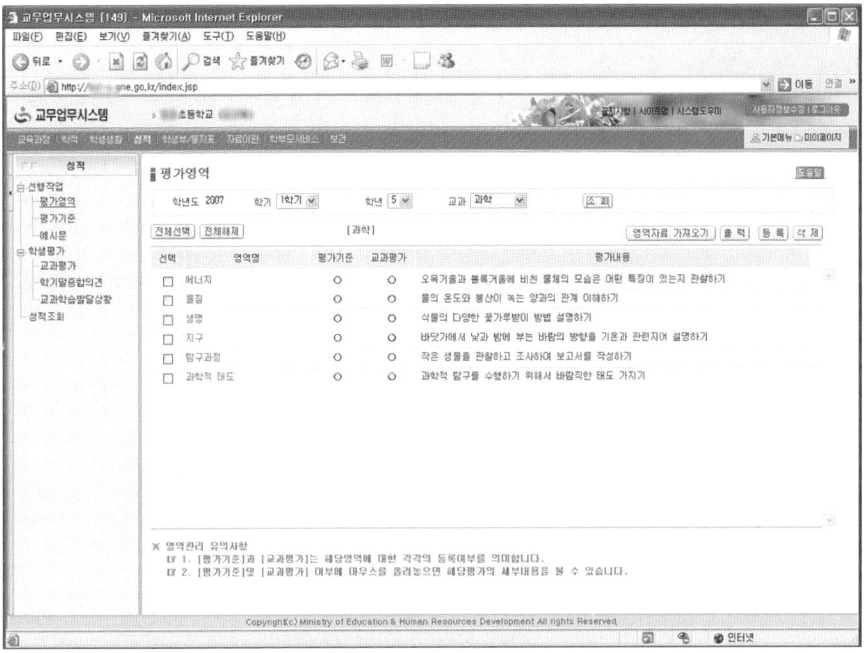

수행평가의 교과별 수행

앞의 표(5학년 1학기 수행평가 계획)를 보면 새하초등학교 5학년 2반이 1학기 동안 실시한 수행평가의 성취기준을 알 수 있다. 표의 계획대로만 수행평가를 행하면 한 학기동안 10개 교과목에 최소 40여개 영역의 수행평가가 이루어짐을 알 수 있다.

각 과목의 영역별 성취기준은 그림과 같이 NEIS(교무업무시스템)에 입력되어 공식적인 평가 기준으로 적용된다. 그리고 이 기준에 따라 수행평가가 이루어지면 그 결과는 학생용 수행평가지를 통해 실제로 치러진 수행평가 결과가 NEIS에 다시 입력 완료되고, 그 후 NEIS 상에서 바로 프린트 출력하여 결재를 얻은 다음 각 가정에 보내지게 되었다.

5학년 국어과의 경우, 말하기, 듣기, 읽기, 쓰기, 국어지식, 문학의 6개 영역별로 수행평가가 이루어졌다. 수학과의 경우 수와 연산, 도형, 측정, 문자와 식, 규칙성과 함수의 5개 영역으로 나누어

5개 영역별로 1회 이상의 수행평가를 실시하도록 하고 있다. 그 외에 사회, 과학 등의 각 과목별로 각 영역별로 최소 1회 이상의 수행평가를 실시하여 결과를 도출하였다.

그런데 이처럼 어떤 과목을 각 영역별로 최소 1회의 평가 결과만 가지고 학생의 성취정도를 파악하여 기술하기에는 불충분해 보였다. 예를 들어 수학과의 '수와 연산' 영역에 제시된 성취 기준은 '분수와 자연수의 곱셈, 단위 분수, 진분수, 대분수의 곱셈을 계산하기'로 기술되어 있다. 이 경우, 이 차시에 해당되는 수학과 수행평가 문항지의 해결 정도만으로 그 학생의 성취 능력은 잘함, 보통, 노력요함 등으로 결정되어버린다. 만약 그 평가 결과가 1회성에 의한 결과였다면 실제 실력과 다르게 낙인적인 기술이 되어버릴 여지도 충분히 있는 셈이었다. 물론, 실제 평가에 있어서는 그런 문제를 방지하기 위해서 교사가 여러 번의 기회를 주어 평균적인 결과를 그 학생의 능력으로 인정할 수도 있겠지만, 각 영역별로 1회씩만 실시를 해도 40여회를 실시해야하는 상황에서 충분한 기회를 부여하기는 어려웠다. 그렇기 때문에 과목별 점수화를 대신해서 수행평가의 서술식 평가기준으로 결과를 기술하지만, 타당도를 의심 받을 가능성은 학교 내외에서 여전히 남아있었다.

2)

거짓말 1320: 박리다매의 수행평가지

[그림 28] 수행평가 자료

3

수행평가지

평가자료번호	5-1-국-5

초등학교 5학년 2반 34번 이름 :

◦ 선생님께서 들려주시는 글을 듣고 시간을 나타내는 말을 모두 찾아 적어 보아라.

> 서울 강신초등학교 권용준·권용훈 형제는 지난 9월 30일, 김포공항을 출발, 10월 8일까지 아흐레 동안 제주도를 순례했다. 엄마·아빠를 서울에 두고 '뚝' 떨어진 두 형제의 친구가 돼 준건 '말 없는' 자전거뿐이었다. 하루 5000원씩에 빌린 자전거의 두 바퀴에 몸을 실은 형제는 제주시를 시작으로 섬 둘레를 휘감은 230여㎞의 해안도로를 일주했다. 한라산에 올랐던 첫날, 택시로 관광한 마지막날을 빼면 꼬박 일주일을 자전거와 함께 산 셈이다.
>
> "여행 코스나 숙박 등 필요한 모든 정보는 9월 초부터 인터넷을 뒤졌어요."
>
> 동생 용훈이가 설명했다.
>
> "가고 싶은 곳의 입장 시간이나 요금도 빼 놓지 않고 챙겼죠."
>
> 용준이가 한 마디 거든다.
>
> 이들 형제가 이렇게 '둘만의 여행'을 떠난 건 제주도가 처음이 아니다. 재작년부터 시작된 '둘만의 여행'은 매년 봄과 가을 한 차례씩 '체험학습'의 하나로 이어져 왔다. 월드컵 개막 직전인 지난 5월 말엔 설악산 대청봉서 "대~한민국!"을 외치며 해오름을 맞기도 했다.
>
> 학교에서도 두 형제는 열흘씩 사라졌다가 갑자기 그을린 얼굴로 나타나는 걸로 유명하다.
>
> < 출처 : 소년조선일보, 2002년 10월 11일자 >

* 시간을 나타내는 말

과거	지난 9월 30일, 재작년, 9월초, 월드컵 개막 직전인 지난 5월 말
현재	한라산에 올랐던 첫 날, 갑자기.
미래	10월 8일까지, 아흐레 동안, 마지막날, 일주일, 열흘씩

재주 많은 삼형제

5-2반 34번

옛날 옛날, 어느 마을에 재주 많은 삼 형제가 살고 있었지. 첫째는 콧바람이 세서 콧바람을 불면 사람이 날라갈 정도로 센 콧바람을 가졌고, 둘째는 소변을 누면 폭포처럼 나와서 사람이 떠내려 갈 정도였지. 그리고 막내는 달리기가 너무 빨라서 사람이 쫓아오질 못 할 정도였지. 어느 해, 삼 형제가 사는 마을에 흉년이 들어 마을 사람들이 굶어 죽을 지경이었어. 삼 형제가 산 위로 올라갔어. 먼저, 첫째가 콧바람으로 나무를 쓰러뜨리고 둘러봤지. 그런데 욕심 많은 사또가 사는 관청의 곳간에 쌀가마니가 그득히 쌓여 있는 게 보이더래. 그래서 삼 형제는 그걸 꺼내다가 마을 사람들을 배불리 먹일 궁리를 했어. 그 날 밤, 삼 형제는 곳간에 들어가서 어깨에 쌀 수십 가마를 짊어지고 가려는데 병사들이 그 모습을 보고 말았어. 그래서 병사들은 삼 형제를 쫓아갔어. 그런데 첫째가 콧바람을 불어서 병사들을 날려 버렸어. 그 다음 뛰고 있는데 앞쪽에 다른 병사들이 이 일을 미리 알고 앞을 가로막아서 둘째가 소변을 누어서 병사들을 떠내려보냈어. 그리고 뒤쪽에 병사가 쫓아와서 각자 흩어지기로 했어. 첫째와 둘째는 왼쪽길로 가고 막내는 달리기가 빨라서 먼저 빨리 달려가 버렸어. 그래서 병사들이 쫓아오지 못했지. 결국 쌀 가마니를 되찾고 마을로 내려갔어. 삼 형제 덕분에 마을 사람들은 배불리 먹으면서 잘 살았대.

항목 / 이름					
문제 해결 방안을 여러 가지 제시하는가?	③②①	③②①	③②①	③②①	③②①
문제 해결 방안에 적합한 의견을 제시하는가?	③②①	③②①	③②①	③②①	③②①
새롭고 다양한 의견을 제시하는가?	③②①	③②①	③②①	③②①	③②①
토의에 적극적으로 참여하는가?	③②①	③②①	③②①	③②①	③②①
계	9	9	12	11	7

48

평가자료번호	5-1-사-4

초등학교 5학년 2반 34번 이름 :

4

※ 도시에서 발생하는 여러 가지 문제를 해결할 수 있는 방안을 토의해 보자.

토의 주제 / 여러 가지 문제	우리가 제시하는 살기 좋은 도시의 모습	
	원인	해결방법
주택 부족 문제	인구가 많이 증가하였다.	신도시를 개발한다. 고층 아파트를 건설한다.
환경 오염의 문제	자동차의 배기가스	차량은 거의 천연가스를 이용한다. 카풀을 이용하여 기름을 줄인다.
교통 시설의 문제	인구가 증가하여 차량이 증가 했다.	차량 10부제 운동을 권장한다. 버스전용차로제를 실시한다.

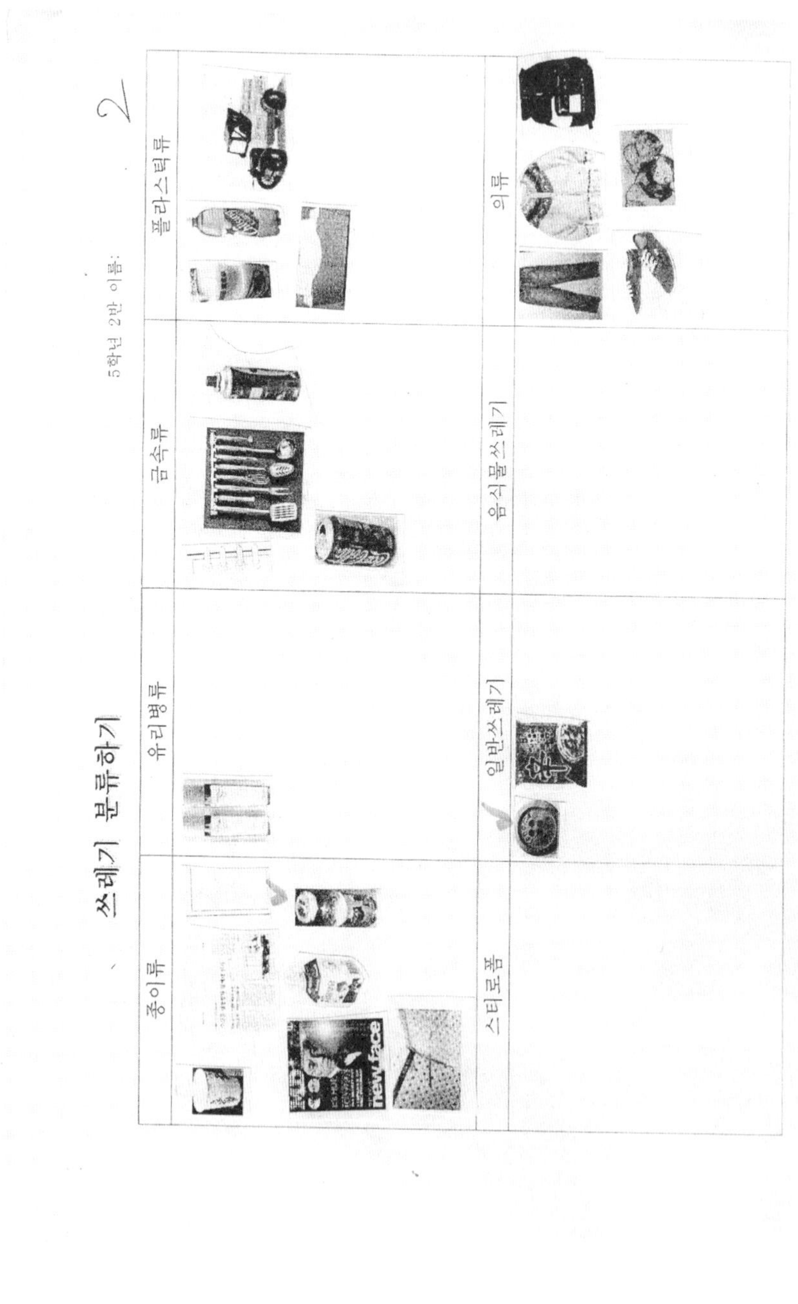
쓰레기 분류하기
5학년 2반 이름:
종이류
유리병류
금속류
플라스틱류
스티로폼
일반쓰레기
음식물쓰레기
의류

수행평가지

4

평가자료번호	5-1-수-2

초등학교	5학년 2반 34번 이름 :

♧ 다음을 계산하여라.

(1) $\frac{3}{8}\times5=\frac{15}{8}=1\frac{7}{8}$

(2) $2\frac{3}{4}\times6=\frac{11}{4}\times6=\frac{33}{2}=16\frac{1}{2}$

(3) $15\times\frac{2}{5}=\frac{6}{1}=6$

(4) $6\times3\frac{2}{9}=\frac{58}{3}=19\frac{1}{3}$

(5) $10\times2\frac{1}{8}=\frac{85}{4}=21\frac{1}{4}$

(6) $\frac{1}{3}\times\frac{1}{6}=\frac{1}{18}$

♧ 다음을 계산하여라.

(7) $\frac{3}{8}\times\frac{1}{3}=\frac{1}{8}$

(8) $\frac{4}{7}\times\frac{2}{3}=\frac{8}{21}$

(9) $\frac{9}{16}\times\frac{8}{15}=\frac{3}{10}$

(10) $3\frac{1}{3}\times2\frac{4}{7}=\frac{10}{3}\times\frac{18}{7}=\frac{60}{7}=8\frac{4}{7}$

(11) $4\frac{1}{5}\times2\frac{1}{3}=\frac{21}{5}\times\frac{7}{3}=\frac{49}{5}=9\frac{4}{5}$

(12) $\frac{2}{3}\times1\frac{3}{5}\times\frac{5}{6}=\frac{2}{3}\times\frac{8}{5}\times\frac{5}{6}=\frac{8}{9}$

(13) 의형이네 마을 도서관에 있는 책의 $\frac{1}{2}$은 아동도서이다. 그 중에서 $\frac{1}{3}$이 동화책이고, 동화책의 $\frac{2}{5}$은 창작동화이다. 창작동화는 마을 도서관 전체 책의 얼마인가?

$\frac{1}{2}\times\frac{1}{3}\times\frac{2}{5}=\frac{1}{15}$

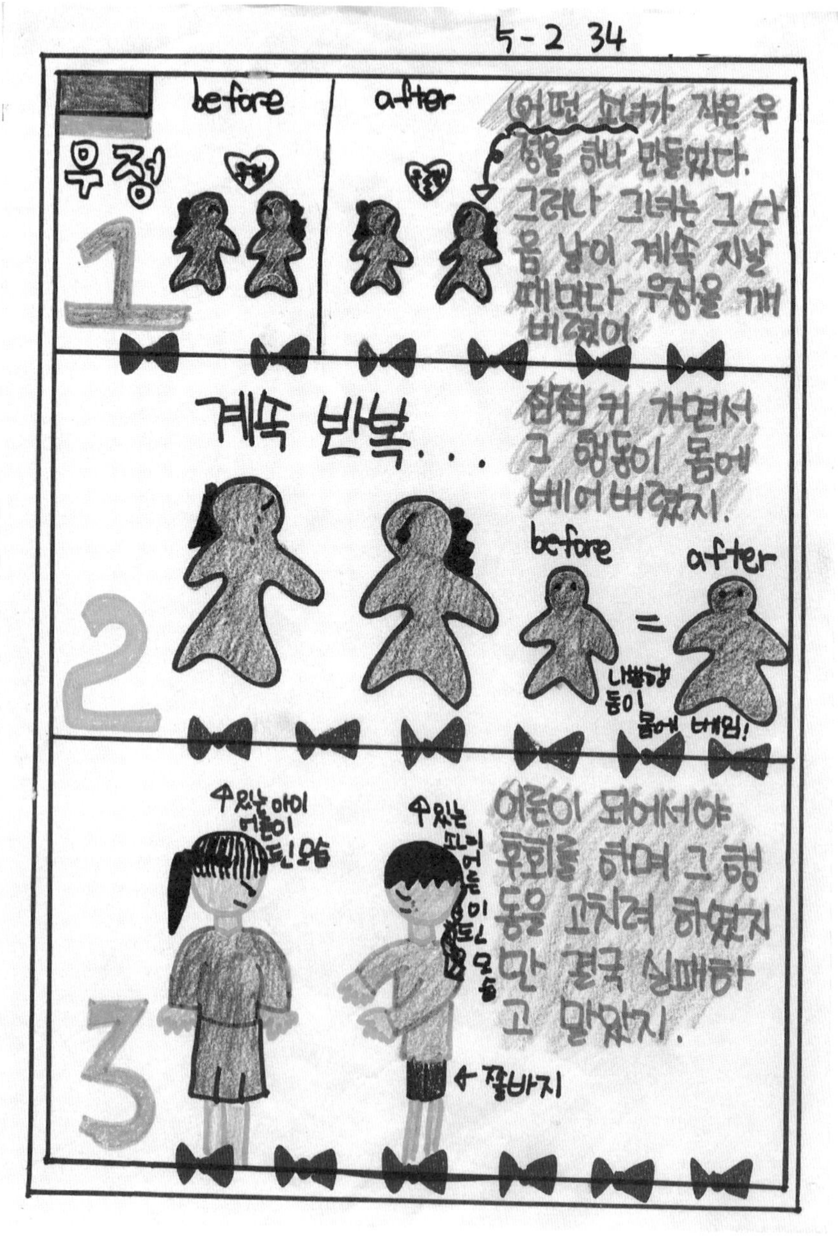
5-2 34
우정
1
before
after
우정
우정
(어떤 소녀가 작은 우정을 하나 만들었다. 그러나 그녀는 그 다음 날이 계속 지날 때마다 우정을 깨버렸어.
계속 반복...
점점 커 가면서 그 행동이 몸에 베어버렸지.
2
before
after
나쁜 행동이 몸에 베임!
3
↑있는 아이 어른이 된 모습
↑있는 소녀 어른이 된 모습
어른이 되어서야 후회를 하며 그 행동을 고치려 하였지만 결국 실패하고 말았지.
←짧바지

박리다매

박리다매: 이익을 적게 보는 대신 많은 양을 팔아서 장사를 한다.

새하초등학교에서 평가의 가장 큰 비중을 차지하는 것이 수행평가였다. 결과 중심이 아닌 과정 중심의 평가를 위해 각 과목별 영역에 대해 다양한 방법이 동원되어 치러졌다. 과거의 1회성 평가만으로는 학생들의 다양한 능력을 평가할 수 없고 수시로 피드백을 줄 수도 없다는 판단에서 수업 과정 중에 수시로 수행 평가를 실시하였다.

하지만 양이 결코 질을 대신해 줄 수는 없었다. 각 교과별로 수행평가를 실시해야 하는 영역이 최소 4~5가지는 되었다. 10개 과목이면 한 학기당 최소 40~50개 영역의 평가가 이루어져야 했다. 게다가 한 번의 수행평가결과만으로 학생의 능력을 평가하기는 편협하다고 생각한 김아람 선생님의 경우 어떤 영역은 2번, 3번 이상의 수행평가를 치기도 했다.

"평소 그 아이의 태도나 실력을 보면, 그 정도로 낮은 점수를 받을 아이가 아닌데 몸이 안 좋거나 기분이 많이 안 좋거나 할 때는 가끔 평소의 모습과는 너무 다른 결과가 나올 때가 있어요. 그래서 그럴 때는 나중에 비슷한 과제를 주거나, 다른 내용의 수행평가 결과로 판단하기도 해요."

김아람 선생님은 자기 나름의 수행평가 타당도를 높이기 위해 한 학기에 100번 가량의 수행평가를 치는 것 같다고 하였다. 그렇게 나름 의미 있는 수행평가가 되도록 수차례에 걸쳐 평가해보지만, 이것이 과연 얼마나 효과가 있는지에 대한 확신은 없었다. 또 옆 반 선생님은 잦은 출장과 바쁜 학교 업무를 탓하며 수행평가를 학기 말에 몰아서 하기도 한다는 것이었다. 학기 말에 며칠, 날을 잡아 여러 장의 수행평가지를 나눠주고 빈 칸을 채우도록 하는 식인데 지난 내용을 잘 기억 하고 있는 아이들은 답지를 채워 좋은 점수를 받을 수 있었고, 기억력이 좋지 못하거나 글 솜씨가 없는 아이들은 낮은 점수를 받기 일쑤였다. 그리고 어떤 때는 수행평가를 하지 않고도 번호 순서대로 이름을 보고 얼굴만 떠올리면 '걔는 분명 이럴꺼야', '아니면 뭐 일단 좋은 점수를 줘서 나쁠 건 없으니까'라는 식으로 매기는 경우도 있었다.

생활통지표에는 학급 내에서 학생의 상대적인 위치를 알려주는 석차가 없었다. 그렇기 때문에 그저 좋은 말, 좋은 결과에 대해 토를 달 학부형은 아무도 없다는 것이었다.

김아람 선생님처럼 평가 타당도를 위해 수행평가 횟수를 몇 배 더 늘여서 하더라도 다른 반보다 평균이 월등히 높지도 않았다. 옆 반 선생님처럼 형식적으로나마 최소 횟수의 수행평가를 실시해도, 그 결과가 전체적인 학업성취 정도와는 별 상관이 없었다.

예전과 달리 잦은 횟수의 수행평가로 박리다매를 꿈꿔보기도 하지만, 벌어들이는 이익에는 크게 차이가 없었다. 즉 학업성취도의 향상에는 큰 차이가 없었다는 것이다.

1320

한 학기에 걸쳐 수집한 학생들의 수행을 평가한 서류 뭉치.
얼핏 한눈에 보기에도 압도적인 양이다. 이것을 구체적인
수치로 계산해 보면, 음 ……. 우선 교과목이 총 10개이고,
한 교과목당 영역은……. 수학은 수와 연산, 도형, 측정,
문자와 식, 규칙성과 함수 5개 영역, 국어에서는 또…….
이처럼 한 교과목당 최소 3-5개의 영역을 가지고 있으니까,
10과목을 모두 평가하려면 총 40번의 평가. 그러면 한 학생당
40장의 수행평가지가 부여되었다. 그리고 한 반의 학생
수가 33명이니까, 40에 33을 곱하면, 그러니까 40 x 33=1320
…….

한 학기 동안 이루어진 수행평가 용지의 뭉치는 총, 1320장이나 되었다. 과거에 한 두 장의 시험지만으로 모든 것을 평가 받아야만 했던 것에 비한다면 1320장이라는 숫자가 주는 압도감은 수행평가를 수백 번도 더 포장하고도 남을 양이 되기도 한다. 수행평가는 학생들의 수행 과정을 평가해야 하고 목표한 성취기준에 도달하기 위하여 적절한 피드백을 제공해야 한다. 따라서 수행평가는 한 학기동안 여러 번에 걸쳐 일어나야 한다. 이렇게 해서 1320이라는 수치가 주는 위용은 참된 수행평가가 이루어지고 있는 것처럼 포장하기에 충분하고도 남는 양이다. 그런데 상자 내부의 내용물 역시 압도적인 양만큼이나 질을 자랑할 만할까? 한 교과목이 5~6개의 영역을 가지고 있으니까 교과별 그리고 영역별로 단 한 번의 수행만으로도 이미 그 숫자는 40이 된다. 즉, 여러

번에 걸친 과정을 평가하는 것이 아니라 단 한 번의 평가만으로 모든 것이 결정되고 있는 것이다. 1이라는 숫자가 1320이라는 보기 좋은 포장지로 바뀌었을 뿐 실제로 달라진 것은 없다. 속은 비었지만 보기 좋은 포장지로 화려하게 포장된 빈 상자와 같다. 학생들의 수행의 과정을 평가하고 피드백을 주겠다는 수행평가의 본래의 목적 따위는 이미 없었다. 수행평가가 이루어지는 방식과 양식 또한 마찬가지였다. 수행평가지라는 종이 한 장으로 거의 모든 과목의 모든 영역이 평가 되고 있었다. 학습내용의 특성과 성격에 맞는 다양한 수행과 결과물들은 존재하지 않았다. 그리고 그런 학습지는 복사한 종이처럼 똑같은 규격과 양식을 하고 있다. 국어나 수학이나 사회나 전 교과목 수행평가의 서류 뭉치는 똑같은 틀과 규격을 가지고 있다. 마치 공장의 같은 프레임에서 찍혀 나오는 상품들처럼 똑같은 형식 속에 수학, 과학이라는 포장만을 바꾼 형태로 만들어진 결과물. 교과별 수행평가의 실체는 존재하지 않았다. 공장에서 생산된 상자에 1320이라는 보기 좋은 숫자로 포장된 교과별 수행평가는 속은 텅 빈 포장만 요란한 빈 상자로 남아 있다.

3)
이데아: 수행평가의 꿈

수행평가의 꿈

수행평가가 7차 교육과정에 본격적으로 적용된 이유에 대해, 김아람 선생님은 '수행평가'라는 평가 방법의 변화를 통해 교육개혁을 도모하기 위함이라고 이해하고 있었다.

"수행평가라는 새로운 평가 관점을 통해 교사는 아동의 능력을 바라보는 다양한 시각을 갖고, 실제 생활에서의 적용력을 높일 수 있는 기능을 길러주며, 평가를 위한 평가가 아닌 평가의 기준을 통해 학생 스스로의 학습을 조절할 수 있는 자기 주도적인 능력을 길러주기도 하고, 결과보다는 과정 자체를 중시하는 평가……."

김아람 선생님이 수행평가에 대해 이해하고 있는, 수행평가가 품고 있는 꿈은 이러했다. 아마도 그 꿈을 믿고 김아람 선생님은 1320장이 넘는 수행평가지를 다루었는지 모르겠다. 그리고 몇 년째 수행평가를 하고 있는 지금도 그 꿈을 믿고 있는지도 모를 일이다.

이데아로서의 수행평가에 대한 계획은 학기 초나 혹은 학기가 시작하기 전에 만들어졌다. 김아람 선생님은 사전의 계획들을 자신의 학급 환경이나 아동의 수준을 고려하여 적절한 형태로 바꾸어 실행하였다. 그리고 적절한 시기에 계속적인 관찰과 평가를 통해 학생들의 발전 정도와 학습 정도를 축적하였다. 이렇게 축적된 기록과 자료를 통해 한 학기 동안의 학생의 학습은 종합적으로 평가되고 학부모에게 통지하고자 하였다. 이와 같이 한 학기 전체에 걸쳐 다양한 형태와 방법으로 수시로 이루어지는 수행평가는 학생의 발전과 학습의

사진: 김재홍

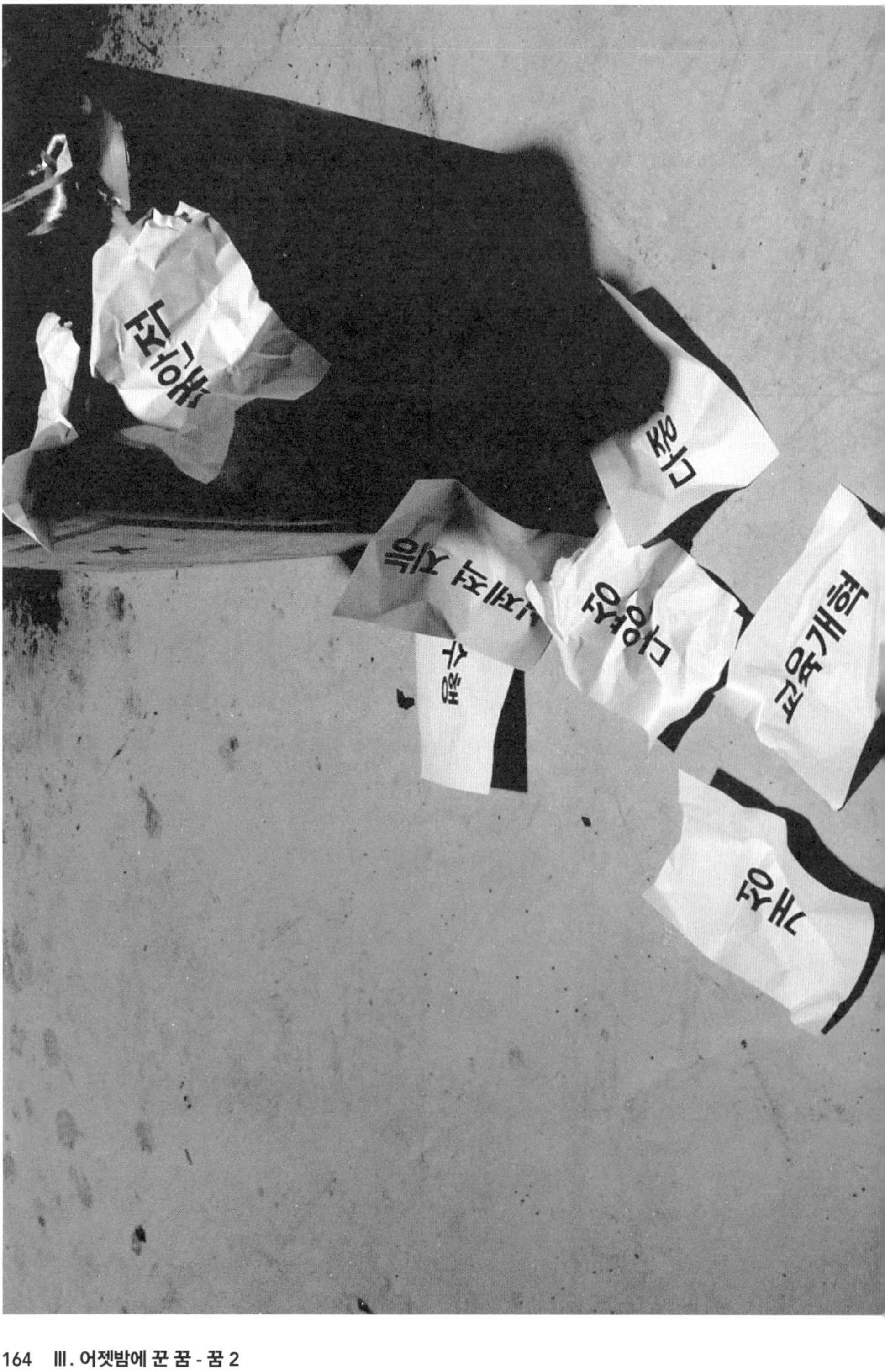

정도를 파악할 수 있는 진정한 의미의 평가로 여겨졌다.

업무 담당자 중심의 수행평가 계획

수행평가는 본래 평가 패러다임의 전환을 통한 학교 개혁의 일환으로서 도입·적용되었다고 한다. 그런 취지와 필요성은 대부분 공감하고 있지만 새하초등학교에서는 그 계획과 시작에서부터 담당자가 실행해야할 업무의 하나로 인식되어 학기 초에 바삐 준비되고 갖춰졌다.

새하초등학교의 수행평가를 위한 계획수립은 평가담당 계원(학년별 업무 담당교사 1인)이 혼자서 동학년 전체의 계획을 수립하고 혼자서 모든 과목에 대한 영역별 수행평가 목표와 방법, 시기, 성취기준까지 다 정했다. 결재를 얻고 나면 동학년 인터넷 홈페이지 공유 자료실에 탑재하고, 각 반 담임선생님들은 각 학급 실정에 맞춰 발췌, 수정, 편집하여 활용을 하였다. 결국 충분한 협의과정 없이 담당자 한 사람이 급조하여 결재를 받은 자료에 불과한 것이다. 김아람 선생님은 시간이 걸리고, 학기 초의 바쁜 일과를 감안하더라도 동학년 끼리, 선생님들 간에 학년 교과에 대한 연구와 분석을 통해 목표에 걸맞은 수행평가 계획이 수립되어야 하는 게 아닌가 하며 생각했다.

그런데 계획에 따라 담임교사 나름대로 충실히 수행평가를 실시했다 하더라도 과연 한 학기 동안에 성취되어야 할 최소 성취기준 이상에 도달했다고 볼 수 있는지 의심이 된다. 핵심 요소와 능력이 성취될 수 있는지에 대한 평가와 피드백에 대한 점도 의문을 떨쳐버릴 수가 없었다. 그것은 수행평가 기준에 대한 교사 상호 간의 협의과정이 계획 단계에서 전혀 없었던 점, 한 학기나 한 학년의 수행평가가 끝난 이후에도 평가에 대한 반성, 비평이 없었다는 점 등을 생각해 볼 때 수행평가를 치르는 과정과 의미에 대해 다시금 회의를 갖게 만든다는 것이다.

4)
깨진 모래시계: 학생, 학부모와의 빈약한 소통

사진출처:
SBS 드라마 '모래시계'

아주 오래전 '모래시계'라는 SBS 드라마가 떠오른다. 웅장한 사운드 트랙과 시대 상황을 절묘하게 그려낸 각본. 이에 못지않게 모래시계의 좁은 틈과 그 아래로 깨어진 유리, 흘러나온 모래의 모습을 담은 사진 한 장이 인상적으로 남아 있다.

모래시계의 모래는 한쪽을 뒤집어 놓아 그 좁은 틈을

지나노라면 모래의 양도 빈약하고 속도도 늦어지기 마련이다. 이미 처음부터 원활한 소통을 의도하지는 않았을 것이다. 뭔가 조금은 계획적이며 특별한 의도를 갖고 만들어졌겠지만, 자칫 그 목적을 이루기는커녕 사진처럼 본연의 역할마저도 상실하는 경우가 생기고 만다.

수행평가를 치르는 과정에서 학부모, 학생, 그리고 교사의 상호작용과 소통, 피드백 등이 자연스럽게 이루어질 때 비로소 수행평가는 제 의미를 찾을 수 있었다. 단순히 시험 결과를 얻기 위한 평가는 수행평가와 어울리지 않는다. 그 결과를 최종적으로 통지만 하는 것 또한 수행평가의 의도에 맞지 않는다. 하지만 새하초등학교의 수행평가는 평가의 과정은 물론 결과의 통지에 이르기까지 그렇다할 소통이 이루어지지 않았다.

[그림 29] 통지표 학생조회 화면

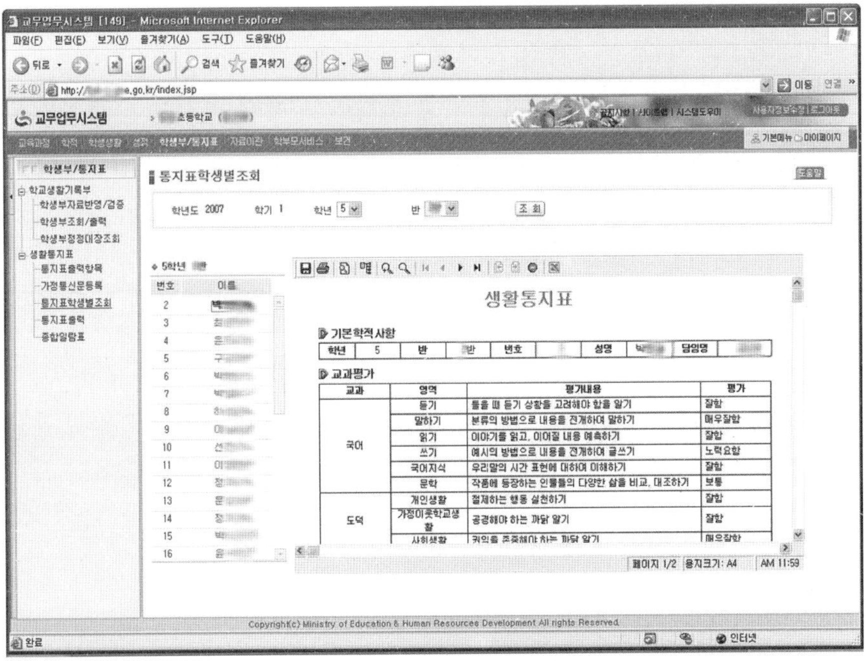

수행평가를 통한 결과가 다 나오고 나면, 그 결과에 따라 그림과 같이 평가 결과가 NEIS의 '학교생활기록부'에 입력되고 입력된 내용은 '생활통지표' 영역에서 다시 출력되어 각 가정에 발송된다. 새하초등학교의 수행평가 결과는 4단계로 1) 매우 잘함, 2) 잘함, 3) 보통, 4) 노력 요함으로 나뉘는데 그에 맞는 평가기준에 따라 서술식 기술을 하게 되어 있다. 그런데 그림에서 살펴보면 성취기준만 제시되어 있으며, 그 결과는 '매우 잘함>잘함>보통>노력요함'의 4단계로 간단히 제시되어 있다. 이렇게 성취기준만 있고 성취된 결과로서의 평가기준이 상세하게 기술되지 않았는데도 수행평가의 목적이 제대로 성취되었다고 볼 수 있을지 알 수 없다.

김아람 선생님은 "성취기준이 '분류의 방법으로 내용을 전개하여 말하기'라면, '상' 수준의 경우 '분류의 방법으로 내용을 전개하여 말하기를 잘 할 수 있다.'로 표현되거나, '중' 수준의 경우 '내용을 분류는 할 수 있으나, 분류를 통한 내용 전개가 부족하다', '하' 수준의 경우 '분류의 방법으로 내용을 전개하기가 부족하다.'와 같이 구체적이며 서로 달리 기술이 되어야 하는 게 아닐까 하는 생각을 하곤 했어요."라고 말한다. 새하초등학교의 대부분 선생님들이 이런 체계와 이런 내용으로 평가결과를 기술하고, 입력하지만 뭔가 이상하다는 느낌을 가진다. 뾰족이 어디에서 이렇게 하라고 시킨 건지는 모르지만, 이미 다들 이런 식으로 하고 있었다. 뭔가 많이 부족하고 의미가 제대로 통할까 하는 의문을 가져 보지만, 의문보다는 그냥 수용이 자연스러운 흐름이었다.

학기가 끝나는 여름 방학과 겨울 방학 때 일방적으로 통지되는 이 통지표에 대해 의문을 갖거나 건의하는 학부형도 없었다. 이미 방학을 해버린 후에 일부러 시간을 내어, 아이의 생활통지표에 대한 질문을 하지는 않는다. 생활통지표를 보내는 교사도, 그것을 받아보는 학부형도 '매우 잘함'의 개수가 많으면 좋은 것이고, '잘함'이나 '보통',

'노력 요함'이 많이 눈에 띄면 별로 좋지 않은 것 정도로만 여길 뿐이었다. 학교생활과 수행의 과정과 결과에 대한 서로의 소통은 찾아보기 힘들었다. 결국, 어떻게 이해하고 어떻게 상호작용할 것인가는 고민하지 않고, 말 그대로 일방적인 '통지'로 끝나버리는 것이었다. 소통이 없기에 있을법한 요구를 수용하는데 관대하지 않았다. 새로운 요구에 귀 기울여 주지 않는 답답함은 깨진 모래시계처럼 새로운 통로를 향해 터져나가게 될 수밖에 없다.

5)
오버랩: 과거와 현재의 생활통지표

옛날, 아니 그다지 오래되지 않은 과거의 생활통지표 모습이다. 교과, 특별활동, 행동발달, 신체 발달, 그리고 출석 상황이 기록되어 있다. 인터넷 서핑을 통해서 쉽게 찾아 볼 수 있을 만큼, 기성세대들에게 무척 친숙한 생활통지표다. 지금 학생들에게는 낯선 것이기도 하지만, 복고풍의 유행처럼 새것보다 오히려 옛것을 더 선호 하게 만드는 건 누구의 노력인지 누구의 탓인지 참 궁금하게 만든다.
짐을 옮기기 위해 정리를 하다 우연히 빛바랜 초등학교 2학년 5반 시절의 노트를 발견했다. 책장 한 쪽에 꽂혀 있는 오래된 앨범 사진처럼 어린 시절 추억의 한 조각이라 생각하니 가슴이 두근거린다. 설레는 마음으로 조심스레 기억의 한 편을 열어본다. 오랜만에 펼친 학창시절의 노트 속 추억의 한 장면. 나의 시선이 오래도록 머문 곳은 '참 잘했어요!'라는 도장이 찍혀 있는 페이지였다. 선생님으로부터 '참 잘했어요.' 하는 도장을 받는데 목숨을 걸다시피 했던 기억이 난다. 이 도장을 받기 위해 얼마나 치열한 사투를 벌였는지. 그 때는 이것이 평가의 시작이라는 사실을 알지 못했다. 그 도장을 받기 위해

[그림 30] 과거의 생활통지표

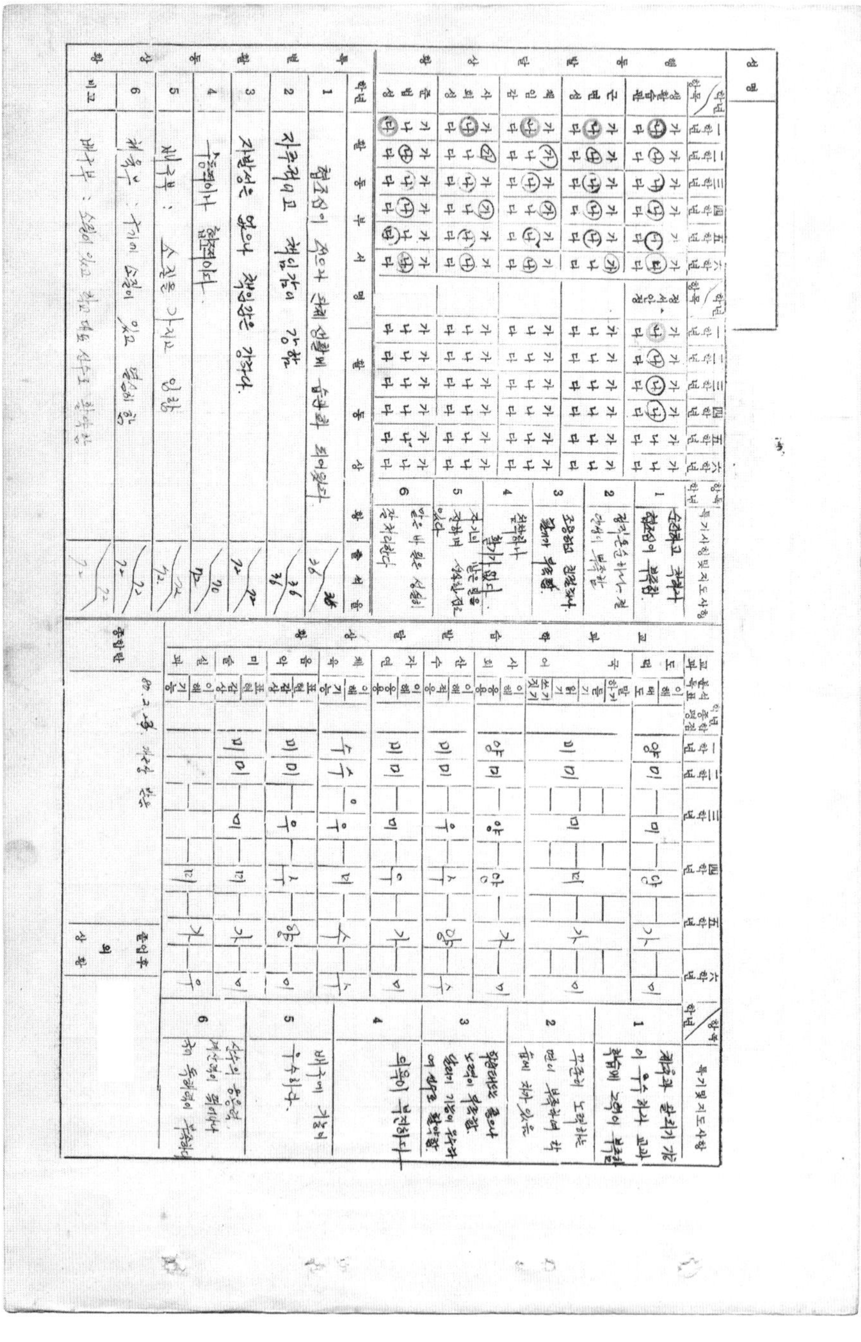

글씨를 예쁘게 쓰려고 노력해 보기도 하고, 양을 일부러 불려 보기도 하고 심지어 볼펜을 사용하기도 했던 시절.

하지만 그 추억에서 한 발짝 물러선 지금의 시점에서 바라본 '참 잘했어요.'에는 무엇을 잘했는지 알 수가 없다. '참 잘했어요.'가 선생님의 생각인지 아니면 텍스트의 일부인지조차도 이제는 알 수가 없다. 선생님은 무슨 기준으로 나에게 '참 잘했어요.'라는 도장을 찍어 주신 것일까?

지금 읽어도 형편없는 이 글을 보고 선생님은 도대체 왜 '참 잘했어요.'를 찍어 주신 걸까? 어린 나의 기를 죽이지 않기 위한 선생님의 배려였을까? 이 일기에 찍혀 있는 '참 잘했어요.'라는 도장만으로는 나의 과거를 객관적으로 바라보기에 한 없이 부족하다.

[그림31] 현재의 생활통지표

생활통지표

▶ 기본학적사항

학년	5	반	●반	번호	●	성명	●●●	담임명	●●●

▶ 교과평가

교과	영역	평가내용	평가
국어	듣기	들을 때 듣기 상황을 고려해야 함을 알기	잘함
	말하기	분류의 방법으로 내용을 전개하여 말하기	매우잘함
	읽기	이야기를 읽고, 이어질 내용 예측하기	잘함
	쓰기	예시의 방법으로 내용을 전개하여 글쓰기	노력요함
	국어지식	우리말의 시간 표현에 대하여 이해하기	잘함
	문학	작품에 등장하는 인물들의 다양한 삶을 비교, 대조하기	보통
도덕	개인생활	절제하는 행동 실천하기	잘함
	가정이웃학교생활	공경해야 하는 까닭 알기	잘함
	사회생활	권익을 존중해야 하는 까닭 알기	매우잘함
사회	인간과 공간	산간, 평야, 해안 지역의 특징 알기	보통
	인간과 사회	도시의 여러 가지 문제를 알고 관심 가지기	보통
수학5-가	수와 연산	분수와 자연수의 곱셈, 단위 분수, 진분수, 대분수의 곱셈하기	잘함
	도형	직육면체와 정육면체의 구성요소와 성질을 알고, 겨냥도와 전개도 이해하기	매우잘함
	측정	넓이를 이해하고, 직사각형과 정사각형 넓이 구하기	보통
	문자와 식	다양한 문제를 적절한 방법을 선택하여 해결하기	노력요함
	규칙성과 함수	한 가지 무늬를 옮기기, 뒤집기, 돌리기 등을 하여 새로운 무늬 만들기	매우잘함
과학	에너지	오목거울과 볼록거울에 비친 물체의 모습은 어떤 특징이 있는지 관찰하기	잘함
	물질	물의 온도와 붕산이 녹는 양과의 관계 이해하기	잘함
	생명	식물의 다양한 꽃가루받이 방법 설명하기	매우잘함
	지구	바닷가에서 낮과 밤에 부는 바람의 방향을 기온과 관련지어 설명하기	잘함
	탐구과정	작은 생물을 관찰하고 조사하여 보고서를 작성하기	잘함
	과학적 태도	과학적 탐구를 수행하기 위해서 바람직한 태도 가지기	보통
실과	가족과 일의 이해	생활 계획표를 작성하고 실천하기	보통
	생활기술	필요한 계량기구, 가열기구, 조리 용구의 종류와 쓰임새를 알고 다루기	보통
	생활자원과 환경의 관리	정리, 청소, 쓰레기 분리, 처리 실천하기	매우잘함
체육	체조	스트레칭 체조하기	잘함
	육상	바톤을 주고받으며 이어달리기하기	매우잘함
	게임	간이 농구하기	매우잘함
	체력	유연성을 기르는 운동하기	보통
	보건	운동과 건강과의 관계 알기	보통

●●초등학교 1/2

반	●반	번호	●	이름	●●●

교과	영역	평가내용	평가
음악	가창	악상 기호에 맞게 노래하기	매우잘함
	기악	단소로 태, 황, 무 소리내기	매우잘함
	창작	가락에 어울리는 리듬과 화음 찾기	잘함
	감상	론도 형식의 각 부분 구별하기	노력요함
미술	미적체험	관찰하여 그리기	매우잘함
	표현	수묵화와 채색화 그리기	매우잘함
	감상	서로의 작품 감상하기	잘함
영어	듣기	제안하고 응답하는 표현을 듣고 이해하기	보통
	말하기	그림 보며 사물 묘사하는 표현하기	매우잘함
	읽기	하루 일과와 관련된 간단한 낱말을 읽기	매우잘함
	쓰기	학습 시간표를 영어로 완성하기	노력요함

▶ 출결상황

수업일수	결석일수			지각			조퇴			결과			특기사항
	질병	무단	기타	질병	무단	기타	질병	무단	기타	질병	무단	기타	
107	.	.	.	.	.	.	.	.	.	.	.	.	

▶ 창의적 재량활동

활동영역 또는 주제	이수시간	특기사항
정보와 생활	19	네티켓을 잘 알고 실천하며 문서작성 능력이 뛰어남
한자	17	한자의 음은 정확하게 읽을 수 있으나 바르게 쓰기를 어려워함

▶ 특별활동상황

특별활동상황		
영역	시간	특기사항
자치활동	14	자기의 생각을 분명하게 표현하고, 다른 사람의 말을 듣는 태도가 돋보임
적응활동	2	학교에서 지켜야 할 여러 가지 규칙을 알고 이를 바르게 실천하려고 노력함
계발활동	16	(봉사)단체활동에 이바지하는 바가 높으며 사회성이 풍부함
행사활동	3	

▶ 행동특성 및 종합의견

행동특성 및 종합의견
자기의 목표가 분명하고 수업시간에 적극적으로 참여하며 발표를 논리적으로 잘하나 말씨와 행동이 다소 거침

▶ 가정통신

학교에서 가정으로	가정에서 학교로
안녕하십니까? ●●이가 한 학기동안 즐겁게 보낸 학교생활을 잠시 접고 한결 가벼운 마음으로 가정에서 생활할 시간이 되었습니다. 방학기간은 부모님의 적극적인 보살핌으로 더욱 알찬 생활습관 지도, 부족한 학력 보충과 인성지도가 함께 이루어질 수 있는 좋은 기회라고 생각됩니다. 방학동안 아이에게 유익한 체험학습이 이루어질 수 있도록 도와주시기 바랍니다.	

●●초등학교 2/2

반	●반	번호	●	이름	●●●

[그림32] 참잘했어요

광장히 낯익은 이 장면. 너무나 친숙한 광경. 김아람 선생님은 NEIS에 생활통지표를 입력할 때마다 '참 잘했어요.'의 향수를 느끼곤 한다. 각 교과의 각 영역별로 나와 있는 평가기준에 따라 학생들의 수행을 '매우 잘함>잘함>보통>노력 요함'으로 평가하는 작업을 하면서 초등학교 시절 담임선생님이 찍어 주시던 '참 잘했어요.'를 떠올렸다. 물론 평가의 기준은 분명 각 교과와 영역별로 제시되어 있다. 하지만 결국 잘함, 매우 잘함으로 입력하는 평가 시스템이 과거에 담임선생님으로부터 받는 '참 잘했어요.' 도장과 별반 다를 바가 없다는 생각이었다. 학생들의 수행평가를 입력할 때마다 과거가 오버랩 된 것은 무엇 때문이었을까? 현재는 과거를 닮았다. 결국 학생이 성취기준을 어느 정도나 달성하고 있는지에 대한 구체적인 자료와 해석은 드러나 있지 않았다. 교사의 일방적인 판단이 개입된 평가의 여지도 많았다. 클릭 몇 번만으로 모든 평가 결과의 정리가 가능했다. 클릭과 도장을 찍는 것이 무엇이 다른가? 잘함의 수준은 어느 정도란 말인가?

6)

순응 혹은 타협: 결국은 상대·총괄평가

[그림 33] 학업 성취 수준 안내

학업 성취 수준 안내(7월 기말)

5학년	2반	34번	이름		담임	

▧ 개인 과목별 학업성취 결과

과목	국어	수학	사회	과학	총점	평균
점수	100	92	80	80	352	88.00

<5학년 2반 학생 점수 분포>

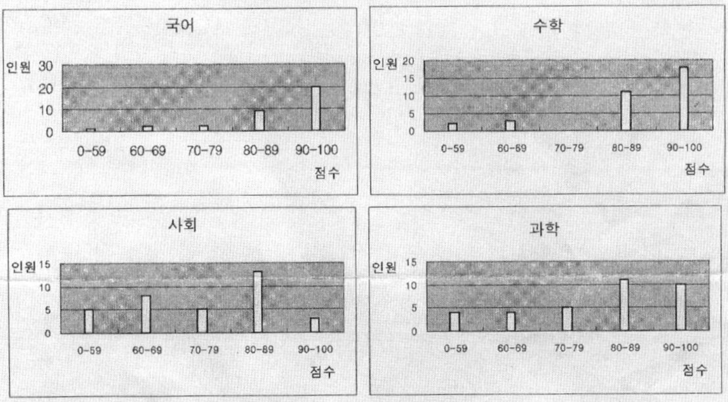

※ 매우 잘함 : 성취 수준 90%이상
※ 잘함 : 성취 수준 80%이상 90%미만
※ 보통임 : 성취 수준 70%이상 80%미만
※ 노력 요함 : 성취 수준 60%이상 70%미만
※ 기초학력신장 요함 : 성취 수준 60%미만

학부모 소견

이 학업 성취 수준 안내는 5학년 2반 학생들만의 성적으로 분석한 결과입니다. 학부모님께서는 자녀의 학업 성취 수준을 참고하여 바람직한 학습 지도를 위한 자료로 활용하시고, 앞으로의 지도 방향에 대한 좋은 의견 주시기 바랍니다.		
1학기때 우리 가 선생님 가르침에 잘 따르는것 같고 넓은 마음이 자랄수 있는 가 되었음합니다	학부모 확인란	

감사합니다.

2007.07.04

초 등 학 교 5 학 년 2반 담 임

길들여짐

국어 100점, 도덕 80점, 수학 72점……. 국어 1/215, 도덕 120/215 수학, 153/215……. 90에서 100점 사이의 학생 8%, 80에서 90사이의 학생 36%……. 모두 숫자로 표현된다. 우리는 이런 것을 수치화한다고 이야기 한다.

문득 우리가 너무 숫자에 길들여진 것이 아닐까라는 생각이 들게 한다. 길들여진다는 것은 익숙해진다는 것이다. 언제부터인가 우리는 우리의 가치를 등수나 점수에 따라 판단하게 된 것일까? 그러한 점수는 진정한 실력을 나타내는 객관적이 지표라고 할 수 있을까? 자신의 강점과 약점이 무엇인지 드러내 줄 수 있을까? 우리는 너무 수치적인 것에 길들여져 있는 것 같다.

수학에서의 72라는 점수가 나의 수학적 능력이 72라는 것을 의미하진 않는다. 그래도 가장 시원시원하고, 뭐니 뭐니 해도 통지표라면 한 눈에 들어와야지 하는 길들여진 기대에 쉽게 응할 수 있는 표현 형식이기도 하였다.

제 7차 교육과정의 평가 지침을 따라 새하초등학교도 서열화를 위한 상대 평가를 지양하고, 성취기준에 따른 절대 평가를 강조하였다. 그 결과 가장 많은 비중과 빈도로 수행평가를 실시하고 있으며, 평가의 결과는 학생 평가와 피드백의 기준으로 삼도록 하였다. 하지만 학생과 학부모들 또한 학생의 상대적 위치를 알려주는 총괄평가에 더 많은 기대와 관심을 나타내고 있어, 교사와 학교는 서열화와 점수화에 민감하게 대처해야 만했다. 또 이렇게 총괄평가와 그 결과 때문에, 교사들은 교과서 내용에 우선 충실해야 하고 진도를 꼬박꼬박 맞추지 않으면 안 되었다. '수요자 중심 교육'의 제공이라는 7차 교육과정의 취지에 맞추기 위해서는 학부모나 학생이 가장 궁금해 하는 점수와 순위를 알려주는 것이 당연한 일이 된지 오래였다. 교육 수요자의 궁금증을 풀어주는 것은 아무런 문제가 되지 않았다. 하지만 서열화와 평가를 위한 평가를 개혁하기 위해 적용한 수행평가나 그 결과는 총괄 평가 결과에 비하면 한낱 사소한 안내장의 하나에 지나지 않는 것이었다. 수행평가가 중요하다 해도 부모님들에게 직접적으로 와 닿는 것은 중간·기말고사였다. 중간·기말 고사 결과는 학교생활기록부에 남거나 생활통지표로 나가지 않음에도 불구하고 수두나 전염병에 걸린 아이까지 기어코 시험을 치르도록 떠미는 학부모가 있을 정도였다. 수행평가 결과를 즉각 가정에 통지해주면 좋겠지만 그건 현실상 힘들기 때문에, 부모님들은 아이들의 실력을 중간·기말 고사로 판가름 할 수밖에 없는 것이다. 그 판가름에 비해 수행평가 결과 위주로 결국 점수의 맹신과 줄 세우기의 길들여짐에 교사들은 자유롭지 못하였다.

수행평가를 뒤로하고 상대·총괄평가로 점차 회귀되고 만다. 순응인지 타협인지도 모른 채.

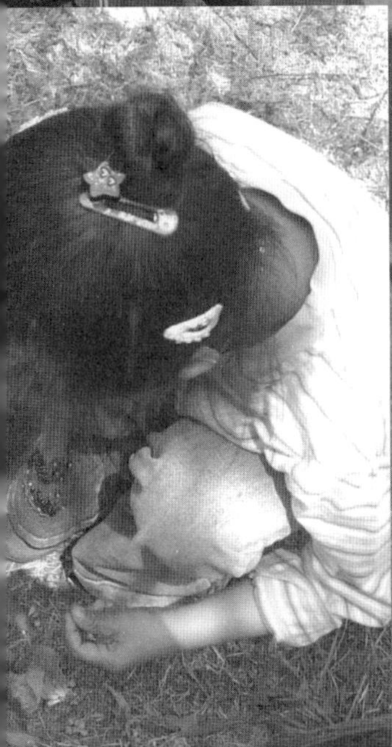

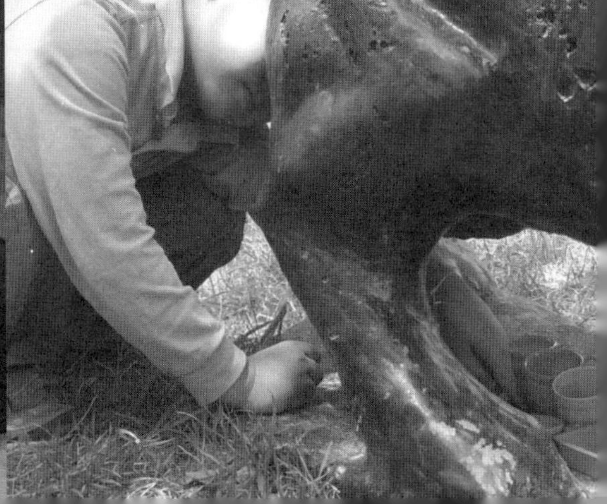

중학교,
그 두개의 내러티브

"중학교 제 7차 교육과정의 핵심은 국민공통기본교육과정의 편성과 학생 선택중심 교육과정의 도입, 수준별 교육과정의 도입, 재향활동의 신설 및 확대, 교육과정 평가 체제 확립, 학습량 최적화와 수준조정, 창의성·정보 능력 배양을 주요 특징으로 하고 있으며, 이를 통해 자율적 창의에 바탕을 둔 학생중심 교육과정을 기본 골격으로 하며 이를 통해 심신의 조화와 자기 발견, 학습과 생활의 기본능력과 창의적 표현 경험, 다양한 지식과 기능 그리고 진로탐색, 전통문화 자긍심 및 발전 의지, 마지막으로 자유 민주주주의 원리 이해를 추구한다."

내 방 한구석 낡은 옷장을 볼 때마다 C.S. 루이스의
'사자 마녀 그리고 옷장'이 생각난다.
가끔 옷장을 열어보며 다른 세계로의 여행을 꿈꿔보는 것이
비단 나의 모습만은 아니리라. 오늘 나는 나의 옷장을
열며 다른 세계로 들어가고자 한다. 그 나라에는 '그 사람 훈'이
살고 있으며, '세련된 박 교사'가 나를 반겨주고 있다.
옷장 문이 열린다. 그들의 목소리가 들린다.
두 학교 이야기가 시작된다.

꿈 3: 대운중학교 내러티브

"토대와 밀받침 없는 사상은 허물어지기 쉽다"

-세익스피어-

운동장 속 아이들은 공을 차는 것이 아니고 여름을 차고 있었다. 차고! 차고! 그 친구들의 모습이 얼마나 부럽든지 나 또한 훌러덩 벗고 함께 여름을 차고 싶었다. 아득하니 추억에 젖어 저들과 함께 여름을 차던 나의 모습이 떠올라 몰래 웃음을 지으며 나는 다른 세상으로의 문을 스르륵 열었다.

나를 먼저 반겨주는 것은 마틴 스콜세지(Martin Scorsese) 영화에나 어울릴 법한 클래식한 선풍기와 연신 '쐐쐐'되며 돌아가는 덩치 큰 에어컨이었다. 어찌나 반갑던지 나는 얼른 그것들과 인사하였다. 선생님만의 공간에 들어서니 까까머리 중학생이 아님에도 여전히 나에게 경외와 신비의 장소로 다가오는 이 공간이 너무너무 재미있어 보였다. 닥지닥지 붙은 선생님들의 책상들은 여느 학급의 모습과 다를 것이 없었고, 책상에서 자는 선생님들의 모습도 여전히 그곳에 있었다. 그리고 벽면 한 켠 학교의 일정과 내용을 빽빽이 적어둔 칠판을 통해서 여기가 그들의 영역임을 다시 한 번 생각나게 해주었다. 이런저런 아찔한 매력에 잠시 즐거워하고 있을 때 그 매력을 만들어 가고 있는 한 사나이가 정겨운 사투리로 "오셨으에."라고 부른다. 얼른 대답했다. "쪼매 일찍 왔지에......."

그 사람, 훈은 매우 열정적인 사람이었다. 30대 후반의 남교사이며 담당교과로는 수학 교과를 맡고 있었다. 요즘 스타일로 말하면 '훈남'이었다. 훈의 교직 경력은 9년으로 학교에서 중간 정도였으며, 학생들이 어려워하는 수학교과를 좀 더 쉽고 재미있게 가르치고자 노력하는 교사였다. 그 사람 훈은 수학과 관련된 다양한 활동을 통해 학생들에게 도움을 주고자 열정적으로 수업을 준비하는 교사였고, 학생들에게 실제적인 영향을 주면서 그들을 끌어 올릴 수 있는 방법과 관련하여 연구를 진행하고 있는 대학원생 연구자이기도 하였다. "우리에게 확률은 바로 인생의 안내자이다."라고 말한 어느 수학자(Bishop Joseph Butler)의 표현처럼 미약하나마 학생들의 안내자로서의 수학을 잘 전달하기 위해 노력하는 모습이 아름다운 사람이었다. 단순히 아름다움에서 그치는 것이 아니라 그의 것은 향기가 나고 있었으며 그 내음새는 '구찌 엔비(GUCCI envy)'의 매력보다 더 강한 한층 성숙되고, 닮고 싶게 만드는 향기를 발산하고 있는 그런 사람이었다. 이러한 그 사람, 훈을 통해 볼 수 있었던 대운중학교의 제 7차 교육과정은 무한 경쟁의 이데올로기 속에서 교육과정이 담고 있는 환상과 현실의 추락을 드러냄으로서 몸부림치고 있는 우리 학교의 생존과 부흥을 위해 많은 가르침을 시사한다고 본다.

"절규: 상실된 의미"

"절규", 뭉크, 1893

뭉크(Munch)의 [절규]를 보고 있노라면 그의 고뇌하는 소리가 오늘을 살아가는 나를 괴롭게 한다. 그의 생생한 소리가 작품을 똑바로 응시하지 못하고 곁눈질하게끔 만들 정도니 말이다. 그의 고뇌의 원류는 어머니 그리고 가장 사랑했던 누이의 상실, 죽음이었다.

> "나는 두 친구와 길을 걷고 있었다. 그때 갑자기 피요르드와 마을 위로 불과 피의 혀가 너울거림을 느꼈다. 친구들은 앞서 걸어가 버리고 나는 무엇인지도 모르는 공포에 떨면서 강력하고 무한한 절규가 대자연을 관통하는 것을 느꼈다."
>
> [1892년 1월 22일의 작가수첩]

상실은 절규를 이끈다. 회복의 절규, 두려움의 절규, 사랑의 절규 그리고 이러한 절규들은 회복, 두려움, 사랑의 의미마저 없어졌다는 것을 느끼는 순간 더욱 격정적으로 이끄는데 이러한 과정이 그 사람, 훈과 대화 속, 대운중학교에서 이루어지고 있었다.

그 상실된 의미는 학생들이 가진 유·무형의 자본에서 나타나고 있었다. 대운중학교 입학생들의 경우 학생들의 학력 및 문화적 격차가 매우 심하였다. 문득 그 시절 나를 생각해봐도 그런 것 같았다. 나는 좋은 부모님을 만나 사립초등학교에 다녔었다. 비싼 수업료, 학교의 마크가 찍힌 공책과 책가방, 흰색 체육복 그리고 학교가 마칠 때쯤이면 서있는 검은색 벤츠들이 아이들에게 '너희는 특별하단다.'를 소리치고 있었다. 나 또한 그중에 한명이었으며 그것이 평범한 일상인줄 알았다. 그런 나에게 중학교 입학 후 몇 개월은 충격으로 다가왔었다. 어머니가 대학을 나왔다는 것이 자랑이 되는 우리 반, 영어 테이프와 영어책을 읽을 수 있다는 것이 자랑이 되는 우리 반, 오늘은 과외 선생님이 오신다는 것이 자랑이 되는 중학교 1-10반 우리 반이었다. 이러한 문화적 차이 뿐 아니라 학력 간에는 더 큰 차이가 존재하고 있었다. 특히 수학과 영어 교과의 경우 학생들의 학력 수준의 차이가 매우 심하였다. 중학교에 들어와서 알파벳을 처음 배우는 친구들도 있었으며, 'I am a boy.'를 소리 내어 외우는 친구들을 보면서 웃기도 하였다. 시대가 바뀌어 영어에 대한 거리감은 많이 줄어들었겠지만 여전히 학생들 간의 차이는 존재하고 있었다.

그러므로 제 7차 교육과정에서는 이러한 현실을 반영하여 종래와 같은 성적순에 의한 반 편성보다는 학생들의 학업성취 향상을 위한 효율적 수업 진행을 위해 수준별 수업을 진행하고자 하는 것이었다. 즉, 학생들의 다양한 수준을 고려하고 각 집단에 적합한 교수 방법과 교재를 활용하여 수업을 진행하여 공교육 내 수업의 효과를 극대화시키고자 하는 것이었다. 이러한 수준별 교육과정은 주요교과 및 교과목에 대하여 학생들을 수준별로 집단을 재편성하여 수준별 이동 수업을 실시함으로써 집단의 능력에 적합한 질 높은 수업을 제공하고자 하는데 주요한 목적이 있는 것이었다. 즉, 수준별 교육과정 또한 이러한 정책 효과를 달성하고자 하는 의도적인 노력(김용, 2005)의 일환으로 학교 현장에 적용이 되고 있다는 것이다.

이러한 맥락은 대운중학교에서도 적용되고 있었으며 구체적으로 목표 달성을 위한 실천사항들이 진행되고 있었다.

그 사람 훈을 통해 구체적으로 대운중학교의 수준별 교육과정의 실태를 들을 수 있었다. 다음 [그림 34]은 대운중학교의 수준별 교육과정 운영의 방향으로 기본과정의 공통수업, 그리고 형성평가 그에 대한 각 개별화 학습과 총괄평가를 시행하는 것으로 수준별 교육과정 운영의 흐름을 보여주고 있다. 대운중학교의 수준별 내 심화과정은 교과서의 제시된 학습 요소와 관련된 교과서 외적인 내용을 추가하여 다루거나 다양한 문제 상황을 제공하여 학생들이 자신의 능력에 맞는 문제 상황을 선택하여 해결할 수 있도록 하고 있었으며, 보충과정은 단계별 교과서의 기본내용을 더 낮은 수준으로

[그림 34] 대운중학교의 수준별 교육과정 운영

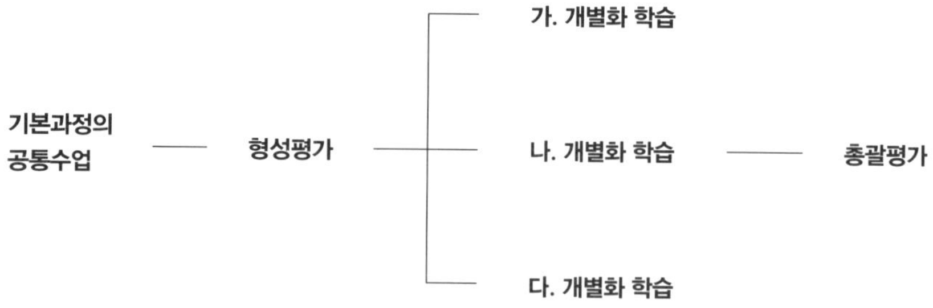

하향화하거나 최소 필수 학습요소를 추출하여 재구성하도록 하고 있었다.

그리고 그들은 주입식 전체 수업을 지양하고 학생들의 흥미를 유발할 수 있는 다양한 문제나 활동을 제시하여 활동 중심의 수업이 이루어지도록 격려하였으며, 이와 같은 내용을 감안한 각 단계별 수준별 교육과정을 설정하여 운영을 하고 있었다. 또한 그 사람 훈은 자신의 학교가 수준별 반 편성을 1, 3학년을 대상으로 선정한다고 하였으며, 실시 과목은 자신의 교과 수학과 영어를 선택하고 있다고 하였다.

수준별 교육과정에 대한 그 사람 훈의 생각은 각 선생님 마다 의견도 다 다르고 자신이 느꼈을 때는 수준별 이동 수업이 필요는 하지만 지금은 심화형, 보충형으로 극단적으로 나누어서 진행을 하다보니깐 그것이 학생들에 크게 도움이 되지 않는다고 생각을 하고 있었다.

그 사람 훈은 조용하지만 누구를 설득하기 위해서가 아니라 담담히 상황을 읊조리고 있었다. 마치 미국 동부의 힙합 가수들이 현실을 직면하며 느린 템포의 비트에 맞추어 읊조리듯이 말이다.

점점 나는 그의 얘기가 듣고 싶었다. 아니 그 사람 훈이 하는 말과 매력 속에서 다음 것을 기대하고 있는지도 몰랐다. 어느새 나의 비싼 SONY 보이스레코드의 시계를 의식하지 않고 그의 말에 귀를 기울이고 있었다.

그 사람 훈의 현실에 대한 랩은 대운중학교의 수준별 교육과정 운영이 방향을 잡고 있는 '심화와 보충'의 분반으로는 학생들이 가진 다양한 학력 결핍 수준을 적절히 도움을 줄 수는 없다는 것이었다. 즉, 심화반과 보충반으로 학생들을 분반하여 진행을 하더라도 학생들의 현격한 학력 차이는 심화와 보충에 의한 분반으로는 극복될 수 없는 상황임을 보여주는 것이다. 그의 랩은 마치 나에게 '이게 현실이야 이게 지금 우리의 모습이야 이제 알겠니.'라고 이야기하고 있는 것만 같았다.

그의 두툼한 입술은 말을 이어 갔다.

그는 대운중학교의 수준별 교육과정 운영이 다른 학교들과 동일하게 학생들의 성적에 따라 수준별 분반을 상반과 하반으로 구분하여 분반 하고 있었으며 성적에 의해 학생들을 상하 집단으로 구성하기에 당연히 각 집단에는 성적이 중간 수준에 있는 학생들이 높은 비율로 구성되게 되어있다고 하였다. 이는 대운중학교의 심화반의 경우 가장 많은 비율을 보이는 학생들이 보충반의 상위 및 중간 집단의 학생들과 유사한 성적대를 보이는 학생들로 구성되고 있으며, 이를 제외한 최상위권 학생들의 경우 그 비율에 있어 많은 수를 차지하고 있지는 못하고 있다고 고백하였다.

그의 말을 듣는 순간 무엇이 문제인지를 알 수 있었다. 나는 계속해서 그의 정교한 '라임'을 듣고자 계속해서 추임새를 넣었다.

"그렇지요, 그렇지요."

그의 랩은 계속해서 이어져 갔다. 이러한 상황은 보충반에서도 마찬가지였으며 보충반의 경우 그 반대로 하위권의 학생들이 낮은 비율로 구성하고 있으며 중간 수준과 중상위 수준의 학생들이 포진을 하고 있어 결국 심화반과 보충반 양쪽 모두를 살펴보면 각각의 집단의 특성이 살기보다는 중간 수준 학생들의 수준을 중심으로 최상위와 최하위 학생들이 약간 포진하고 있는 모습을 보여주고 있다는 것이었다.

얼마나 아이러니 한 것인가, 수준에서 수준이 문제라니! 그에 따르면 각 분반의 중심이 중간대의 학생들일지라도 그 속에서도 다양한 수준으로 학생들이 나뉘고 있음을 말해주었다. 이는 최상위학생들은 경우는 수준별로 분반을 할지라도 동일한 분반의 학생들과는 그 수준에 있어 동일한 맥락으로 학습을 할 수 없을 정도로 앞서가 있다는 것을 의미하였으며, 보충반의 학생들의 경우에도 하위권 학생들의 경우 초등학교 때부터 차이가 벌어진 기초 학력의 수준을 회복할 수 있는 적절한 대안으로서 수준별 이동수업이 자리 잡고 있지 못하고 있는 현실을 여과 없이 보여주는 것이었다.

그의 랩의 제목은 '상실된 의미'였다. 대운중학교의 각 분반 특성 자체가 수준별로 나누어져 있다고 하였지만 그 의미를 제대로 살리지 못한 상황임을 이야기한 것이며 그로인해 해당 분반의 교사의 경우도 중간 수준으로 수업을 진행 할 수밖에 없는 상황 그리고 그로 인해 적극적으로 수준별로 구분된 의미에 부합하는 전략을 활용할 수없는 상황임을 잘 설명해주고 있었다.

절규하는 사람들이 여기에 있었다.

제 7차 교육과정에서 목표로 하는 '의미 있는' 수준별 수업을 하기 위해서는 학생들의 분반을 여러 단계로 나누어 운영하는 것이 그 취지에 맞을 것이라는 것이 현장의 절규였으며, 현장의 목소리였다. 그 절규는 마치 내가 Munch의 [절규]를 쳐다보지 못하는 것처럼 그 사람 훈 앞에서 고개를 떨구게 만들었다. 무엇일까? 어떻게 해야 하는 것일까에 대한 나의 생각은 꼬리에 꼬리를 물고 '평등'의 저 높은 이상에까지 이르렀다가 정신을 차리고 다시 질문을 던졌다.

그렇다면 좀 더 세분화여 진행하면 되는 것 아닙니까 하고 말이다. 그에 대답은 나의 벌린 입술을 부끄럽게 하였고 교육 현실을 너무나도 모르는 초임 오리새끼들처럼 나를 뒤뚱거리는 존재로 만들어버렸다. 그 사람 훈에 따르면 실제 그렇게 운영하기 위해서는 분반이 된 반의 수만큼 동시에 반에 들어가야 하는 교사의 수가 확보되어야 한다는 것이다. 동료들의 부족이었으며, 병사들의 부족이었다. 부족한 상황에서 교사의 수를 늘어난 수업에 맞추다보면 교사들은 두 개 학년 이상에 걸쳐 수업을 하게 되고 두 학년의 수업을 연구해야하는 부담이 가중된다는 고백이었다. 이는 효과적인 프로그램도 아니었으며, 좋은 교수-매체의 문제도 아니었다. 바로 사람의 문제였으며, 사람에 대한 절규였다.

교원 수급의 문제와 상충되어 현실적으로 어려운 상황에 놓여 있는 모습 또한 상실된 의미를 더욱 견고히 만들어내는 요인으로 작용하고 있다는 것이 연구를 한답시고 진지하게 앉아있는 나에게 내려진 현실의 모습이었다. 아마도 이는 그 사람 훈에게 있어서도 어찌할 수 없는 문제인 것이며, 정답을 알면서도 뛰어들지 못하게 만드는 핵심적인 상황일 것이다.

나는 학생들의 다양한 수준과 특성의 차이 그리고 구조적인 문제들에 의한 총체적인 움직임들이 바로 수준별 교육과정 운영의 딜레마를 만들고 있다는 것을 깨달았다. 나는 수준별 교육과정의 경우 학생들의 다양한 수준과 그러한 특성을 고려하여 접근한 것이 오히려 학생들이 가진 수준과 특성에 의해 어려움에 빠진 결과가 된 이 딜레마 앞에서 무엇을 해야 할지 몰라 '아무런 문제가 없고 결코 고장 날 일이 없는' 보이스레코드를 만지작거리게 만들었다. 어려웠다. 힘들었다. 나에게 이런 상황들은…….

"나는 수퍼맨이 아니다: 수업의 어려움"

계속해서 그 사람 훈은 수준별 교육과정 진행에 있어 어려움을 진지하게 이어갔다. 그리고 그 소리는 '쿵쿵' 텅 빈 교무실의 분위기를 완전히 압도하고 있었다.

그에 따르면 대운중학교의 학생 간 수준 차이는 수준별

교육과정의 의미를 퇴색시키고 있었으며 그 영향력은 교사들의 실제적인 수업 중에도 나타나고 있었음을 말해주었다. 수준별 교육과정을 도입하게 된 근본적인 취지 즉, 학생의 능력, 적성, 필요, 흥미에 대한 개인차를 최대로 고려한 수업(김천기, 2001)이 불가능함을 보여주는 것이다. 좀 더 구체적으로 수준별 교육과정은 대운 중학교의 학습내용을 통해 더욱 명확하게 확인 할 수 있는데1) 심화반의 경우 교과서 이외의 내용을 통해 심화학습이 가능하도록 운영함을 그 내용으로 삼고 있으며 기본반의 경우, 기본 교과 내용과 해당 영역에 대한 충분한 이해에 초점을 두고 있다. 그러므로 이러한 과정은 학생간 차이를 고려한 수업 교재 개발과 차별성 있는 수업 방식이 매 시간마다 확보되어야 하며 동일한 개념을 소개될 지라도 심화반과 기본반의 접근 방식이 달라야 함이 전제되어야 한다. 즉, 수학 심화반과 기본반 그리고 영어 심화반과 기본반은 수준별 맞춤교재와 적절한 수업방식으로 진행될 때에만 그 효과성을 확보할 수 있으며 그런 과정을 통해 그 본래의 의미를 퇴색시키지 않은 차원에서 운영될 수 있음을 의미하는 것이다.

하지만 그 사람 훈에 의하면 현장의 모습은 이러한 전제들이 명확하게 확보되지 못하고 있었으며 그 주요한 이유로 평가의 문제를 들고 있었다. 평가의 문제란 수준별 이동수업을 진행하더라도 평가에서는 동일함과 공정함으로 이루어져야 한다는 것에서 나타나는 현상이다. 구체적으로 설명하면 심화반과 보충반 양쪽 집단에서 평가와 문항을 동일하게 진행하려면 양 집단의 학습 내용 중 공통적인 부분을 선택해야 되고 그러한 내용들은 수준별 수업이 실제로 심화반과 보충반으로 구분되었을지라도 수업 내용과 전략에서 큰 차이가 있을 수 없다는 것을 시사하는 것이기 때문이다. 또한 그 사람 훈에 의하면 교과서 편제를 통해서도 이러한 문제는 나타나고 있는데 수업의 특성에 따라 수준별로 교과서가 편찬되어 있는 것도 아니고 결국은 담당 교사가 보충자료를 가지고 수업을 따로 준비해야 하는 상황에 직면함으로 부담이 가중된다는 것이었다. 이 부분은 다양한 논쟁을 불러일으키고 있다고 하는데 이를테면 차별된 수업 내용에 의해 평가 문항에서 차이가 발생하면 학부모와 학생들로부터 곤란한 시비에 휘말릴 수 있음을 걱정하고도 있었다. 이러한 상황은 그 사람 훈에게 선불리 이렇게 하지도 못하고 저렇게 하지도 못하는 상황을 만들고 있는 것이었다. 이는 결국 대운중학교의 수준별 수업의 상황을 보충반의 경우 기본 내용을 중심으로 충실히 수업을 진행하고, 심화형은 문제 중심의 내용을 주로 하며 진도가 조금 빠르게 진행되는 그 정도 차이에서 이루어지고 있는 것이었다.

그 사람 훈의 말을 정리하면 대운중학교의 경우 성적에 따라 상반과 하반으로 학생들을 분류하였지만 평가에 있어서는 상반과 하반이 동일하게 평가가 이루어져야하며, 그 평가의 내용과 영역의 난이도에 있어서도 각반에 따라 '동일한 내용'으로 전개가 되어야 하기 때문에 교사들은 평가 체계로 인해 딜레마에 빠지고 있었다고 하였다. 그러므로 그에 의하면 현재의 수준별 교육과정의 적용에서 보여지는 이러한 문제들은 과도기적 상황으로서 수준별 평가 방법의 어려움과 모호한 개념에 의해 나타나고 있다고 할 수 있는 것이었다. 다음 [표 6]는 교육부가 제시하고 제 7차 교육과정 학교평가 활동 지침으로서 '평가는 모든 학생들이 교육 목표를 성공적으로 달성하기 위한 교육의 과정으로 실시한다.', '학교는 다양한 평가 도구와 방법으로 성취도를 평가하여 학생의 목표 도달도를 확인하고, 수업의 질 개선을 위한 자료로 활용한다.', '교과의 평가는 선다형 일변도의 지필 검사를 지양하고, 서술형 주관식 평가와 표현 및 태도의 관찰 평가가 조화롭게 이루어지도록 한다.' 등등의 내용이 전술한 현장의 모습을 고려한다면 학생들의 내실 있는 평가를 위한 지침으로서 얼마나 모호한 개념임을 확인할 수 있다.

[표 14] 제 7 차 교육과정 학교 평가활동 지침 (교육부 , 1998)

학교에서 실시하는 평가 활동은 다음과 같은 사항을 고려해서 이루어져야 한다 .

1) 평가는 모든 학생들이 교육 목표를 성공적으로 달성하기 위한 교육의 과정으로 실시한다 .
2) 학교는 다양한 평가 도구와 방법으로 성취도를 평가하여 학생의 목표 도달도를 확인하고 , 수업의 질 개선을 위한 자료로 활용한다 .
3) 교과의 평가는 선다형 일변도의 지필 검사를 지양하고 , 서술형 주관식 평가와 표현 및 태도의 관찰 평가가 조화롭게 이루어지도록 한다 .
4) 실험 실습의 평가는 교과목의 성격을 고려하여 합리적인 세부 평가 기준을 마련하여 실시한다 .
5) 정의적 , 기능적 , 창의적인 면이 특히 중시되는 교과의 평가는 타당한 평정 기준과 척도에 의거하여 실시한다 .
6) 학교와 교사는 학교에서 가르친 내용과 기능을 평가하도록 유의한다 . 학생이 학교에서 배울 기회를 주지 않고 , 학교 밖의 교육 수단을 통해서 익힐 수밖에 없는 내용과 기능은 평가하지 않도록 유의한다 .
7) 초등학교의 교과 활동 평가는 학생의 활동상황과 특징 , 진보의 정도 등을 파악하여 그 결과를 서술적으로 기록하는 것을 원칙으로 한다 .
8) 재량 활동에 대한 평가는 교과 재량 활동과 창의적 재량활동의 특성과 학생의 특성을 감안하여 평가의 주안점을 학교에서 작성 , 활용한다 . 다만 , 창의적 재량 활동의 평가는 그 결과를 문장으로 기록하도록 한다 .

이러한 평가에 대한 교육 현장의 모호함은 변화된 교육평가 관점을 통해서 더욱더 견고히 고착되고 있었다. 즉 과거 표준화된 지필중심의 평가의 문제점을 보완하기 위해 학생들의 내적인 과정 변화를 중시하는 과정 중시 평가로의 변화가 그것이다. 이러한 평가의 대표적인 예가 바로 수행평가이며 수준별 교육과정 내 평가의 문제는 이러한 수행평가와 직접적인 관련을 가지고 있었다.

수행평가의 경우 교수-학습이 진행되는 과정 속에서 진행되는 평가로서 교사가 수업 시간 중에 학생들의 반응을 관찰하고 판단하며 이를 기록하거나 평정함으로서 이러한 평가의 결과는 곧바로 교수-학습 상황을 되돌려 질 수 있는 것이다. 오늘날 우리나라 학교현장에서 수행평가는 기존의 지필평가 중심의 선택형 평가와 더불어 병행하여 시행되고 있는데 학교와 학과마다 사정이 다르기는 하지만 일반적으로 그 비율은 지필평가 70%, 수행평가 30% 정도이다. 그러나 그 사람 훈을 통해 대운중학교의 현장에서 실시되고 있는 수행평가에는 여러 가지 시행상의 문제점들을 드러내고 있음을 알 수 있다.

대운중학교의 경우 채점에 대한 신뢰도, 일반화 가능성, 타당도, 공정성 등을 확보하지 못한 채 수행평가를 시행하는 것이 평가의 주요한 문제점 중 하나로 꼽혔다. 즉 학생 개개인의 학습 능력을 전체적인 측면에서 평가할 수 있다는 이점이 있지만 평가의 신뢰도와 객관성을 제대로 확보하지 못한 채 평가가 진행되고 있다는 것이다.

또한 대운중학교의 경우 평가에 있어 교사들은 일정 부분 이상을 수행평가로 실시해야 한다는 의무감에서 수동적으로 수행평가를 실시하게 되고, 학생들의 학습정도를 확인해 볼 수 있는 과정을 무시한 채 결과물 중심의 평가가 이루어지고 있었다. 좀 더 구체적으로 대운 중학교의 수학과 수행평가 계획을 살펴보면2) 대운 중학교 수학과 평가의 경우 1학기 때에는 지필평가 즉 중간, 기말 시험으로, 수행 평가는 보고서 작성과 과제로 구성이 되고, 2학기의 경우 중간, 기말의 지필평가, 수학활동과 과제로 구성되어 있음을 알 수 있다.

이는 1학기와 2학기 모두 4번의 시험과 4번의 수행평가를 진행해야 됨을 의미하고 많은 수의 학생들을 제한된 몇몇 교사들이 내실 있게 평가한다는 불가능한 업무 혹은 과중한 업무 부담감으로 작용하고 있는 것이다. 앞서 설명한 모호한 평가의 개념은 더욱더 교사들로 하여금 딜레마에 빠지게 만든다. 순간 평가 때가 되면 "죽겠다 죽겠어."라고 입버릇처럼 말하던 낙천적인 나의 동료 얼굴이 떠올랐다. 그 녀석의 말에 핀잔을 주었던 나의 모습이 부끄럽게 느껴지는 순간이기도 하였다.

이러한 평가의 모습은 단순히 교사들의 노력과 관심 부족으로만 치부하기에는 많은 구조적인 문제들 있었다. 그 사람 훈에 말은 그 구조적 문제가 무엇인지 명확하게 알려 주고 있다.

그 사람 훈:
"중학교 2학년 학생들이 소화해야 할 교과가 총 몇 개 교과인줄 아십니까? 12개 교과 근데 12개 교과에서 수행평가 전부다 시행하게 되어있거든요. 이제는 뭐 권장 사항으로 바뀌었지만 그럼 뭐 쉽게 이야기를 해서 기말고사 치는 기간 6월 달 7월 달 애들이 수행평가 한 교과에서 많게는 3개 적게는 1개……. 그러면 20개가 넘지요 그렇지요. 그것도 선생님들 성적 처리기간이 있으니깐……. '애들 죽으려 하는 거지요.' 수행평가로서 애들 수행과정 전 과정을 측정 할 수 있는 그런 방법으로 나가기를 원해서 수행평가를 진행한 것 같은데……. 그런데 현실적으로는 교사들 보고 무조건 해야 된다는 식으로 나와버리니깐……. 음악 선생님들이 보면 어쩔 수 없는 것이지만은 720명의 노래를 들어야 되고, 수학 같은 경우는 사실, 제가 담당하고 있는 200명의 것을 가지고 학생들이 보고서 10페이지 아니 5페이지 보고서를 낸다. 거의 검토하는 시간만 해도 1000페이지 아닙니까. 그러니깐 인원수가 선진국처럼 교사 1인당 학생 수가 적정수준을 유지된다면 뭐 수행평가 같은 경우에는 빛을 발할 수 있는데, 우리나라 같은 경우에는 지금 아직까지도 교사 1인당 학생 수가……. 담당해야할 학생 수가 많은 상태에서 수행평가가 학생들의 무엇을 측정해야 할지 사실상 고민스럽네요. 지금까지 보면 수행평가 가장 잘하는 선생님은 민원이 발생하지 않는 선생님입니다."
[2007년 7월 8일 연구 참여 교사 개인면담]

이러한 대운중학교의 수행평가 어려움은 실제적으로 학교 현장을 매우 급격하게 변화 시키고 있었는데 바로 학생과 교사 모두로 하여금 수업과 생활에 대한 열정을 식혀버리게 하는 결과를 초래하고 있는 것이었다.

수행평가에 대한 이야기가 오고가는 내내 그 사람 훈의 목소리가 높았다. 그는 흥분하고 있었으며, 현실에 대해 안타까움으로 강하게 호소하고 있었다.

"선생님! 선생님! 선생님……." 여러 차례 나에게 강하게 말이다.

그 사람 훈을 통해 학교 현장에서 교육과정이 정상적으로 운영되는 것이 얼마나 어운 일인가를 들을 수 있었다. 우리가 사는 이 세상 어느 것이 쉽겠냐마는 교사들의 경우 어려운 환경 속에서도 학생들의 다양한 수준을 고려해야하며, 적절한 교재도 개발해야 되고, 효과적으로 평가도 해야만 하니……'수퍼맨'이 아니고서야 그리고 그러한 노력들 대부분이 결실을 이루지 못한 체 거대한 힘과 제도권 내에서 사라져가고 있는 느낌이 들어 화가 났다. 그 감정은 교사들이 학생들을 바라보며 때로는 안타까워하기도 하고 정책에 의해 내몰리는 자신과 학생들을 생각 할 때 몸부림이 미약하게 사라져가는 현실에 더욱 마음이 아팠던 것인지도 모르겠다.

나의 작은 머릿속에 무언가 실체에 대한 접근들이 이루어지고 있음을 직감적으로 그리고 이것을 작은 그림으로 그릴 수 있었다. 대운중학교의 수준별 교육과정 운영 구조를 정리하면 대운 중학교의 경우 수준별 평가의 어려움, 수행평가의 어려움, 학교현장의 특수한 구조, 다양한 학생들의 수준, 수준별 분반의 어려움, 부족한 교원 확보 등의 구조적인 한계로 인해 교육과정의 운영에 제한을 받고 있었는데 이는 학생과 교사로 하여금 수준별 교육과정의 의미를 상실하게 하고,

그 과정의 효과성을 상쇄시키고, 운영의 핵심적인 교사로 하여금 딜레마에 빠지게 하고 있었다. 결국 이러한 복합적인 요인들 간의 관계로 인해 수준별 교육과정의 운영은 딜레마에 빠지고 있는 것임을 알 수 있다([그림 35] 참고).

학교 현장의 변화와 학생들의 바람직한 교육목표 달성을 위해 현재의 상태를 변화 시키는 것을 '교육과정의 실행'으로 보았을 때(Fullan, 1989) 이는 분명 실패하고 있음을 알 수 있다.

[그림 35] 대운중학교 수준별 교육과정 운영 구조

- 수준별 평가의 어려움
- 수행평가의 어려움
- 학교 현장의 구조
- 다양한 학생수준
- 수준별 분반의 어려움
- 부족한 교원의 수

→

- 학생의 의미 상실
- 교사의 의미 상실
- 효과성 무의미
- 교사의 딜레마

→

수준별 교육과정 운영의 딜레마

"이상과 현실의 차이: 교사와 학생 모두 피해자"

"딩동딩동"

교사와 교육현장에 대한 아픔으로 잠시 생각에 잠길 때 우리를 깨워준 것은 수업종소리였다. 수업 때 무슨 잘못을 하였는지 자신의 몸보다도 훨씬 작은 교복을 억지로 입고 선생님을 따라 들어오는 학생을 보니 왠지 웃음도 나고 저것이 우리의 모습은 아닌가 하는 생각이 들었다. 이를테면 대운중학교의 재량 및 특별활동은 맞지 않는 옷을 억지로 입은 그 학생처럼 이상과 현실의 차이를 보여주고 있는 것은 아닌가 하는 것이다.

현행 제 7차 초·중등학교교육과정은 국민공통기본 교육기간의 설정, 수준별 교육과정의 도입, 재량활동 및 특별활동의 확대·신설이라는 세 가지의 교육과정 축으로 형성되어 있으며 특별히 재량활동과 특별활동 영역은 단위학교에 대한 자율성 보장과 국가·사회적 요구에 부응한 것으로서 더욱 그 중요성이 높아지고 있는 추세에 있는 것이 사실이다.

그 사람 훈은 재량활동이 중앙집권적 교육과정 체제 하에서의 국가수준 교육과정이라는 틀을 기초로 하면서 단위 학교와 자율 재량권과 교육과정 전문성을 담보하기 위한 구체적인 하나의 영역이라는 의미를 가지고 있으며, 최근에는 국가 사회의 제 분야에서 학교교육에 대한 범교과 학습이라는 하위 영역으로 규정하여 재량활동의 일부로 수용해오고 있음을 말해주었다. 또한 재량활동은 교육과정 결정의 자율화와 지역화를 중시하는 제 6차 초등학교교육과정에서 도입된 '학교재량시간'에 그 뿌리를 두고 있으며3), 제 7차 교육과정에서는 국민공통기본 교육기간에 해당하는 1학년부터 10학년까지의 교육과정에서 이를 확대·신설한 것으로서, 재량활동의 학교교육이 학습자와 교사 그리고 지역 사회의 필요와 요구에 보다 탄력적으로 대응하기 위한 목적을 가지고 있는 영역임을 설명해주었다.

또한 특별활동은 학교교육의 목표를 달성하기 위하여 마련된 교과 학습 이외의 학교 교육활동, 즉 학생의 개성 신장, 건전한 취미와 특수기능 그리고 민주적 생활 태도 등을 육성하기 위하여 학생회, 클럽활동, 학교행사 등을 통해서 행해지는 교육활동으로서 특별활동을 통해 균형 있는 전인격체로의 성장과 발전을 이루고자 하는 의지가 담겨 있으며 특색 있는 다양한 활동을 통하여 학생들의 내·외적인 성숙을 도모하고자 하는 것이라고 자세히 일러주었다. 순간 이 사람은 말을 참 조리 있게 잘한다고 느꼈다.

그러나 그 사람 훈을 통해 들을 수 있었던 대운중학교 현장은 재량활동과 특별활동의 이러한 기본적인 목표가 상당 부분 퇴색되고 있었으며, 그에 대하여 다양한 요인들이 영향을 주고 있음을 알 수 있어 우리 현장에 시사하는 바가 크다는 생각에 이르게 되었다.

그 사람 훈은 재량활동의 장점으로 현장의 교사를 교육과정 결정에 참가시킴으로 교육과정에 대한 교사의 전문적 자질의 신장과 국가수준의 교육과정에 구속되지 않고, 각 지역 학습자의 특성에 맞는 교육내용의 선정에 기여하는 것으로 소개해주었다. 또한 범교과적 운영에 의해 교과별 학습에서 달성되지 않는 학습을 가능하게해주는 것이며, 학교 여건에 의한 운영시기, 운영 장소, 학생편성방법이 차이가 있을 수 있어 교육과정 운영의 융통성을 갖는 장점이 있다고 말해주었다.

하지만 현장의 모습은 이러한 장점들이 오히려 '악재'로 작용하고 있었으며, 교사와 학생 모두 피해자로서 재량활동 본연의 목표를 충실하게 달성하고 있지 못한 것이 현실임을 알려주었다.

이는 가장 주요한 재량활동의 목표 및 장점 중의 하나인 교사의 자율 재량권과 교사 역할의 강조가 현장의 '실제성' 앞에서는 본래의 역할이 아니라 오히려 그러한 요인에 의해 더욱 재량활동의 전반적인 실행과정이 어려움을 겪고 있음을 의미하는 것이다. 즉, 그 사람 훈의 의미는 교사들에게 많은 역할과 권한이 부여됨으로서 재량활동을 위한 교육과정 개발과 수업 준비의 업무를 새로이 맡게 되는 결과를 초래하였으며, 이는 수준별 교육과정의 운영에서도 지적되고 있는 기본적인 환경 이해와도 동일한 맥락에서 이해될 수 있는 것이다. 이러한 내실없는 재량활동의 운영 재량활동이 중학교 시수에서 차지하는 비율을 생각할 때 그 심각성은 더하여진다고 할 수 있다.4)

중학교 총 수업시수는 1학년 1,156, 2학년 1,156, 3학년

1,156시간이고, 재량활동의 경우는 국민 공통 기본 교과 활동의 편성과 운영에 있어서 융통성을 발휘할 수 있게 하는 기본 교과의 심화·보충 학습과 선택과목 학습으로 구성되는 교과 재량활동과 단위학교의 독특한 교육적 필요나 학생의 요구 등에 따른 범교과 학습과 자기주도적 학습으로 구성되는 창의적 재량활동으로 분류되어 총 136시간으로 편성되어 있다.

중학교의 경우 연간 136시간이라는 시간의 의미는 큰 비중을 차지하고 있는데 제 7차 교육과정에서 연간 136시간 이상이 되는 교과는 주요 핵심 교과인 국어, 수학, 과학, 외국어 그리고 재량활동 시간뿐이며, 수학, 과학, 외국어는 1-2개년 동안만 136시간이어서 재량활동 시간이 중학교 편성 시수에서 차지하고 있는 비중은 상당히 크다고 할 수 있다. 게다가 특별활동보다는 2배의 시간이 재량활동에 더 배당되어 있어서 그 중요성을 인식할 수 있다. 나는 이러한 시간이 의미 없이 운영되고 있음에 대하여 큰 충격을 받았으며, 그 사람 훈의 얘기에 더욱 귀를 기울였다.

그와의 면담 가운데 책상 밑 박스에서 이면지를 하나 꺼내 알 수 없는 그림을 하나 그려준다. 이것을 예술적으로 표현해보면 다음 [그림 36]과 같은 것인데 재량활동의 구조적인 문제는 준비되지 못한 교사에 대한 역할 강조와 재량권 확대 그리고 한국사회의 학교현장에서의 실제성이 재량활동 운영에 영향을 주고 있으며, 그렇게 운영되고 재량활동의 경우, 136시간이라는 엄청난 시간을 파행이라는 단어로 표현시키고 있는 것이었다.

그를 통해 학생들의 교육과 관련한 136시간이 파행적으로 운영되고 있는 모습을 통해 학생들과 교사들 모두 피해자가 아닌가 하는 생각이 들어 가슴이 아팠다. 우리 교육 현실 내 존재하고 있는 이러한 딜레마 속에서 안타까워하는 교사들을 생각할 때 더욱 그러했다. 누구의 잘못인지 모르겠으나 교육의 두 주체 모두가 괴로워하고 있는 것이다. 교직 경력이 얼마 되지 않는 나의 친구가 이렇게 말한다.

"학교는 다르다고……."

[그림 36] 재량활동의 구조적 문제

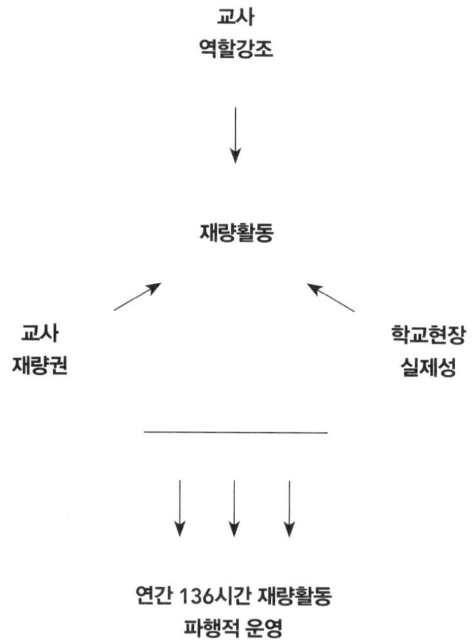

"현장의 피해자들: 담보되지 않은 활동"

교육주체인 교사와 학생들이 피해를 받고 있다는 생각은 나에게 많은 생각을 하게 해주었다. 과연 우리의 방향은 무엇이며, 어떻게 적용되어야 하는 것일까? 무엇이 진정 학생들과 교사들을 위한 길인가? 이런저런 생각들은 이 뜨거운 여름날에도 서늘한 냉기가 흐르는 차가운 존재로 나를 만들었다.

대운중학교의 특별활동5)을 통해서 이러한 생각들은 더욱 진지하게 진행되었다. 현행 특별활동 교육과정에 대한 비판점 및 문제점은 특별활동 영역 구분의 타당성6), 특별활동 평가방식, 운영 방식 등등 대부분이 특별활동 체제의 부적절성을 시사하는 내용들이다.7) 이러한 내용들은 대운중학교에서도 여실히 나타나고 있었으며 기능적인 운영을 가로막는 주요한 요인이 되고 있었다. 특별히 이러한 문제는 교육과정의 수혜자인 학생들에게 고스란히 전달되고 나아가 교사들에게도 해당 교육과정 운영의 시간을 고역의 시간으로 만들어 내는 원인이 되었다.

구체적으로 대운중학교 특별활동의 경우에는 학생들의 활동이 명확하게 담보되지 않는 형식으로 취우는 경향이 많이 있었다. 즉, 특별 활동의 각 영역 수영, 등산, 독서, 축구 등의 활동이 특별활동의 체제 내에서 구조적 요인에 의해 상당부분 제한되어 있었으며, 그로인해 무의미하게 짜여진 많은 시간들은 학생들과 교사들 모두에게 괴로운 시간으로 인식되고 있는 모습이었다. 예를 들면 특별활동 1시간을 계획하면 그 1시간을 통해 수영과 등산과 같은 비교적 많은 시간을 요하는 활동들이 역동적으로 운영될 수 있겠는가? 얼마나 많은 학교에서 수영장 및 관련 시설을 구비하고 있겠는가? 활동 중 안전사고의 대비책과 그 책임은 누가 담당하는가? 주제에 적합한 내용을 구성하기 위해 학생들이 감수해야 할 시간과 비용은 어떻게 할 것인가? 등등의 문제들과 같은 실제적인 현장의 고충들은 자연스럽게 그 시간을 학생들의 '자습시간'으로 만들고 있었으며, 특별활동이 자습문화 형성에 일조하고 있는 상황이었다. 이는 특별활동 운영의 좀 더 본질적인 성격 규명과 내실 있는 운영이 필요함을 강력하게 시사한다고 볼 수 있다.

이에 그 사람 훈으로부터 대운중학교의 특별활동 운영에 대한 자구책을 들을 수 있었는데, 대운중학교의 경우 매주 수요일에 1시간 배정되어 있던 것을 한 달 동안 모아서 토요일 한 번에 몰아 전일제 특별활동으로 활용한다고 하였다. 그리고 이러한 방식은 앞서 이야기한 운영 방식이 가진 한계점을 어느 정도 상쇄시켜주고 있어 나름대로 학생들의 호응도 좋고, 활동도 진행하기에 효과적이라고 하였다. 즉, 대운중학교에서 추진하고 있는 노력은 시수 조정을 통한 특별활동의 시간을 확보하고, 확보된 시간을 통해 구조적인 시간 관련 문제를 해결하여 그것을 통한 다양한 특별활동의 역동적인 운영을 꾀하고 있었던 것이다.

그 사람 훈은 이 부분에 대해 이야기하면서 계속해서 'had + p·p의 과거완료형'의 담담한 어투를 사용하였는데 곧 그 이유를 알 수 있었다. 이는 대운중학교의 교사들과 깊은 관련을 맺고 있었다. 대운중학교의 경우 토요 전일제와 같은 학교 운영의 묘미를 살려 특별활동을 진행하고 있었지만 각 영역을 담당하는 교사의 역할 및 전문성 문제, 책무성 문제 등에 직면함으로써 교사들이 적극적으로 특별활동 현장에 참여하지 못하고 있었기 때문이다.

특별활동에서 교사의 역할은 단지 학생들을 인솔하는 인솔자 역할 그 이상의 것을 요구하고 있는 실정이다. 하지만 실제 교사들의 경우 인솔자 역할을 할 뿐이지 특별활동의 주체로서 효과적으로 수업을 진행하지는 못하고 있었다. 좀 더 구체적으로 만약 수영부라고 하면 수영장으로 인솔해서 학생들이 활동을 할 수 있도록 도와주고 안내하는 역할을 해야 하지만 수영에 대한 효과적인 학습과 활동의 영역을 교사가 감당하기에는 교수방법과 전문성 등 교수-학습 환경에서의 한계점이 존재하는 것이 사실인 것이다.

또한 특별활동은 그 책임 소재와 관련하여 기능적 실천에 어려움이 존재하다고 일러주고 있다. 특별활동을 외부에서 진행을 하다가 학생이 사고라도 당한다던지 아니면 사회적 문제가 될 만한 사건이라도 발생한다면 그 책임은 고스란히 교사에게 돌아갈 것이다. 이는 학교현장에서 최근 이슈화되고 있는 것으로 책임소재에 대한 명확한 정립이 필요하다고 그 사람 훈은 교사들을 대표하듯이 말해주었다. 실제로 이와 관련하여 몇몇 사례들이 가혹하게 교사들에게 결과 및 처벌이 내려져서 교사들의 활동 역량이 소극적으로 움츠려 들고 있으며, 이 부분에 대하여 교사들이 신경을 많이 쓰고 있기 때문에 특별활동의 기능적 운영이 제한 받고 있는 경향이 크다는 것을 알 수 있었다.

그 사람 훈을 통해 특별활동의 운영이 교사들의 특별활동 영역의 전문성 부족으로 인해 다양한 학생들의 요구를 제대로 반영하고 있지 못한 실정이었으며, 그로인해 겪게 되는 교사 역할의 딜레마는 교사로 하여금 특별활동에 적극적이지 못하게 만들고 있다는 것을 알 수 있었다. 또한 특별활동 과정 가운데 발생할 수 있는 안전사고와 책임의 범위가 불명확하여 다양한 영역에서의 책임 소재 문제 등으로 학생들의 특별활동에 대한 높은 욕구를 충분히 만족시켜주지 못하고도 있었다. 뿐만 아니라 교사 자신들의 경우도 특별활동 내 자신의 역할과 관련된 딜레마와 운영에 있어 발생하는 과중한 업무와 부담을 떠맡게 되는 이중고로 인해 사면초과의 힘든 상황에 직면하고 있음을 알 수 있었다. 이를 종합하면 교육과정의 이해도 부족, 특별활동 체제의 부적절성, 특별활동의 형식적 운영의 3가지 요소가 특별화동의 담보되지 활동 즉, 특별활동 교육과정의 운영을 형식적인 죽은 정책으로 만들어가고 있음을 알 수 있다. 이는 자연스럽게 학생과 교사 모두 피해자로 내몰고 있는 것이었다([그림 37] 참고).

이러한 내용을 함께 공감하고 잠시 시간이 흘렀다. 그 사람은 훈은 이러한 결과에 대해 우리의 교육정책이 미국의 것을 흉내만 내고 있는 것은 아닌가 하는 쓴 소리를 하며 그의 무거운 머리를 천장으로 젖혔다.

[그림 37] 대운중학교 특별활동 운영의 특징

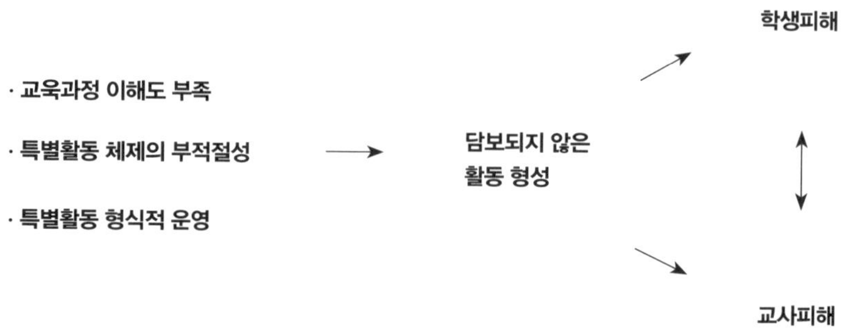

꿈 4: 문학중학교 내러티브

"내 형은 새들에게 용서를 빌었다. 이러한 것은 보기에 따라서는 아무 의미가 없겠지만, 사실 그의 행동은 옳은 것이다. 왜냐하면 모든 것은 대해(大海)와 같아서, 모두가 흐르면서 서로가 닿고 있기 때문에 세계의 한 끝에서 당신이 몸짓을 하면 바로 반대쪽으로 그 반향(反響)이 울려올 것이다."

-도스토예프스키, [카라마조프의 형제들]-

한 번도 예측해보지 못한 열정적인 감정이 나를 사로잡는다. 열아홉, 짝사랑 하던 그녀와의 첫 데이트도 이토록 나를 들뜨게 만들지는 못했던 것 같다. 연구 참여자인 박 교사를 기다리는 내내 눈에도 들어오지도 않는 인터넷 뉴스들을 클릭하게 된 이유는 그녀의 학교일정으로 인해 2주째 면담이 연기가 되었을 뿐만 아니라 도대체 그 학교에서는 어떻게 교육과정이 운영되고 있을까에 대한 젊은 연구자로서의 뜨거운 궁금증이 나를 더욱 들뜨게, 열정적으로 만들고 있는 것이었다. 기분이, 기분이 좋았다.

"똑! 똑!"

내 방, 촌스러운 철문에서 나는 소리가 이토록 반가울 줄이야! 그리고 솔직히 이제껏 그 문에서 나던 똑똑 중에서는 가장 매력적이고 좋은 울림이었다. 세련된 박 교사가 오셨다.

"네, 들어오세요."

시작이다. 세련된 박 교사는 정련된 지성을 겸비한 사람이었다. 40대 후반의 여교사이며 담당교과로는 미술 교과를 맡고 있었다. 평소 알고 있던 사이인지라 박 교사의 지성의 깊이와 다양하고 폭넓은 경험과 경력을 잘 알고 있는 나였다. 박 교사의 교직 경력은 20여 년 되었으며 학교에서는 부장과 선배교사로서의 역할을 잘 감당하고 있어 여러 방면에 있어 존경받는 그녀였다. 대학 입시와 주요교과 중심의 교육과정으로 인해 청소년 시기 학생들에게 꼭 필요한 심미적 감각과 예술적 감성들을 건강하고 충분하게 양육해주지 못하는 것에 대해 늘 안타까움을 가지고 있는 교사였으며, 그러한 상황들을 극복하고 좀 더 의미 있는 예·체능 교과를 만들어보고자 노력하는 실천적인 교사였다. 그 실천들은 연구 기간 내내 나를 부끄럽게 만들었으며, 중학교 시절 좋지 않았던 나의 미술 선생님의 기억들도 아름답게 승화시켜주었다.

"학생들의 다양한 수준으로 인한 딜레마"

세련된 박 교사는 제 7차 교육과정을 둘러싸고 있는 사회적 환경에 대해 진지한 어조로 언급을 하기 시작하였다. 다소 처음에는 어색하였지만 어느새 어색함은 온데간데 없고 현장에 대한 날카로움과 뜨거움만이 가득하였다. 그녀에 의한 사회적 환경이란 신자유주의를 지칭하는 것으로 신자유주의 거침없는 물결이 구조조정, 효율성, 부가가치 창출과 같은 경제 담론을 확산시켰으며, 우리 사회의 판을 재구성하여 다양한 사회 영역의 변화를 이끌고 있다는 것이다. 이런 사회변동 속에서 교육부문 역시 변화의 맥락에서 예외일 수는 없었으며 시장주의 이데올로기·경제 논리에 터한 교육개혁과 교육제도의 도입이 우리 학교 교육 현장의 모습을 자연스럽게 수요자중심의 체제로 전환을 시키고 있다는 것이고 특별히 그 중심에 제 7차 교육과정이 핵심적인 개념으로서 변화에 따른 많은 쟁점을 양산해내고 있다고 보고 있었다.

세련된 박 교사에 따르면 수준별 교육과정의 핵심적인 주장은 학습자의 다양한 특성에 맞는 맞춤식 교육이 이루어져야 함을 강조하고 있는 것이며, 학교 현장이 다인수 학급으로 구성되어 있을지라도 다양한 학생들의 학습경험과 능력을 고려하여 적절히 공교육 내에서 학생들을 수준별로 분반하여 효과적으로 수업을 진행해야 함을 의미하는 것이 아닌가 하는 것이다. 맞는 말이며 이는 앞서 기술한 중학교 내 제 7차 교육과정이 주창하는 내용과도 동일한 내용이다.

그러나 세련된 박 교사와 같이 현장에 있는 교사들로부터 전달되는 내용들은 제 7차 교육과정의 수준별 교육과정이 일선 학교에 도입된 2002년 이후로 오랜 시간이 경과했음에도 불구하고 여전히 정상 궤도에 진입하고 있지 못한 실정임을 보여주었으며, 교육과정의 실제 운영의 측면에서도 다양한 수준에서의 딜레마와 문제들을 겪고 있음을 알 수 있었다. 특별히 수준별 교육과정의 경우 교육에서의 '평등과 불평등'과 같은 논쟁적인 내용과도 맞물려져 있어 교육을 바라보는 수많은 입장과 철학에 의해서도 갈등을 빚고 있는 영역으로 인식되고 있음을 확인할 수 있었다.

문학중학교의 수준별 교육과정 운영을 살펴보면 수학, 영어와 같은 단계형 교과는 전 학년을 대상으로 수준별 교육과정을 실시하고 있었으며, 정규수업 시 학업성취 수준별 이동수업을 실시하되 학습 수요자가 원할 때는 실정에 맞게 반을 변경시켜 학습할 수 있는 개방적 과정으로 운영하고 있었다. 그리고 학급 편성은 심화반, 기본반 2단계로 하되, 심화·기본·보충의 3단계 효과를 달성할 수 있는 연구 참여 학교의 특성이 반영된 교수 모형으로 추진하고자 하였다. 또한 문학중학교의 수준별 교육과정 담당교사는 교재를 재구성하여 학업 성취 수준(심화반, 기본반)에 맞는 교수-학습 활동을 전개하도록 정하고 있었다.

그러나 세련된 박 교사는 학생 개인의 능력에 맞는 수준별 교육과정을 학교 및 일선 교육 현장에 실제적으로 적용함에는 많은 어려움들이 존재하고 있다고 하였으며 자신이 근무하고 있는 문학중학교에서도 예외가 아님을 고백하였다. 즉, 수준별 교육과정이 학생들의 중간고사나 기말고사의 성적으로 결정되니깐 수준별로의 구분이 전혀 안 맞을 수는 없는데 세련된 박 교사가 생각하기에는 너무 다양한 학생들을 특정 수준으로 썩는다는 것이 문제가 되고 있다는 것이다. 이러한 측면에 대해 세련된 박 교사는 "현실에 거의 안 맞지요. 7차 교육과정이 수요자 중심이라고 그러잖아요, 수요자 중심이라고 그러는데 지금 우리 학교, 우리나라의 학교들이 평준화되어 있지 않습니까. 평준화되어 있기 때문에 그 학교 속에 인적 구성이 굉장히 다양하며 공부 잘하는 애들에서부터 공부 못하는 애들까지 그 많은 아이들에게 적합한 교육과정을 만든다는 것이 어떻겠어요! 엄청나죠! 엄청난 일이 될 꺼예요. 고등학교는 어느 정도 크게 인문계, 실업계로 나뉘어져 있어서 성적이라는 관점에서 보면 뭐 공통점이 있잖아요. 중학교 같은 경우는 그렇지 않습니다. 완전히 섞여 있잖아요. 완전히……." 라며 그녀의 생각을 강하게 전달하고 있었다.

이를 통해 문학중학교의 수준별 교육과정 적용에서의 가장 핵심적인 문제점은 학생들이 가지고 있는 다양한 수준에 있는 것이었다. 이는 세련된 박 교사가 언급하였듯이 우리 교육정책의 큰 골자를 형성하고 있는 평준화 이념과 맞물려 있는데 본질적으로 평준화, 평등이라는 개념 하에서 효과적인 수준별 교육과정 실행이 한계점을 가지고 있음을 시사하는 것이다.

이러한 맥락에서 고등학교의 학생들-고등학교의 경우 일반계와 전문계로 구분되어 있기에-이 중학교의 학생들보다 더욱 다양한 욕구와 특성 그리고 어느 정도 그 수준이 나누어진 학생들이 입학을 하고 있다고 보는 그녀의 생각이 어떤 의미에서는 맞을 수도 있다. 고등학교에 비해 중학교의 경우 초등학교의 졸업 시기 즉 중학교 입학의 출발선에서부터 학생들 간의 현격한 차이를 줄일 수 있는 방안이 없이 입학을 하고 그 다양한 학생들의 각각의 수준과 필요를 모두 충족하면서 수업을 진행한다는 것 그리고 적절하고 공정하게 학생들을 평가한다는 것이 현실적으로 가능한 일인가에 대한 의문을 던져주고 있는 것이 사실이기 때문이다.

세련된 박 교사는 계속해서 제 7차 교육과정의 환상과 추락을 목소리, 표정, 분위기로 생생하게 전해주었다. 목소리는 점점 더 커졌으며, 표정은 점점 더 강렬하게, 분위기는 점점 더 진지하게 말이다.

그녀는 문학중학교의 교사와 학교 모두가 결론적으로 학생들의 다양한 개인차와 요구에 능동적, 효과적으로 대처하지 못하고 있음 솔직히 인정하고 있었으며, 그것에 대해 내가 대접한 차의 종이컵을 만지작거리며 안타까워하였다. 그녀의 안타까움은 비단 자신의 학교로 인한 안타까움을 넘어 우리 현장의 모습에 대한 열정적인 교사의 마음으로 느껴졌다.

이러한 안타까운 상황은 실제적으로 문학중학교의 수준별 교육과정 운영 자료들을 살펴보면 더욱더 명확하게 드러나게 되는데 문학중학교의 경우 학생들의 성적에 따라 수준별 분반을 상반과 하반8)으로 구분하여 진행을 하고 있었으며, 이는 10반을 a와 b 두 개 반에 각각 5개 반으로 구성하여 나타낼 수 있었다.9) 문학 중학교의 수준별 교육과정 분반을 살펴보면 학년 전체 10개 반을 심화반 5개 반, 기본반 5개 반으로 나누고, 그 가운데 다시 심화반을 심화와 기본으로, 기본반을 기본과 보충으로 나누고 있었다. 그리고 해당 분반의 구성비는 각 분반별 50%로 설정하고 있었으며 이러한 분반은 기준은 학생들의 성적을 기준으로 설정하여 분반을 시행하였다.

성적에 의해 학생들을 상하 집단으로 구성하기에 당연히 각 반에는 성적이 중간 수준에 있는 학생들이 많이 분포를 하게 되어 있다. 즉, 상반의 경우도 최상위 몇 명을 제외하고 대부분의 학생들이 중간 수준의 성적을 보이는 학생들로 구성됨을 의미하며, 하반의 경우도 마찬가지로 상반의 학생들보다는 평균은 낮지만 상반의 중간 수준에 있는 학생들과 상당부분의 실력이 유사한 층을 구성하고 있는 학생들이 포진을 하게 되는 것이며, 하반의 나머지 몇몇의 학생들이 기본 실력에 있어 현격하게 차이를 보이는 낮은 학생들이 구성을 하고 있는 상황을 연출하게 되는 것이다. 다음 [그림 38] 문학 중학교의 수준별 분반 운영 및 실태는 앞서 언급한 내용을 효과적으로 설명하여 주고 있는데 수준별 분반의 상위반의 최상위 수준 학생, 수준별 분반의 하위반 최하위 수준 학생들의 상대적으로 적은 비율을 제외하고 나머지 대부분의 학생들은 중위 수준으로서 수준별 분반의 의미가 모호하거나 오히려 학생들에 도움이 되지 않고 있는 형식적 수준의 행정으로 여겨지고 있는 것이었다. 이러한 실정이다 보니 중간 수준의 학생들에게는 수준별 수업 또한 의미를 상실하게 되는 것이었다. 이는 김천기(2001)가 우려한 불평등 재생산 체제로서의 수준별 교육과정이 형성되기도 전에 수준별의 기능도 제대로 이루어지지 못한 실정임을 보여주는 것이다. 역설적이지만 불평등이라는 부적인 요소라도 창출할 수 있는 '힘'이 수준별 교육과정에서 없어 보였다.

세련된 박 교사는 이러한 결과가 자연스럽게 담당 교사가 해당 분반의 구성 특징에 맞게 수업전략과 방법을 진행하는 것이 아니라 중간 수준 집단에 맞추어 수업을 진행하게끔 만들고 있다는 것을 이야기해주었다. 이러한 상황은 특별히 학업성취가 최상위 집단의 학생들 또는 최하위 집단의 학생들에 대하여 그들의 수업에 대한

[그림 38] 문학중학교의 수준별 분반 운영 및 실태

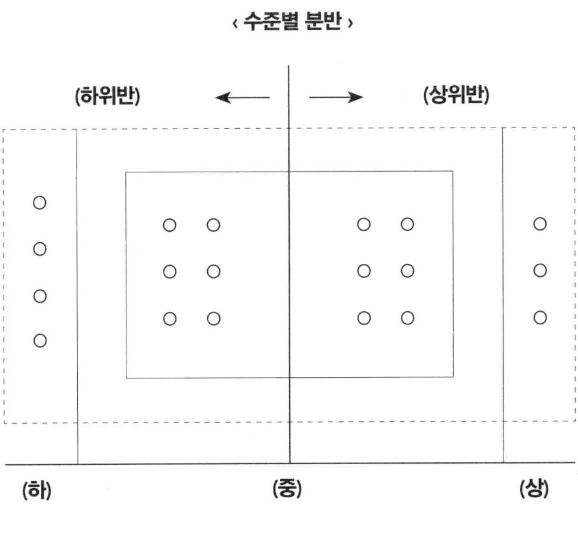

집중도라든지 수업 및 학습과 관련된 요소에 매력을 잃게 만드는 주요한 요인으로 작용하고 있었으며 오히려 학교 내의 효과적인 학습에 있어 역효과를 나타내 보이고 있는 것이었다.

세련된 박 교사의 고백처럼 실제로 우리의 교육 체제는 평준화되어 있다. 그리고 그로 인해 다양한 수준의 학생들 즉, 상위와 하위의 수준 차이가 상상 이상으로 벌어져 있는 학생들의 상황은 좀 더 세분화되어 학생들의 수준에 적절하게 접근하는 방식을 필요로 하고 있었으며, 현재의 상반과 하반식의 '라프(rough)'한 수준별 교육과정의 적용은 그 자체가 한계를 가지고 있는 것이었다.

세련된 박 교사는 특정 성적의 점수를 기준으로 다양한 학생들의 수준을 배제한 체 분반을 추구하는 것은 '상반의 하위권 학생'과 '하반의 상위권 학생'의 수준 및 관계를 모호하게 만드는 주요한 원인임을 제시하고 있었으며, 교사들의 수업 전략과 구상에서도 어려움을 만들어내고 있는 것이라고 강력하게 주장을 하였다. 그리고 하반으로의 수준별 이동이 진행됨에도 하반 내 상위권과 하위권의 차이는 수준별의 적용이 무색할 정도의 현격한 차이를 보여주고 있어 학생 간 다양한 수준의 차이는 수준별 교육과정이 제대로 정착할 수 없는 구조적인 문제를 야기 시키고 있었다. 불가피하게 그 속, 아이들은 적절한 수업을 받고 있지 못하며, 교사들도 수준별이 적용되었음에도 불구하고 여전히 어느 수준에 맞추어 수업을 전개하여야 할지 고민을 해야 하는 딜레마를 경험하고 있는 것이었다.

과연 누구의 책임인가? 학생과 교사를 포함하는 교육주체들의 고통과 고뇌는……. 한 참 동안 세련된 박 교사와 나는 말을 잇지 못한 체 어색한 침묵의 시간을 보내었다. 내방 둔탁하고 커다란 시계 소리가 들린다. '똑딱똑딱.'

"보충반은 더 쉽게 설명, 심화반은 더 빨리!: 수준별 수업진행의 어려움"

침묵의 시간이 자연스럽게 사라지고 세련된 박 교사와의 대화는 계속해서 이어져 갔다. 세련된 박 교사는 수준별 교육과정 적용의 어려움이 교수-학습방법의 문제들을 통해서도 제시되고 있다고 하였다. 즉, 그녀는 교사들은 수준별 이동 수업을 실시하는 상/하 혹은 상/중/하의 각기 다른 교재 개발과 교수법의 차이, 개별 지도법 등의 내용을 준비하는 것에도 어려움을 겪고 있다고 하였으며, 이 부분에 대하여 많은 동료들이 그 심각성을 인식하고 노력을 해야 할 필요성에 대해 공감을 하고는 있었으나 그들이 겪는 학교의 과중한 업무와 학교 내 다양한 풍토로 인해 어려움을 겪고 있었다고 하였다. 다음은 세련된 박 교사의 직접적인 대화 내용이다.

세련된 박 교사:
수준별 해봤자 그거……. 잘 안 되는 이유가 교재 연구를 따로 해야 되요. 잘하는 애는 잘하는 애의 수준에 맞추어서 책이 따로 있어야 하고, 못하는 애는 못하는 애에 맞추어서 책이 따로 있어야 되요. 그래서 따로 교재 준비를 해야 되거든요. 그런데 교사들이 그렇게 하겠나……. 그러니깐 있는 걸 가지고 '더 쉽게 설명'하고 있는 걸 가지고 '더 빨리 나가고' 이런 차원이지…….
[2007년 4월 19일 연구 참여 교사 개인면담]

세련된 박 교사:
상위층 애들이나 하위층 애들이 있다면 어느 정도는 거기에 맞는 교과재원이 개발이 되어야 하잖아요. 하지만 그런 것이 개발이 제대로 안 되고, 또한 교과에 맞추어서 교과

학습법이 달라져야 하고, 그 다음에 개별화 지도가 되어야 하잖아요. 그런데 그게 안 되고 있는 것이 현실입니다. 이래저래 다 하려고 하면은 수업 못해요. 그래서 학원보다도 교사들이 시간이 없는 것이 교사들은 하루에 1-2시간은 공문 처리하거든요. 무엇이든 간에 그러다 보니 이래저래 안 되는 거지요. 보통 하루에 2시간 쉴 거예요. 그 2시간 쉬는데 1-2시간 공문 처리하니깐…… 이거 원……
[2007년 5월 7일 연구 참여 교사 개인면담]

세련된 박 교사를 통해서 수준별 교육과정이 제대로 이루어져서 그 효과10)가 드러나기 위해서는 적절히 수준별 분반이 고려된 수준 있는 교수-학습 자료와 운영 지원 활동의 구체적인 내용이 수준별 교육과정의 성공과도 직결되어 있는 중요한 사항들임을 알 수 있었다. 하지만 현장에서의 모습들은 그러한 교수-학습 자료의 개발을 위한 움직임들이 현장의 특수성으로 인해 구조적으로 제한을 받고 있었으며, 교과 협의회라든지 다양한 수준별 교수-학습을 촉진 할 수 있는 채널이 교사들에게 존재할지라도 학교 내 풍토와 교사 간의 업무 및 인간관계로 인해 실제적으로 수준별 교육과정 준비를 위한 효과적인 역할 수행을 이루내고 있지 못하였다. "수준별 수업 그거 해 봤자 안 됩니다."였다.

또한 학생들도 수준별 수업이 그저 해당 반만 바꾼 형식적인 것으로 인식을 하고 있었으며, 수준별에 따른 학습되는 내용에는 큰 차이가 없다고 말해주었다. 학생들에게 있어 수준별 수업은 동일한 것을 좀 더 빨리 진도를 나가는 것뿐이지 그 과정에서의 차이는 없게 느껴진다고 고백하였다.

세련된 박 교사를 통해 이러한 문제들은 근본적으로 교사 수급과 직접적인 연관이 있음을 알 수 있다. 문학중학교의 과목 교사

인원을 살펴보면 각 해당 과목의 교사들이 매우 부족한 것을 알 수 있다. 이는 문학중학교의 학생 수를 감안 한다면 배정된 교과목의 담당 교사의 수가 매우 부족함을 파악할 수 있다.11) 교육인적자원부는 교원 운용의 탄력성을 제고하고, 희소 교과 담당 교원의 수급을 원활히 하여 교육과정의 정상적 운영과 학교 교육의 질 향상에 기여할 것을 목표로 2001년 교육여건개선추진계획 즉, 학급당 학생 수 감축을 위한 학교(급) 신·증설 및 제 7차 교육과정 시행에 따른 적정 교원 배치를 위해 2002년 11,000명, 2003년 12,600명 등 총 23,600명의 초·중등 교원을 발표하였지만 여전히 많은 어려움을 안고 있다(최호성, 2002).

한 학년에 배정된 교사의 수가 제한적인 상황에서 해당 교사는 자연스럽게 수업을 많이 맡을 수밖에 없게 되고, 수업 준비 시간 이외에도 다양한 활동을 진행하고 준비해야 되는 교사의 입장에서 시급한 사안 및 행정들을 우선적으로 진행하는 것은 당연한 일 또는 자연스러운 학교의 문화가 되고 있음을 박 교사는 이야기 해주었다. 그녀 또한 이러한 현실의 모습들을 통해 그렇게 학교생활을 하고 있다고 고백하였다. 이러한 맥락은 적은 수의 교사가 과중한 업무를 진행하게 되고 그에 따른 업무는 해당 교사의 몫으로 할당이 되는 악순환에서 수준별 교육과정에 적합한 수준 있는 교재와 수업 전략이 산출되리란 것은 구조적으로 많은 어려움을 안고 있음을 보여주는 것이다. 그리고 그 내면에는 부족한 교원 수라는 구조적인 문제가 있음으로 악순환의 과정을 더욱 고착화 시키는 주요한 요인으로 작용을 하고 있는 것이었다. 세련된 박 교사의 얼굴이 일그러진다. 나의 얼굴도 함께 일그러졌다. 그리고 나는 다 식어버린 커피만 홀짝홀짝 삼켰다.

"수준별 평가가 가능한가요?"

자연스럽게 세련된 박 교사와의 대화는 계속해서 수준별 교육과정 적용의 어려움으로 이어졌으며 조심스럽게 학생 평가의 영역을 언급하였다. 학생 평가의 영역은 충실한 수준별 교수-학습 자료와 심화·보충형 자료가 전제되어야 하며, 각 분반 내 학생들의 수준차를 공정하게 고려해야 하기 때문에 문학중학교에서의 평가는 특별히 그 실행에 있어 한계를 가지고 있는 것으로 판단된다고 하였다. 세련된 박 교사는 예·체능을 예를 들면서 큰 학교에 선생님이 2명, 작은 학교에 1명을 커버하며 1명이 전교생을 다루는, 또는 수백 명을 한꺼번에 평가해야 한다는 것에 많은 불만을 토로하였다. 자신도 지금 다루는 학생이 한 학년에 300명, 150명, 합으로 450명을 평가해야한다고 하였다. 그리고 그것을 모두 수준별 평가가 이루어지도록 해야 한다는 것에 매우 어려움이 있음을 고백해주었다.

수준별 교육과정의 평가는 매우 논쟁적인 영역12)으로서 평가 기준, 평가 도구, 평가 결과 기록과 최종 성적 산출 방식 등에 있어 세심한 접근이 요구되는 부분이다. 물론 예체능 교과에 경우 다소 차이가 있지만 중등학교에서의 수준별 교육과정의 평가 영역의 문제점은 특별히 예체능 교과에만 적용되어지는 것이 아니며 주요과목에서도 다루어야 할 핵심 사항이다. 이렇게 평가의 영역이 다양한 수준에서 논쟁이 되고 첨예하게 갈등하게 되는 이유는 바로 이것이 진급 결정에 핵심적인 사항과 관련되어 있기 때문이었다.

세련된 박 교사의 문학중학교도 역시 이러한 평가의 쟁점들로 인해 어려움을 겪고 있는 것이었다. 즉 수준별 교육과정에 의해 학생들은 심화반과 기본 혹은 보충반으로 나누어 수업이 진행은 하고 있으나 학생들의 평가는 수준별로 분반되어 진행되지 못하고 있는 실정인 것이다. 다시 말하면 학생들의 경우 실제 수업은 분반을 하여 동일한 개념을 학습할지라도 다른 수업방식과 전략-전술한 내용에 의하면 그 내용도 무의미한 상황이었다. 그러므로 학생들 형식적으로나마 수준과 문제의 난이도의 차이를 고려한 채 문제를 풀고 수업을 받고 있음에도 해당 과목의 평가에서는 수준별 교육과정상의 실천된 내용은 기능적으로 살려두지 못한 채 공동으로 지도한 기본적인 내용을 통해 획일적으로 평가 문항을 출제하여 평가를 진행하고 있다고 박 교사는 언급하였다. 또한 앞선 절에서 언급한 수준별 분반의 학습 내용이 본질적으로 차이를 가지고 있지 못하기에 평가 도구 및 절차에 차이를 두고 진행하는 것도 어려운 상황인 것이다.

이러한 과정을 해결하기 위해 무엇을 해야 할까 세련된 박 교사와 그녀의 동료들이 고민을 하지 않고 있는 것은 아니었다. 하지만 학교와 교사의 입장에서도 아무리 학생 간의 차이가 나며 분반이 되어있더라도 평가의 형성성과 공정성에 입각하여 평가 문항에서부터 난이도와 스타일의 차이를 적용하기에는 분명 구조적으로 어려움이 있는 것이었다. 이 평가의 영역은 수준별 교육과정의 정상적 운영에 있어서 반드시 해결되어야 할 과제로 나타나고 있었다. 이렇게 제한된 상황에서 수준별 교육과정의 정상화를 기대하기란 어려운 것이 사실이었다.

"수요자 중심? 교사중심!"

수준별 교육과정의 현장 적용에서의 어려움과 딜레마들은 세련된 박 교사가 진술해준 각 영역들의 문제뿐만이 아니라 그러한 영역들이 복합적으로 작용하여 제 7차 교육과정 본연의 성격 중의 하나인 학생 수요자 중심의 핵심적 방향성마저 퇴색시키고 있는 것이었다. 즉, 제 7차 교육과정의 코페르니쿠스적 전환(이돈희, 2000)13)인 수요자 중심의 교육과정이 훼손되어버린 것이다.
특별히 그것은 공급자를 대변하는 교사 중심 및 행정 편의주의 식의 형태로 교육과정이 운영되고 있는 모습으로 표출되고 있었다. 이는 이혜숙(2006)의 연구에서도 도출되어진 결과로서 제 7차 교육과정의 운영이 학생들의 수준과 능력, 흥미를 고려하여 그것을 우선적으로 반영하여 운영되기보다는 교사 중심으로 이루어지고 있다는 것이다.

세련된 박 교사에 따르면 바쁜 학교의 업무는 자연스럽게 교사를 업무 중심으로 만들어버린다고 한다. 즉 당장에 내가 해야 할 일, 시급한 학교 업무와 행정 사항이 항상 있다고 한다면 교육 수요자인 학생을 배려하고 작은 관심을 가지면서 나아가는 것이 어려워진다는 것이다. 물론 세련된 박 교사 또한 '교사로서의 존귀한 사명'에 대해 모르는 것은 아니다. 하지만 학생들의 눈높이와는 다른, 아이들이 반영되기 어려운 상황 속에서는 교사 중심의 학교교육과정 운영이 어쩔 수밖에 없는 것이다.

학생들의 다양한 수준, 현장의 특수성, 교수-방법, 교원 수급, 평가의 어려움 등이 복합적으로 작용되어 학생 중심의 교육과정의 운영이 되기보다 외부의 조건에 맞추기 위하여 운영을 위한 운영이 나타나고 있는 현실은 세련된 박 교사와 나를 당혹스럽게 만들어버렸다.

그녀와의 대화는 연구자인 나에게 많은 것을 고민하게 만들었다. 제 7차 교육과정 적용은 우리 사회의 교육정책과 기조, 수준별 교육과정의 교수-학습 방법과 학교 업무 및 풍토 그리고 수준별 교육과정 학생 평가의 복합적인 문제에 직면하고 있음을 깨닫게 하였으며 그러한 문제들은 결과적으로 학교와 현장에서 교육과정의 개혁적인 면모들이 제대로 발휘되지 못하고 오히려 현장으로 하여금 수동적이고 저항적인 형태나 교사 중심적이고 행정 편의주의적인 방식으로 나타나고 있음을 시사하고 있었으며 이러한 상황을 누군가가 소리쳐 외치기를 바라고 있었다.

그러다 보니 자연스럽게 수준별 교육과정을 실행 하는 학교는 감소할 수밖에 없는 것이고 수준별 교육과정에 대한 현장의 인식이 부정적일 수밖에 없는 것이다. 또한 세련된 박 교사와의 대화 속에서 자신 또한 교육과정 운영에 수동적인 모습을 보이고 있음을 가슴 아파하였는데 이것은 수십 년간 지속되어온 교육현장의 환경 즉 교사에게 한 번도 교육과정을 편성 할 수 있는 기회가 주어진 적

없는 환경, 적절한 교재를 만들어 쓸 수 있게 한 환경 아닌 모든 것이 '국정'이 되어버린 마치 다른 것을 썼다가는 '큰일' 나는 환경이 수십 년간 지속되어져 왔는데, 어느 날 갑자기 교사가 스스로 책을 만들고 교사가 스스로 교육과정을 편성을 하라는 것은 많은 어려움을 내포하는 것이었다.

이를 종합해보면 [그림 39]에서 표현되고 있지만 문학중학교 수준별 교육과정 운영 구조의 특징은 학생 간의 수준차이, 교원 수급, 그리고 학교 현장의 특수성 문제점을 그대로 안은 채 다양한 내용과 프로그램으로 수준별 교육과정을 운영하고 있어 수준별 수업, 그에 대한 평가, 그로인한 행정중심 교육과정 운영을 빚어내고 이는 결과적으로 수준별 교육과정의 건강한 정착에 제한을 가하게 된다는 것이다.

[그림 39] 문학중학교 수준별 교육과정 운영 구조의 특징

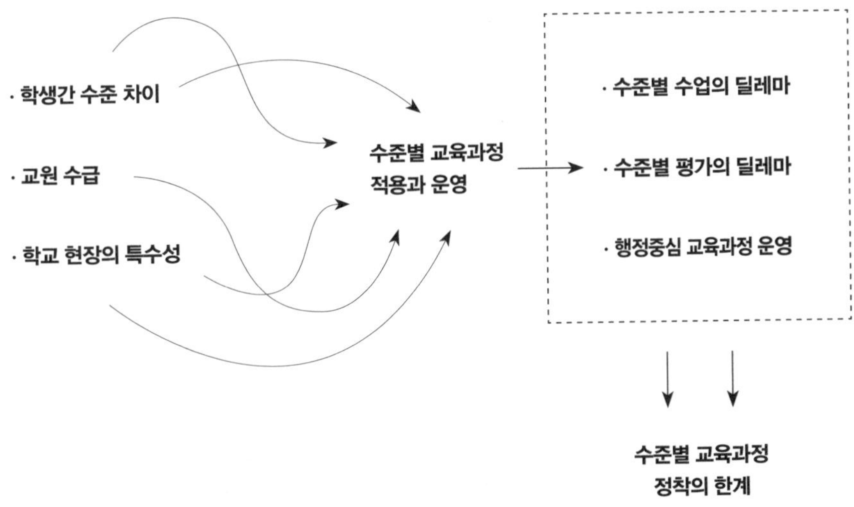

또한 이러한 맥락은 교육과정 적용을 통해 학교현장이 격고 있는 상황이 교육 현장 내·외적환경 모두에 영향을 받고 있음을 실제적으로 느낄 수 있었고 이것이 대운중학학교에서의 내부적 딜레마와도 동일한 것임을 알 수 있었다. 이런 복잡한 생각들이 순간 뇌리를 순간, 이것은 구조적인 것이구나. 이것은 엄청난 몸집이구나를 느꼈다.

복잡한 실타래, 큐브박스, 풀려고 하면 더욱 엉켜버리는 복잡함을 어떻게 풀어갈 것인가에 대한 물음이 나의 머리를 더욱 무겁게 만들었다.

"선생님, 지금 무슨 시간이예요?: 자습과 쉬는 문화"

"찰칵" 니콘(Nicon) D200의 셔터 소리는 항상 좋다. 니콘은 캐논(Canon)과는 다른 시각을 가지고 있다. 캐논이 화려하고 우회적이라면 니콘은 사실적이고 직설적이다. 그래서 나는 화려함보다는 왜곡 없이 바라보는 시선, 가끔 그 시선이 두렵기도 하지만 니콘이 좋은 것이다. 연구를 진행하는 내내 니콘적인 시선을 유지하고자 노력 하였다.

사실적이라는 관점은 현실을 직면하도록 이끌기에 많은 아픔도 주었으며 우회적으로 바라보고도 싶은 생각이 들게도 하였지만 나는 사실적이고 직설적으로 현장을 바라보고자 하였다. 이는 문학중학교의 재량 및 특별활동의 영역에서도 예외는 아니었다. 나는 이에 대한 학습을 하기 위해 문서를 찾아보고 공부를 하였다.

현재 적용되고 있는 제 7차 교육과정은 수준별 교육과정, 선택중심 교육과정 그리고 재량활동 및 특별활동의 확대·신설이라는 세 가지의 주요한 축으로 구성되어 있다고 한다(선택중심 교육과정의 경우 고등학교과정에서부터 실시된다). 이 가운데 재량 및 특별활동

영역은 학교의 자율성과 사회적 요구 즉 학생 선택권 부여의 필요성에 의해 추구되어진 것으로 제6차 초등학교교육과정에서 도입된 '학교재량시간'에 그 뿌리를 두고 있으며, 제 7차 교육과정에서는 국민공통기본 교육기간에 해당하는 1학년부터 10학년까지의 교육과정에서 이를 확대·신설한 것으로서, 재량활동에서의 활동은 학교교육이 학습자와 교사 그리고 지역 사회의 필요와 요구에 보다 탄력적으로 대응하기 위한 목적을 가지고 있다. 그리고 특별활동은 학교교육의 목표를 달성하기 위하여 마련된 교과 학습 이외의 학교 교육활동, 즉 학생의 개성 신장, 건전한 취미와 특수기능, 그리고 민주적 생활 태도 등을 육성하기 위하여 학생회, 클럽활동, 학교행사 등을 통해서 행해지는 교육활동(교육부, 1999)이며, 학생들은 특별활동 교육과정의 다양한 활동과 경험을 통해 학습자 자신의 특기 및 개성, 공동체 의식, 실천 능력, 원만한 인간관계, 타인에 대한 공감 등 학습자의 사회적, 정서적, 인간적 발달은 촉진하여 지·덕·체를 겸비한 균형적인 인간으로의 성장을 도모하게 될 것을 목표로 하고 있다는 것이다. 여기까지가 교육부 교재를 통해 공부한 학습 내용이다.

좀 더 구체적으로 세련된 박 교사가 제공한 학교교육계획서를 통해 문학중학교의 재량 및 특별활동의 운영을 살펴볼 수 있었는데 먼저 재량활동의 교과 재량활동의 경우 국민 공통 기본 교과 심화·보충 및 선택 과목으로 편성하며, 기본 교과의 심화·보충 학습은 1, 2학년은 영어, 3학년은 수학 교과로 편성을 하고 있었다. 선택 과목의 개설 과목은 1학년의 경우 컴퓨터와 생활일본어로 선택하고 있었으며, 2학년은 한문을 필수로, 컴퓨터, 생활일본어 중 한 과목을 선택하게 하고 있었다.14)

또한 문학중학교의 창의적 재량활동의 경우 범교과 학습은 통일교육, 환경교육, 성교육, 상담교육, 민주시민 교육, 경제·에너지 교육, 구급 안전교육, 인성교육, 금연교육, 진로교육, 정보윤리 교육 등으로 하고, 자기 주도 학습은 주제 탐구학습으로 반별 팀을 구성하여 편성 운영하고 있었으며, 창의적 재량활동의 범 교과 학습은 30시간으로 배당하고 자기주도적 학습은 4시간으로 배당하여 구성되고 있었다.15)

문학중학교의 특별활동은 국가 수준 교육과정 기준, **교육청 교육과정 편성·운영지침, 실태 조사 등을 바탕으로 특별활동 교육과정을 운영하고 있었는데 자치활동, 적응활동, 계발활동, 봉사활동, 행사활동의 5개 영역으로 편성하고 있으며, 각 영역별 활동 내용은 지역, 학교 실정을 고려하여 목표 달성에 적합한 활동 내용을 선정하여 운영하고 있었다. 또한 학교의 필요에 따라 시간(단위)배당 기준보다 더 많은 시간을 확보하여 운영할 수 있도록 하고, 다양한 방식으로 시간 운영을 통합하거나 분할하여 융통성 있게 운영하고 있었다.

세련된 박 교사는 계속해서 특별활동의 각 영역에 대해 구체적으로 설명해주었는데16) 학생 자치 활동은 다른 활동에 의해 침해받지 않도록 운영의 정상화가 이루어지도록 하며, 계발활동은 매주 월요일 6교시에 운영하고, 청소년 단체 활동의 경우 활동 인원수가 많아지면 계발활동 시간과 관계없이 별도 시간을 확보하도록 하였다고 이야기 해주었다.

봉사활동의 경우는 참된 의미의 봉사활동이 될 수 있도록 학생들의 자율성을 최대한 이끌어 내고자 하였으며, 특별활동의 경우 활동 장소는 계발활동뿐만 아니라 모든 영역의 활동에서 활동의 특성을 감안하여 학교 내외의 적절한 시설과 장소를 활용하도록 하고 있다고 하였다. 계발활동은 해당 부서 조직을 학생의 희망, 지역적 특성, 지도교사, 학교의 여건을 고려하여 실제적으로 편성하였다.

그러나 세련된 박 교사는 문학중학교의 교사들이 재량활동과 특별활동 운영에 있어 상충되는 교육정책으로 인해 어려움을 겪고 있다고 고백하였다. 즉, 재량활동은 교사가 교육과정을 가지고 해당 학교나 지역의 특수성을 살려서 '재량'을 발휘해서 사용되어짐이 목적이나 실제로는 '제 멋대로'의 활동으로 진행되고 있는 것으로 인식되고 있다는 것이다. 이는 예전처럼 수업 시간이 적거나 시간이 많이 있을 때에는(세련된 박 교사에 따르면 II시간씩을 수업하는 때도 있었다고 한다) 자료를 조사해서 정성껏 수업에 임하였지만 지금의 경우는 따로 교사가 시간을 내어서 준비할 상황이 안 된다는 것이다. 시간 자체도 부족하고 교사의 여력이 없기 때문에 자기 멋대로 하는 재량활동이 되는 것이 사실이라고 고백하였다.

그녀의 구체적인 예들을 통해 파행적인 운영의 실태를 보여주었다. 그녀에 따르면 특별활동 경우, 자치·적응·봉사·행사·계발활동이 존재하고 있으나 지금은 '놀토'로 인해 월 2회 이렇게 해서 2시간이 줄어버리게 되니깐 계발활동을 매 시간 할 수 없게 되었다고 한다. 그러므로 본 수업 즉, 국민공통기본교육과정의 내용을 줄일 수는 없기 때문에 특별활동 시간을 줄여나가고 있다고 하였다. 그리고 어느 특정 항목을 줄이는데 완전히 줄일 수 없음으로 각 영역별로 자치 조금, 적응 조금, 계발 조금 식으로 줄여가고 있으며 이는 실제 I년 내내 I시간씩 꾸준히 해도 그 영역의 성과를 달성을 보장할 수 없는 상황에서 더욱 심각한 상황으로 다다르고 있다고 하였다.

세련된 박 교사는 테니스반의 예를 들어주었는데 일주일에 I번 열심히 한다고 해서 테니스의 실력이 얼마나 오르겠는가 하는 것이었다. 있을 수 없는 일이다. 세련된 박 교사의 미술 과목은 말할 것도 없었다. 이러한 상황에서 활동자체를 격주로 진행 하고 있다는 것이다. 자연스럽게 활동의 내실과 성과는 멀어질 수밖에 없고 그 의미마저도 퇴색되어 버리는 것이다. 세련된 박 교사는 주위의 다른 학교 예도 들어주면서 아마도 유사할 것이라고 확신하였다.

교육과정의 내실없는 형식적 운영은 결국 교사들로 하여금 교수에 대한 열의를 반감시키고, 재량활동과 특별활동에 대한 중요성과 필요성의 목적을 희석시키는 결과를 가져오게 하였다.

실제로 교사들의 경우 상당부분 재량활동 및 특별활동에 대한 부정적 혹은 모호함에 대해 많은 이야기를 해주고 있는데, 그 본질적인 이유가 바로 이러한 상충되는 교육 현장 구조적 제한과 모순을 통해 이루어진다는 것을 들을 수 있었다. 세련된 박 교사는 "주5일제라고 하는 것이 지금은 '과도기'가 되어서 어정쩡하게 되어 있는 거예요. 특별활동을 없애는 것은 무리가 있고 제 7차 교육과정의 완전히 핵심인데 그 활동을 안 할 수는 없으니깐. 이런 것이 기능적으로 모두 수행될 수 없다는 것을 누구나 다 알면서도 7차 교육과정의 주 핵심이니깐 어느 하나라도 없애지 말고 운영은 하라는 거예요. 아마 이러한 어정쩡한 것이 계속 갈 꺼에요. 삐거덕 거리는 것이지요."라고 씁쓸히 이야기를 이어갔다.

세련된 박 교사의 경우 이러한 현실적인 문제를 인정하고 자신의 방식으로 다양한 접근을 추구하여 보았지만 학교 현장의 상황은 인해 그것마저도 제한되고 있어 매우 안타까워하고 있었다. 그리고 그러한 '경험'과 '상황'들이 반복되면서 자연스럽게 자신도 교육과정의 운영과 학교 현장 사이의 매울 수 없는 괴리감을 인정하고 있었으며 이제는 자신도 그것에 맞추어가고 있다는 고백을 들었다.

학생들이, "선생님 지금 무슨 시간이예요?"라고 물으면 당연히 학급회의 시간이라고 대답을 해주어야 되는데 그렇게 말하지 못하곤 한다. 학급회의 할 시간도 없고, 그녀의 입장에서는 그 시간이 되면 정말 일이 많고 바쁘다고 한다. 업무보고 이렇게 저렇게 하다 보면 자습을 시켜놓고 일을 보는 것이 다반사라고 하였다. 그 시간이 보면 대부분이 월요일 1교시 아니면 6교시로서 그때는 자습시간이 되는 것이다.

그리고 이러한 세련된 박 교사의 '타협 아닌 타협'이 가능하게 되는 것도 정책과 현장의 괴리감에서 오는 구조적인 문제가 작용을 하고 있지만 또 한편으로 중학교 학생들의 '성적 중심'과 '사교육'의 영향력도 강하게 작용하고 있음을 알 수 있었다. 즉, 학생들은 재량활동과 특별활동의 운영이 자신들의 성적과 직접적으로 관련되어 있지 않는 것으로 인식하고 있었으며, 그로인해 재량활동과 특별활동 영역의 활동을 소홀하게 생각하거나 소위 '노는 시간', '자습 시간'으로 여기고 있는 것이었다. 이는 학생들의 학습시간을 무의미하게 허비하는 문제점도 있지만 이러한 경험들을 지속적으로 접하게 되는 학생들의 경우 잠재적으로 주요교과에 대한 강조와 학생들의 다양한 개성과 특성들을 학습할 수 있는 의미성에 대한 퇴색을 가져온다. 이에 대해 구체적으로 살펴보면 중학생임에도 불구하고 대학입시와 관련된 주요 교과의 학습 시간으로 여기고 있는 실정이라 학생들에게 재량활동과 특별활동의 형식적 운영은 바로 주요 교과를 위한 학습시간 확보로서 변형되게 되었으며 학생들에게는 부족한 사교육 및 학원의 숙제를 해결 및 보충할 시간과 기회를 제공해주고 있는 실정이라고 그녀는 이야기하였다. 이는 일반계 고등학교에서 도출되는 수능 교과와 비수능 교과에 따른 학생들의 차별적인 반응(이혜숙, 2006)과 동일한 맥락으로서 중학교에서도 이러한 상황 즉, 시험에 종속되는 현상(성열관, 2006)이 연출되고 있음을 실제적으로 보여준다고 할 수 있다.

또한 세련된 박 교사는 거침없이 자신과 같은 교사에 대한 이야기도 해주었다. 재량활동 및 특별활동의 형식적인 운영은 교사의 전문성과 역량과도 관련이 있다는 것이다. 세련된 박 교사는 학생들의 다양한 특별활동을 주도적으로 지도하고 추진하는 교육 주체로서의 교사의 자질에 대해 부정적으로 평가하고 있었다. 즉, 자신들의 역량이 변화하고 새로운 것을 원하는 학생들의 기준에 부합하지 못하고 있다고 생각하고 있는 것이다. 그녀는 구체적인 자신의 경험을 통해 예를 들어 주었는데 학생들이 학급회의 같은 것을 주제를 정해가지고 진행하게 되는 상황이었다. 학생들이 회의를 하고 원활하게 진행되어

질 수 있도록 해야되는데 사실 자신이나 교사들이 그런 부분에 대하여 배우지 않았으며 그러한 부분에 대한 마인드도 없고 테크닉도 없음을 고백하였다. 실제로 자신이 학교를 다닐 때에도 그런 정상적인 학급회의를 경험해 본적도 없었으며 그런 문화도 아니었다는 것이다. 그렇다고 하여 교원 연수에 있어 특별활동의 다양한 활동에 대해 따로 교육을 받는 것도 아니었다.

실제로 세련된 박 교사를 통해서 교사들의 경우 학생들의 재량활동 및 특별활동 지도를 위한 연구회나 모임 등은 찾아 볼 수 없었으며, 관련 전문성 향상을 위한 노력이나 관심을 찾아 볼 수도 없었다. 물론 이러한 상황이 전술한 다양한 구조적인 요소들에 의해 영향을 받아서 진행되어진 것이지만 교사 측면의 준비 부족 또한 교육과정의 파행적 운영의 책임을 면할 수 없는 부분임을 인식 할 수 있었다.

세련된 박 교사의 내용을 종합하면 문학중학교의 재량 및 특별활동의 특징은 재량활동 및 특별활동 운영과 적용에 있어 교사의 전문성, 학업성취에 대한 학교의 풍토, 구조적인 문제가 총체적으로 작용하여 재량활동과 특별활동의 내실 있는 운영의 어려움을 만들어내고 있다는 것이며 이는 학교현장에서 학생들로 하여금 '자습과 쉬는 문화'로 왜곡시키는 메카니즘을 담당하고 있다는 것이다([그림 40]참고).

학교 다닐 때를 회상하면 학생들은 참 자습과 쉬는 수업을 환호성을 치면 좋아했던 것 같다. "자습해라"의 공표는 곧 암묵적으로 노는 시간이었고 학생들에게는 즐거운 시간이었다. 하지만 그때는 왜 몰랐을까 그것이 우리를 아프게 한다는 것을…….

[그림 40] 문학중학교의 재량 및 특별활동의 특징

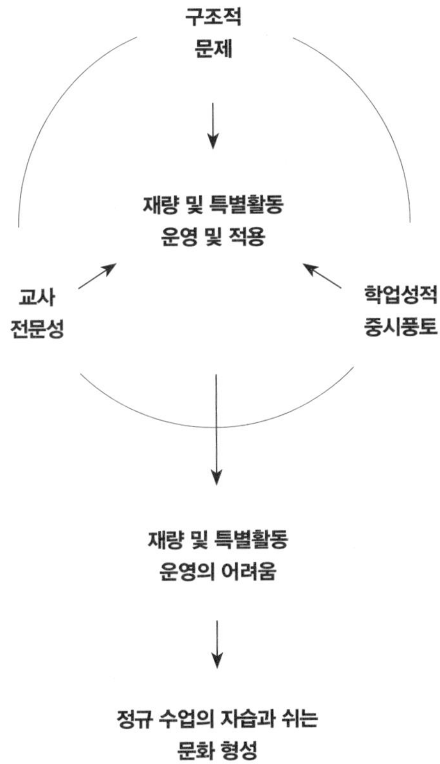

에필로그(Epilogue): 아픔만큼 성숙

연구 참여 학교와 교사들을 통해 제 7차 교육과정의 운영과 현장의 생생한 목소리를 들을 수 있었다. 그들은 제 7차 교육과정의 필요성과 우리 교육 현장에 던지는 의미를 매우 높게 평가하고 있었다. 즉, 제 7차 교육과정이 포함하고 있는 의미와 철학은 교육현장에 반드시 필요한 내용이며 학생들에게 적절히 적용 되어 교육적으로 다루어져야 함에는 모두가 공감을 하고 있는 것이었다.

그러나 제 7차 교육과정의 학교 현장 적용과 운영에는

우리 중학교 교육 현장의 특수성과 단위 학교가 안고 있는 실제적인 사항들을 고려하지 못하고 있다는 것이 연구 참여 학교와 교사들이 내는 공통적인 목소리였다. 즉, 학생 간 학력 격차와 수준별 수업 진행의 어려움, 평가의 모호, 부족한 교사, 학교의 과중한 업무 등의 현장성이 배제된 체 정책으로서 교육과정의 하달식 운영은 현장에서 제대로 뿌리내리지 못하고 있는 것이었다. 이는 1995년-1997년 3년간에 걸쳐 약 50억 원의 예산을 투입하여 현장교원, 교육과정 전문가, 대학교수, 학부모 등 연 인원 14,322명이 교육과정 개정 작업에 참여하였고, 282,회의 각종 협의회, 세미나, 공청회, 등을 개최하면서 가계 각층의 의견을 방대하게 수렴하여 국민적 합의로 도출된 교육과정이라는 발표와는 매우 아이러니한 결과라고 할 수 있다(교육인적자원부 교육정책과, 2001을 최호성, 2002에서 재인용) 그러므로 앞으로 연구 참여 학교와 교사들은 전술한 현장의 특수성과 실제적인 사항들을 제대로 고려하지 않는다면 이후의 교육과정들도 동일하게 현장 적용을 통해 기대되는 다양한 효과성은 고사하고 해당 교육과정의 정상적인 운영마저도 어려울 것이라는 것이 교사들의 지배적인 시각이었다.

힘이 들었다. 고통스러웠다. '그 사람 훈'과 '세련된 박 교사'와 대화는 나에게 큰 짐을 안겨준 것이었다.

달콤함이 좋아 나의 일부가 된 스타벅스(Star Bucks)의 카라멜 마키아또(Caramel macchiato)도 더 이상 달콤하지 않았다. 목을 타고 넘어가고 있으나 맛을 느끼지 못하니깐. 무엇부터 해야 될지 몰랐다. 그저 빨리, 머리를 복잡하게 만드는 이 문제들을 벗어버리고 싶었다. 아니 솔직히 말하면 그냥 덮어버리고 도망가고 싶어서인지 모르겠다.

그 때! 나 자신과 하염없이 씨름을 하고 있을 그 때다!

저 깊은 곳에서부터 현상과 문제의 복잡성을 이루고 있는 무형의 존재를 소개하고 그 실체를 밝혀내어야겠다는 묘한 다른 열정적인 나가 나를 이끌었다. 그리고 그 사람 훈의 진지함과 세련된 박 교사의 눈빛 그리고 학교 현장에서 몸부림치는 교사들과 어린 학생들을 생각하니 피곤한 몸을 침대에 그냥 던져버릴 수 없었다.

하루에 열두 번도 맥북(Apple Macbook)을 사야지 다짐하게 만드는 오래된 컴퓨터 앞에 앉았다. 휘갈겨 쓴 메모지와 보이스레코더를 통해 면담 중 '터져 나오는' 개념과 인사이트들을 정리하기 시작했으며, 그 사람 훈과 세련된 박 교사와의 면담 내용을 이해하고 듣고 또 들었다. 그 순간은 나의 경험과 모든 지식을 동원하여 여백과 큰 주제와 방향 하나하나를 채워갔다.

시간이 얼마나 흘렀을까? 나의 비싼 셔츠가 무겁게 느껴진 새벽에서야 면담을 정리한 간략한 리포트를 제작할 수 있었다.

샤워기에서 뜨거운 물이 나온다. 거울 속에는 내가 아니라 그 사람 훈과 세련된 박 교사 그리고 많은 교사와 학생들이 보인다. 뿌연 거울에 짧은 글을 천천히 적어 내려간다.

고등학교,
그 두개의 내러티브

"토대와 밑받침 없는 사상은 허물어지기 쉽다."

고등학교는 중학교에서 받은 교육의 기초 위에 중등 교육 및 기초적인 전문 교육을 하는 것을 목적으로 하고 있다.

이를 달성하기 위해 심신이 건강한 조화로운 인격 형성, 성숙한 자아의식, 학문과 생활에 필요한 논리적, 비판적, 창의적 사고력과 태도, 적성과 소질에 맞게 진로를 개척하는 능력, 우리의 전통과 문화를 세계 속에서 발전시키려는 태도, 국가 공동체의 형성과 발전을 위해 노력, 세계 시민으로서의 의식과 태도 등을 세부 목표로 설정하였다.

또한 이러한 목표를 효과적으로 달성하기 위해, '학생들의 능력, 흥미, 적성, 진로를 중시한 다양한 선택 과목 개설과 학생 중심의 교육과정 체제 확립'에 중점을 두고 교육과정을 개정하였다.

특히 학생의 능력, 흥미, 적성, 진로를 고려한 다양한 교과목 개설, 학생 선택 중심의 교육과정 체제 도입, 다양한 유형의 학생 개인별 교육과정 운영, 학생 중심의 교육과정 운영과 학습 부담 경감, 교육 내용의 사회적, 개인적 적합성 제고, 특별 활동 운영의 자율화, 동일 선택 과목이 이수 단위 차등 증감 운영제 도입, 재량 활동 시간의 최대한 확보 등을 강조하고 있다.

Tower of Babel [17)]

'The lttle Tower of Babel', Pieter bruegel, 1563

오늘도, 내일도 그리고 앞으로도

그들은 이상을 추구할 것이다.

오늘도

하늘에 오르고자 돌을 나른다.

첫 번째 돌,

두 번째 돌,

세 번째 돌,

네 번째 돌,

다섯 번째 돌,

여섯 번째 돌,

일곱 번째 돌, 그리고 수시로,

오늘도

다른 한쪽에서는 흙을 쌓는다.

국가 차원에서,

시·도 차원에서,

학교 차원에서

탑이 거의 완성되려고 한다.

문서처럼 꿈이 실현되려나 보다.

그러나

문서만 두꺼워진다.

비웃는다.

그들은 의사소통 불능.

우리의 교육 모델은 남의 교육과정 그래서 교직은,

변화와 개혁, 정체가 공존한다.

1994년 대학수학능력시험

... 2008년도 여전히 대학수학능력시험 + 학생생활기록부

시험 중시, 형식적인 내신 반영

시대가 바뀌고

교육과정이 변해도

평가, 목표, 조직은 동일 아니 꾸준하다.

학교는 헐떡인다.

우리나라에서는 이렇게 한참 빨리 달리면 어딘가 다른 곳에

도착하게 되거든요.

교육과정이 답변한다.

느림보 나라 같으니! 여기서는 같은 자리를 지키려고 해도 계속

달릴 수밖에 없어. 다른 곳에 가고 싶다면 최소한 두 배는 더 빨리

뛰어야 된다고.

교육은 다방향성(↰┐┌→↲┘└→┐↓), 수요자 중심

물건을 팔기 위해 에스컬레이터가 움직인다.

교육과정, 학교, 교사, 학생, 학부모도 움직인다.

일방향 ⇧, 하나의 목표

뛰는 학교
빨리 걷는 교사,
서 있는 학생, 학부모
한 방향, 같은 무리

이 방향이 아닌가봐.
내려가는 학교
뛰내려가는 교사, 학생, 학부모
에스컬레이터를 이탈하는 아우성

창발할 확률, '글쎄'
붉은 여왕이 지배하는 곳, 교육

꿈 5: 문서고등학교 내러티브

"나는 단지 해변에서 놀고 있는 소년과 같다. 때로 자갈이나 더 예쁜 조개껍질을 발견하고는 즐거워하는 소년이다. 그러나 거대한 진실의 바다는 내 앞에 아직 발견되지 않은 채 펼쳐져 있다."

-Sir Isaac Newton-

겉과 속: 학교교육계획서[18)]

2006년 12월 24일부터 2007년 3월 말엽

2006년 12월 24일,
올해도 어김없이 내년을 위한
학교교육과정 계획서를 작성한다.
연말이라 모두가 분주하다. 설문지가 배포된다.
하루가 채 지나지 않아 학부모 설문지가 취합된다.
12월에 이루어지는 설문지의 질, 교사들의 업무에 반비례한다.
학년말 사정안, 학생생활기록부 등에 대한 부담이 설문지를 압박한다.
교사들의 업무에 밀리어 신뢰도와 타당도는 뿌리마저 뽑힌 채
허공에 뿌려진다. 보직 교사 역시 자유로울 수 없다. 자신의 업무 평정
설문이이루어진다. 자신의 업무 평가를 성실히 수행하는 열성파와
업무 망각기피증에 시달리는 대충파로 양분된다. 이제
1월이다. 학교교육과정 계획서가 만들어진다. 학교교육과정위원회

조직, 편성 계획 수립을 통한 조직, 임무, 역할의 구체화 그리고
학교교육과정 편성 계획의 수립. 이어지는 국가수준 교육과정, 시·도
편성·운영 지침 분석을 통한 관계 법령, 교육 시책, 지표, 과제의 분석,
교원, 학생, 학부모의 요구 사항 등 각종 실태 조사·분석, 학교교육과정에
반영할 시사점 도출, 학교장의 학교 경영 방침, 학교 교육 목표를 고려한
학교교육과정의 편성, 운영의 기본 원칙 결정, 학교의 특색을 살리는
창의적인 교육 활동 계획 수립, 교과교육, 수준별 교육과정, 재량활동,
특별활동을 고려한(?) 학교교육과정 심의 및 확정
넘쳐 나는 설문지와 평가표, 각종 시책이 150페이지 뚱뚱한 문서로
탄생된다. 2월이 모두 지나가고, 이제 3월이다.
기형적인 모습으로 탄생한 학교교육과정 계획서에 교사들은 관심이
없다. 그속에 무엇이 담겨있는지, 어떠한 절차를 통해 만들어지는지,
자신에게맡겨진 업무가 어떻게 구성되어 있고 이를 어떻게
실행해야 하는지,도통 관심이 없다. 일부 보직 교사만이 그
중요성과 무용성을뒤로한 채 목소리를 높이기도 하고
무관심한 채자신에게 주어진 현실에 만족하며 그저
지낼 뿐48개 학급, 120명의 직원, 1800명의 학생
대학입시에만 관심을 갖는다.
인문계 고등학교의
현실이다.

위용: 학교교육계획서

비정상적인 탄생,
학교장의 결재, 보고해야 할 의무가 있는,
법적 구속력은 없지만 규범을 지닌 문서
교육의 이상, 책무성 강조
지켜야할 이상적인 교육약속

방향성을 지닌 뚱뚱한 책
계획되었지만 실행되지 않는 이상
일반 교사들과 업무 담당자에게 버림받은 녀석
이상은 이상일 뿐 현실 속에 소외된 놈
교육과정의 중핵이지만 핵만 있고 겁만 주는 문서
양치기 소년 같은 존재
거짓말을 조장하는 수다쟁이

하지만

현실은?

특별활동 교육과정: 특이한 활동

난, 특별활동19), 나로 말할 것 같으면, 음~~
하나, 학교교육의 목표 달성을 위해 마련한 교과 학습 이외의 교육활동
하나, 학생의 개성 신장, 건전한 취미, 민주적 생활 태도를 육성하기 위한 활동
하나, 학생회, 클럽활동, 학교 행사 등을 통해서 행해지는 다양한 활동
하나, 자치활동, 적응활동, 봉사활동, 계발활동, 행사활동
하나만 있고, 활동은 없는
정의만 내려진 쭉정이

학생들을 위해 나는,
활동 아닌 명분 있는 활약을 해야 한다. 어렵지 않다.
유구무언(有口無言)

학생들은 그~으~저
목표만 갖는다.

그러나 연구자나 교사들은 볼멘소리를 한다.
이 녀석은 여전히 부담보이
영역별 평가의 비현실성, 인적·물적 자원의 미흡
주5일제로 인한 시수 마련의 고충, 재량활동과의 중복 여부
난 죄가 없다.

핑계가 늘어간다.
교사 曰, 자료도 안 주고 나보고 어쩌라는 거죠?
학생 曰, 그냥 공부하면 좋을 텐데.

학생들은 나대신 다른 것을 선택했다.
자기가 스스로 주도하는 학습, 자기주도학습

일부 아이들 그래도 내 편이다.
전 특별활동을 하~~고~~ 싶어요.

3월 늦은 밤, 교무실, 복도
한 쪽에서 열심히 상담 중이다.
담임교사와 학생이 진지한 대화를 나눈다.

아픈 곳은 없냐?
전 꿈이 회사원이에요.
대화는 어긋난다.
상담은 늦은 10시까지 이어진다.
단내가 난다.

6월, 전국연합평가가 있다.
늦은 밤, 여전히 상담은 계속된다.
꿈이 무엇이냐? 어느 대학에 가고 싶냐?
고등학교 생활 너무 힘들어요. 적응이 잘 안 돼요.
어긋남이 지속된다.

오늘 점수는 잘 나왔니?
엄마! 저 전학 갈래요. 학교에 적응하기가 어려워요.
다른 학교로 보내주세요.
국영수를 좀 더 해야겠구나.

학생의 고등학교 적응,
성적으로 결정된다.

선생님, 반 아이들 성적은 어때요?
고민이에요.
아이들의 적응활동

성적에 묻혀
입시에 묻혀
상담만 이루어진다.

성적 적응
아이들의 고민은 깊어만 간다.
담임교사의 고민도 쌓여만 간다.

ii

5월 7일 금요일 1교시
적응활동을 하는 날
인터넷 중독을 조사하는 날
중독은 오래 전 일,
갑작스런 조사에 호들갑을 떤다.
계획에도 없던 일

원하는 것은 통계자료
국회의원 조사 자료
아이들의 중독은 얇은 종이만큼 가벼워진다.

봄바람에 살랑~, 종이 1장
덜렁, 7문항, 4지 선다형
오늘도 시험을 본다.
해석은 4줄 - 잠재적 위험사용자군, 위험사용자군……

난 중독이 심한데, 시험 중독도 조사했으면
주어진 시간 50분

20분 만에 끝난다.

학생들 전국학력평가 점수 나왔어요.
원점수, 표준점수, 백분위가 뭐죠?
다들 중독 되어간다.
교사들은 적응해 간다.

아이들은 인터넷
교사는 성적에
충실한 활동
적응활동.

iii
아이는 특별활동 시간에 일기를 쓴다.

당신들의 천국

2007년 12월 7일 (금)

무엇을 하는지, 담임 선생님은 말씀이 없으셨다. 그냥 습관적으로 아이들은 책을 편다. 내일 모레가 시험이다. 머리가 아프다. 항상 공부, 공부, 내 적성이 무엇인지, 내 특기가 무엇인지 난 스스로 궁금한 것이 많다.

그런데, 우리 학교에서는 공부만 시킨다. 담임선생님도 마찬가지다. 진로와 적성은 시험 공부로, 특별활동 역시 시험 공부다.

인문계로 온 것이 후회된다.

티브이 속 화자는 열심히 강의중이다. 너무 재미없고 우습다. 순결, 사랑, 하느님. 클릭 한번이면 그것보다 더 심하고 화끈한 것을 볼 수 있는 세상인데, 강사님은 하느님의 말씀을 전하러 오신 전도사 같다. 수업

용어도 너무 정제되어서 재미가 없다. 학생들은 대부분 존다.

선생님은 돌아만다 다니신다. 선생님의 얼굴에서 안쓰러움을 발견할 수 있다. 난 지금 뭘 하고 있는 것일까?

강의가 계속될수록 화가 난다. 학교의 일정에 몹시 화가 난다. 낼 모레가 시험인데 꼭 지금 이것을 해야 할까? 다른 날에 자율학습 하는 날도 많은데 하필 지금이 뭐람. 담임선생님도 화가 나계시다. 아니 우리 반 아이들 모두 화가 나 있다. 이런 옛날식 강의를 이렇게 소중한 시간에 들어야 하는가?

오늘이 수능 성적이 발표되는 날이다. 국, 영, 수 1등급 644명. 4% 등등. 현실은 계속 점수로 우리를 옥죄는데 티브이 속 선생님은 순결을 강조하신다. 너무 기이한 현상이다. 담임선생님은 교실에서 지겨운 눈빛으로 티브이 속을 응시하시고 애들은 졸다 못해 잔다. 그리고 난 지금 이 글을 쓰고 있다. 얼마나 기이한 모습들인가?

졸속 학교 일정. 담임선생님도 잘 모르시는 다변하는 학교 일정, 특별활동을 담당하는 선생님이 계시다고 하는데 왜? 이 모양일까? 선생님의 말씀으로는 담당 선생님이 있어도 학기 초에 잡아 놓은 것은 그냥 밀고 나가야 한다니. 참 어이가 없다. 융통성이라고는 하나도 없다. 그렇다고 우리를 위해서 특별활동이 짜여져 있는 것도 아니다. 그냥 기분대로 진행되는 것 같다. 그런데 우리를 위한 것이 아닌 학교를 위한, 아니 어른들을 위한 일정 같다. 그리고 우리에게는 열심히 들으라고 하신다. 이건 우리들의 천국이 아닌, '당신들의 천국'인 듯하다. 또 머리가 아파온다. 공부할 것이 너무 많다.

늘어만 가는 문장 실력.

iv

특별활동 부서를 정하는 날
돼지가 우물에 빠진 날, 답답한 현실
가위·바위·보
졌다.
가야 할 특별활동 부서가 없어졌다.
내 교육과정은 논리가 아닌 요행

계발활동 시간
졸리다.
준비물은 사물함에 가득하다.
사물함에 불만이 자욱하다.
급하다. 대학입시
원하지도 않았기에, 마음도 급하기에
안 풀리는 수학 문제
아이들은 떠든다.

2004년 5월 13일
토요일 3, 4교시 계발활동
쾌청
운동장에서 아이들은 봄기운을 찬다.
땀방울이 맺힌다.
아이들의 얼굴에 웃음이 번진다.

2005년 5월 17일
금요일 1교시 계발활동
이마에 식은땀이 흐른다.

문제가 안 풀린다.
아이들은 좌절한다.

2006년 5월 7일
금요일 1교시 계발활동
우울
아이들은 즐겁다.
'와글와글' 잡담이 이어진다.
입가에 침이 마른다.
자기주도학습

2007년 5월 24일
금요일 1교시 계발활동
혼란
복잡한 학사일정

5월 첫째 주는 자치활동
둘째 주는 적응활동
셋째 주는 행사활동
넷째 주는 계발활동

교사, 학생 우왕좌왕

아무래도 상관없다.
이번 주도 다음 주도 그리고
우리는 자기주도학습을 한다.

V

마티스는 예술에서 색을
피카소는 예술에서 선을
마그리트는 대상에서 관념을
교사는 봉사활동에서 학생을
해방시켰다.

'피레네의 성', 르네 마그리트, 1959

봉사활동[20]은,
지금 여기에 일어나는 해프닝(happening)
우리 삶의 고통, 희망이
논리적인 말로

더 이상 전달할 수 없는 것

교육에서 벌어지는 부조리 극
미술의 콜라주
영화의 몽타주
그리고
봉사활동에
해프닝이 사용된다.

문서고등학교 총 학생 수, 1800명
금요일 1교시 봉사활동
같은 날, 같은 시간, 같은 장소
아이들은 쓰레기봉투 대신 연필을 든다.
각 반이 봉사 포스트다.
이마에 주름이 잡힌다.
문제가 안 풀린다.

봉사활동
대학입시를 위해 필요한 교과 외 활동
주체와 객체가 모호한 활동
교사가 학생을 위해 적는
거짓 활동

학년 말,
교사들의 코는 피노키오가 된다.
'(교내) 학교 주변 쓰레기 줍기'
'(교내) 인근 지역 휴지 줍기'

거짓말을 줍는다.

글짓기가 어렵다.
실체는 없고 결과만 있다.

교사의 눈으로 본 봉사활동
허공에 떠 있는 거짓된 성
애초에 쌓을 수 없는 성
그러기에 해프닝(happening)

학생생활기록부 위에 가볍게

수준별 교육과정: 동상이몽

수준별 교육과정[21)]
학습자의 경험의 질 중시
학습 결손 방지, 학습자 중심 교육
학교 교육의 질 개선
국어, 사회, 과학은 심화·보충형
수학, 영어는 단계로 위계화
수준별 수업을 위한 배려

학생들에게는,
난이도를 고려한 교육과정
학습 속도를 조절한 세분화된 교육활동
학습 내용 범위, 수준에 맞게 조직된 교육과정
능력에 맞는 기본 학습
부족한 부분은 보충학습

성취 기준에 따라 능력에 맞게 학습하는
이론상, 문서상 나무랄 때가 없는 활동

연구자나 교사들은 목소리를 높인다.

시도해 볼만한 활동
이상적인 활동
하고 싶지만 할 수 없는 활동
하기에 불편한 활동

평가의 비현실성, 학습의 빈익빈 부익부
형식적인 이동 수업
수준만 있는 수준별 반 편성
성취 수준의 불평등 심화
인적·물적 자원의 미흡
인성, 도덕성이 무시된
성취만 중요한 교육과정
늘어만 가는 사교육비
쌓여만 가는 불만
같은 목적, 다른 생각
이 녀석은 우리가 꿈꿔 온 이상 세계, '천공의 성 라퓨타'

전 이걸 잘 못하는 것 같아요.
저에게는 이런 활동이 필요한 것 같은데요.
지나치게 똑똑해진 아이들
이해해라. 우리의 교육 현실이 이렇단다.

그래서 우리는,
수준별 교육과정을 무시한다. 하고 싶지 않다.

함께 가고자 했던 길
목적은 하나, 방법은 두 갈래 길,
가깝지만 먼 길
'너는 너, 나는 나'
골은 깊어만 간다.

i

2007년 7월 25일 2교시 국어 보충·심화 시간

알겠니?
(일제히) 네~~~
42명의 아이들, 각기 다른 수준
함께 대답한다. 메아리가 된다.

나는 텍스트 읽기 능력,
너는 말하기 능력
재는 듣기 능력
우리는 글쓰기 능력이 부족해.

얘들아, 제발 너희의 수준을 알려줘
수준별, 내 수준은 어디지?

진단 자료가 부족하기에
성취 기준이 모호하기에

불친절한 평가 영역
다른 수준, 똑같은 평가
오늘도 교사는 진도에 '헉헉헉'
기말고사가 얼마 남지 않은 모양이다.

집에서 내 아이는 오늘도 티브이를 본다.
돌봐줄 사람이 없다.
내 아이, 우리 반 학생들
모두 소중하다.
휴~~ 한숨만 나온다.

교과서는 변해도
사람은,
수업은, 그리고 나는

예전 은사님의 모습에서 나를 본다.
모두에게 공부할 양은 넘쳐난다.
동상이몽(同床異夢)

모두 알겠지?
일제히 대답한다.
'아뇨'

ii

2007년 6월 25일 2교시 영어 시간

그들은

수준별 이동수업, 분단별 수준 수업을 강요한다.
종이 울린다. 딩동댕~~
아이들은 이동하지 않는다.
수준별 이동 수업도, 교실 내 분단 수업도
존재하지 않았다.

아이들은 조용히 자신의 반에서
교사가 정한
자신이 정한
소정의 목표를 이루고자 일제히 학습한다.

담당 교사, 학생 모두 편안해 보인다.
몇몇의 졸고 있는 학생들
지루해 하는 학생
교사의 강의에 힘이 넘쳐난다. 얼굴에 웃음이 가득하다.

성적 평가의 난이성도
교사 상호 간의 문제도
중간 수준의 학생 처리도
상·하 반의 거친 적용도
교수-학습, 교재 개발도
그리고
이동으로 인한 혼란도, 각종 업무도
사라졌다.

교사들은 문서 속 이상보다
현실을 택했다. 대학입시

너희에게 맞는 수준은 스스로 찾아라.
수준을 서로 몰라
공부할 자료만 쌓인다.
학생들의 수준은 입시다.

어, 존재한다.
수준별 이동수업, 분단 내 수준별 수업
문서 속에 살아 숨 쉰다.

전문 연구원, 교수, 교육청 관리자
그리고 교사
감사용, 의사소통 불능.

재량 활동: 하느님, 좋은 대학에 갈 수 있게

토끼일까요? 오리일까요?
어떤 사람은 "오리다.", "토끼다"라고 주장한다.
중요한 것은,
원래의 오리-토끼 형태는 불변하다는 사실이다.

'오리-토끼', Ludwig Wittgenstein

재량활동[22],

우리가 예전부터 해 오던 활동

담임교사가, 교과 담당 교사가 해 오던 활동

열정과 희망이 존재했던 활동

대학입시를 위한 자기주도학습

아이들의 희망과

교사들의 입시 열정이

함께 어우러진 시간

시대가 바뀌고

교육과정이 수업의 틀을 지배했다.

재량활동은 더 이상

학생과 교사만의 시간이 아니었다.

교육과정이 명령한다.

학생 개개인의 흥미, 특기, 관심을 고려해서 학생의

선택권을 확대하라.

다변화하는 시대를 대비해 지식 정보 및 사회적 요구를

최대한 수용하라.

종래의 교과서 중심에서 학교 특색의 교육활동을 펼쳐라.

지역 및 학교 특수성을 특색 있게 구조화해라.

이론적인 학습보다 실험, 관찰, 조사, 수집, 노작, 토론, 견학

등이 이루어지게 하라.

2007년 3월

학생들과 교사들은 고민했다.

담당자 曰, 자료도 주지 않고 나보고 어쩌라는 거야.
학생 曰, 선생님, 공부해도 되나요.
모두가 불만이다.

모두가 선택한 길
자기주도학습
변한 것은 없었다.
오리든, 토끼든

스스로 자신의 꿈, 희망을 부여잡고
오늘도 교사, 학생은
교육과정 명령 대신
현실을 택한다.

하느님, 좋은 대학에 갈 수 있게 해 주세요.
토끼가 되서 달나라에 가고 싶어요.
미운 오리 새끼가 되서 백조처럼 날고 싶어요.
아이들은 기도한다.

i
2007년 7월 25일 3교시 국어 교과 재량 시간

수준별 수업을 위해 안배된 시간
재량을 살릴 수 있는 시간
개성이 넘쳐나는 시간
모든 것은 완벽하다.

국어교사 14명
1학년은 모두 열여섯 개 반
교실마다
국어를 가르치는 교사
국어 재량활동을 가르치는 교사가
다르다.

청바지를 입은 1급 정교사
양복만 입는 전일제 교사
반팔을 입고 스포츠 머리 모양을 한 기간제 교사
긴 생머리에 시를 즐겨 읽는 초임 교사
1학년, 2학년, 3학년을 모두 가르치는 교사
1, 2학년을 걸치는,
1, 2, 3학년을 걸치는 배태랑 교사
아이들의 수준만큼
교사의 모습도, 각양각색

아이들은 책을 읽는다.
시간이 흐른다.
한 명이 졸고 있다.
10분이 지났다.
다섯 명이 졸고 있다.
20분 경과
하고 싶은 일을 한다.

논술을 위해
수시 입학을 위해

우리는 모두 책을 읽어야만 한다.
당위성만 있고 교수-학습은 없는 시간

교사 재량껏 운영되는 수업
아이들 파악도 힘이 드는 수업
적절한 교재도, 평가도 없기에
자율학습식으로 운영, 방치되는 수업

교사는 교사대로, 학생은 학생대로
'너는 너, 나는 나'

우리의 자화상일까요?

교사, 교과 재량활동 일지를 쓴다.
현실을 쓴다.
고민을 쓴다.
교사의 외마디 절규,
나도 열심히 하고 싶다.

ii

실체가 없는
구름 같은 활동이기에 난 오늘도 죄를 짓는다.
피노키오가 된다.
'창의적 재량활동'

창의적 재량활동
시수에도 잡히지 않는 활동

누군가는 죄를 지어야 한다.
나의 죄목, 1학년 담임교사
그게 전부였다.

2006년 3월, 4월, ……, 그리고 12월
모두가 무관심했다.
무엇을 할지, 어떻게 운영해야 하는지
창의적 재량활동을 담당하는 교사도
유관 부서도
1학년 담임교사들도
1학년 업무를 총괄하는 부장 교사도
시간의 흐름에 활동을 맡겼다.

교과 외 활동이 배제된
계획만 무성하고 실체가 없는
구름 같은 활동
평가는 없고 글짓기만 있는 활동
태생부터 잘못된 활동이었다.

2007년 2월 국어 교과협의 시간
선생님, 전 창재를 포함하면, 교과 시수가 20시간이나
되는데요.
뭘, 창의적 재량활동은 빼야지.
원래 이 시간은 그냥 담임 활용시간이야.
애들이 다 알아서 합니다.
그래도…….
할말은 많은데 뭔가 석연치 않다.

올해도 창의적 재량활동을 해야 한다. 1학년 담임교사다.
죄를 지어야 한다.
코가 점점 길어진다.

상담, 진로지도, 훈육교육, 입시 정보 알리기
내 머리로는 불가능하다.
연수도 없다.
부서 간 공조체제도 없다. 나의 나태함
업무 연계 ZERO

핑계 있는 무덤, 결론은 자기주도학습.

문서는 강요한다.
창의적 재량활동은,
단위 학교와 교사의 자율적, 창의적 학급 교육과정
학생의 자기주도적 학습 능력 함양을 위한 학습
주제 탐구 학습, 범교과 학습, 체험 중심 학습
창의적 교육활동이라고

2007년 3월 19일, 토요일 1교시 창재 시간
계획은 환경교육, 실재는 독후감 쓰기
훈화 교육을 하는 반도, 자기주도학습을 하는 반도
활동도 자의적, 임의적, 창의적

2007년 3월 31일, 토요일 1교시 창재 시간
계획은 독서학습, 실재 운영은 야영 활동에 관한 내용 전달

훈육을 하는 반. 자리를 바꾸는 반, 교재를 연구하는 교사
용의복장검사가 한창이다.
학교는 조직화된 무질서, 느슨한 이완 결합체제

2007년 4월 16일, 토요일 1교시 창재 시간
독서활동을 하는 날
애들아, 독서기록장을 펴. 감상문 쓰자.
그냥 평소처럼 공부하죠. 과제도 많고 다음 주는 시험이잖아요.
조용해진다.
창의적으로 공부한다.

2007년 4월 21일 1, 2교시 창재 시간
다면적 능력 검사, 체계적인 운영
사전에 연수가 이루어진다. 방송을 통해 학생들에게 해야 할
일이 전달된다.
주관부서 진로지도부, 협조부서 방송부
담임교사들은 그들이 이끄는 대로 물 흐르듯 흘러간다.
유관 기관과의 협조, 유기적 관계망, 사전 준비
정신을 못 차리겠다.

2007년 5월 14일 7교시 창재 시간
비디오 시청이 한창이다.
방송은 방송대로 떠들고
학생들은 의례히 자기주도학습
교사들은 교재 연구
지루해 하는 아이들
담임교사는 창재적으로 다른 비디오를 튼다.

'청소년 인권 문제'
다른 반은 두발복장 검사
하나의 학년
서로 다른 활동
금연 교육, 두발 검사, 체육대회 준비, 인권 교육, 자기주도학습

2007년 7월 11일 수요일 7교시 창재 시간
주5일제
토요일 1교시로 잡힌 창재 시간
놀토가 낀 주, 수요일 7교시가 창재 시간
티브이 속 성교육 강사는 자기만의 세계에 빠져있다.
10년 전, 내가 받은 교육
초점을 잃어가는 아이들
갑자기
방송사고
음성이 나오지 않는다.
티브이 속 강사 대신
교사가 강의한다.

투덜투덜, 모두 에~~~. 알았지?
(침묵)
아이들은 무반응이다.
계속되는 활동

2007년 12월 17일 학생생활기록부 입력
자기주도학습, 엉터리 강의, 시험 공부
안 적는 편이 좋다.

특별활동도 글짓기
창재도 글짓기
오늘도 난 피노키오가 된다.
학생생활기록부 작성
'범교과 학습 17시간, 박물관 견학을 통해 우리 문화에
대한 이해를 높임.'
'자기주도학습 17시간, 자기 진로에 대한 고민을
바탕으로 직업과 세계에 대한 이해를 한층 높임.'

코는 점점 길어진다.
인간이 되기는 틀렸나 보다.

얘들아, 거짓말 하면 안 된다.
거짓말은 또 다른 거짓말을 낳거든.
내가 아이들에게 했던 말이다.

iii

아이들의 직업
아이들의 적성만큼
자료가,
수업 방식이
넘쳐난다.
결국
진로와 직업
손에 잡히지 않는다.

선택 과목에 배당된 단위, 136
시·도교육청과 단위 학교는 28단위 이상 지정
학생 선호도 파악, 교실 여건, 지도 교사 고려
선택할 과목도
단위 수도
고려 사항도 넘쳐났다.

내가 근무하는 곳,
진로와 직업을 선택했다.
교사를 위한 어떠한 배려도 없었다.

아이들의 진로만큼
다양한 직업만큼
자료가 넘쳐난다.
각종 보고서,
서울특별시교육과학연구원의 고등학교 진로교육 프로그램
경상북도교육과학연구원의 진로교육총람 Ⅰ, Ⅱ
서울특별시교육연구원의 소질과 적성을 찾아서
인천광역시, 도교육정보연구원, 부산광역시교육과학연구원의
진로와 직업

수업 모형, 평가 모형이 넘쳐났다.
문제 해결 학습, 토의식 학습
보고서 형식, 문제 풀이 형식, 토론 형식, 의사소통 형식,
과제 관련 활동

수업 방법도 넘쳐난다.

단원의 개관, 대단원 학습목표, 차시 학습 지도 계획, 과정안,
문제 탐구 활동
동기 유발 및 문제 파악, 문제 해결 방안 탐색, 문제 탐구 활동,
결과 발표, 정리

교사들의 고민이 넘쳐난다.
왜?
선택 아닌 필수 과목

교과목은 하나
가르치는 교사 15명
많은 교과목 교사 중
영어, 국어 교사들이 선택 당했다.
서로의 교무실 다르다. 친분도 없다. 협의도 없다.
의사소통의 단절

우리가 선택한 길은,
이카루스의 패러독스
탈옥 이상의 것
내 갈 길을 간다.

내 전공은 국어, 독후감 쓰기
아이들은 매체를 좋아한다.
'성공시대' 보기 그리고 감상문 쓰기
매 시간 500원이면 다운로드
평가는 없다.
물에 휩쓸리듯

아이들은 즐거워한다.
수업 목표가 없다.
아이들에게 미안하다.

무엇을 가르쳐야 하나
내 전공은 국어
눈앞에 닥친 대학수학능력시험, 학력 향상
문제집을 선택한다. '고전문학'
진로에 대해 고민하는 것보다
정답을 찾는 모습이 더 아름답다.

어쩔 수 없다.
인문계 고등학교의 특성
보충수업이 많다. 가르칠 내용도, 공부할 내용도
본 수업 준비만도 숨 가쁘다.

내 전공은 영어, 관광학이 전공이다.
직업 소개, 전공학과 찾기
대입을 위한 지도
직장에 관한 내용, 승진, 연봉, 채용 기준, 선배 인터뷰
내가 지금 잘하고 있는 걸까?

일주일에 진로와 직업, 두 시간
수업 준비 10시간 이상, 비효율
가르칠 내용에 비해 배당된 시간이 너무 많다.
공유 자료도 부족하다.

쓸 수 있는 자료는 많지만 내가 만든 자료가 아니다.
입맛에 맞지 않는다.
연수도 받은 적 없다.
다른 교사들이 존경스럽다.

오늘은 바쁘다.
전공을 살려, 영어 재량활동
아이들은 문제를 푼다.
내 전공을 가르치는 것이 모두에게 행복하다.

내일도 진로와 직업
하루 벌어 하루를 산다.
'진로와 직업 이수'
날개가 녹아 내렸다.

자화상

탑 내부, 294개의 계단을 통해야 종루에 올라갈 수 있다.
종루에는 7개의 종이 걸려있다.
중요한 것은, 하모니

오늘도,
계단을 오르려는 고결한 자들이 있다.
학생 그리고 나를 위하여
종이 울린다.

각기 다른 개성

목표는 하나, 성적 향상

수준은 없어도 공을 쏘기 위해
학생, 교사, 난쟁이의 이마에 땀이 맺힌다.

교수가 없어도
교사, 학생
자신의 꿈을 울리기 위해 학습한다.

무너지지 않으려는 자구책
담임업무매뉴얼, 학교업무매뉴얼, 교무업무시스템

하지만
  무
 너
지는
  소 리
   교 육 과
 정

꿈 6: 한결고등학교 내러티브

등장인물

최 교사: 올해 한결고등학교에 전임 온 30대 초반의 여교사로 1학년 담임교사이자 영어교과를 맡고 있다. 또한 1학년 업무로 교육과정을 담당하고 있으며, 두 아이의 어머니이기도 하다.

이 교사: 한결고등학교에서 3년 동안 근무를 하고 있으며, 1학년 국어를 가르치며, 1학년 담임을 맡고 있다. 또한 30대 중반의 여교사로, 가정에서 한 아이의 어머니이다.

부장 교사: 한결고등학교 1학년 부장 교사로, 올해 보직 교사를 처음 맡았으며, 1학년 교육과정을 총괄 운영한다.

박 교사: 1학년 진로와 직업을 담당하는 교사로 1학년 담임을 맡고 있다.

김 교사

학생1, 학생2

때: 2007년 3월 2일부터 4월 말까지

무대: 한결고등학교의 교무실, 교실, 운동장

3월이라 다들 분주하다. 화창한 날씨치곤 교사들의 움직임이 너무 무거워 보인다. 학교는 여전히 겨울옷을 입은 교사들로 가득하며, 얼굴에는 무언가에 쫓기는 듯한 모습이 역력하다.

제1막
제1장 3월 24일, 월요일 교무실 청소 시간

"라라라라 라라라라~~." 7교시 정규 수업을 끝맺는 종이 울린다. 교무실은 분주하다. 교과 담임교사에게 벌을 받는 학생, 전화를 거는 담임교사, 다음 시간 수업 준비를 하는 교사, 서류를 챙기는 교사, 개인 업무를 보고 있는 교사 등 시장통을 연상하게 한다. 담임교사들의 책상은 해당 업무와 관련된 서류, 기간 안에 제출해야 할 증빙 자료 그리고 오늘 해야 할 일, 가르쳐야 할 수업 내용들로 가득 차있다.

최 교사와 이 교사 교무실로 등장한다.

이마에 땀이 송골송골 맺혀 있다. 무언가에 쫓기는 모습이다. 최 교사와 이 교사는 각자의 자리에 앉는다. 서류에 밀려 책을 놓을 자리마저 없다.

최 교사: (힘든 듯이 의자에 털썩 앉는다.) 이 선생님, 오늘 수업 끝났나요?

이 교사: (힘없이 대답한다.) 아니요. (깊은 한숨을 쉰다.) 휴~, 정규 수업은 끝났는데, 아직 보충 수업이 남아 있어요. 선생님은요?

최 교사: 저도 수업이 오후에 한 시간 더 있어요. (서류를 챙기며) 참, 오늘 내야 할 서류는 다 준비되었나요? 우리 반 학생은 두 녀석이 아직도 말썽이네요. 벌써 3번은 말했는데 아직도…….

이 교사: (맞장구를 친다.) 저도 그래요. 말썽을 피네요. 요즘 정신도 없는데. 교과 수업 준비도 힘들어 죽겠는데 행정부서에 제출해야 할 서류가 너무 많은 것 같아요. 요선도 학생 조사, 학생들 건강기록부 관리, 학생 기초 조사, 저소득층 학생들 조사, 비상 연락망, 학급회 조직 등 해야 할 일이 너무 많은 것 같아요. 선생님은 다 하셨나요?

최 교사: (한숨을 쉰다.) 저도 아직요. (고개를 떨군다.) 힘이 들어요. 아직 학교에 적응하지도 못했는데 내야 할 서류 때문에 정작 교과 수업도

소홀히 해야 할 판이에요. 모든 애들이 제 맘대로 움직여 주는 것도 아니고 아이들도 다들 사정이 있잖아요.

이 교사: 그건 그래요. 3월은 너무 정신없이 지나가네요. 담임교사로 배정받은 지 얼마 되지도 않은데, 아이들 이름도 다 못 외웠는데, 하여튼 힘이 드네요. 수업은 수업대로, 보충 수업은 보충 수업대로 힘들고요. 그놈의 대학입시가 무언지, 참.

최 교사: (침통한 표정을 지으며) 그래도 최 선생님은 이 학교에 오래 계셔서 학교가 어떻게 돌아가는지는 잘 아시잖아요. 전 이곳 생활이 낯선데다가 아직도 하루가 어떻게 지나가는지도 모를 지경이에요. 특히 부서별 업무 파악도 안 되는 상황에서 교육과정 업무를 맡아서 뭘 어떻게 해야 할지 잘 모르겠어요. 교육과정 연수도 없고 그렇다고 누가 가르쳐 주는 것도 아니고 교육계획서나 관련 문서를 봐도 감이 잘 잡히지도 않아요. 집에 가면 걱정은 걱정대로 태산이고 몸은 파김치가 되어 있어요. 아이나 남편이 옆에 있는 것도 이젠 위안이기보다는 귀찮기만 해요.

이 교사: 저도 마찬가지에요. 요즘 학교가 너무 빠르게 변해서 적응이 쉽지 않은 것 같아요. 요즘 젊은 선생님들은 참 잘하는데, 저는 쉽지가 않네요. 남편 뒷바라지에 애들도 봐주는 사람도 없고, 특히 작년에 했던 내용이 낯설기만 하니 힘들어요. 하여튼 학교생활이 너무 변화가 심한 것 같아요. 최 선생님! 오히려 선생님처럼 이 학교생활을 잘 모르는 것이 나을지도 몰라요. 하루가 다르게 변해서 요즘은 내라는 서류도 많고 세워야 할 계획은 왜 그리 많은지. 업무를 간소화시킨다고 하지만 해야 할 일은 점점 많아지는 것 같아요. 말이 전산화시스템이지 전자 서류로 대치해도 될 일을 옛날처럼 보조문서만 잔뜩 갖추기나 하고 오히려 준비해야 할 서류는 점점 늘어만 가니…….

최 교사: (걱정스런 어투로) 네에. (화들짝 놀란다.) 참 청소 지도 하러 가야죠. 요즘 애들은 쓰레기가 무슨 장식품 정도로 생각하니. 가시죠.

이 교사: (의자에 일어나며) 그러게요.

(최 교사와 이 교사 힘없이 일어서며, 각자의 교실로 퇴장한다.)

제2장 3월 24일, 월요일 야간 자기주도 학습시간 교무실

여러 명의 교사와 아이들이 교무실 한 쪽 자리에서 상담을 하고 있다. 일부는 복도에서 감독 겸 상담을 하고 있다. 최 교사는 복도에서 한 아이와 대화를 나누고 있다. 교사, 학생의 분위기가 3월의 꽃샘추위처럼 차기만 하다. 최 교사는 겨울 외투를 입고 있다.

시계가 밤 9시를 가리킨다. 적막(寂寞), 바람소리!

최 교사: (조급한 마음에 시계를 자주 처다 본다.) 고등학교에 입학하니 어때요?

학생: (우물쭈물 거린다.) 저, 잘 모르겠는데, 아직은~요.

최 교사: 그래요? 몸은 어디 아픈데 없어요?

학생: 건강해요.

최 교사: (고개를 끄덕이며) 그래요. 그럼, 부모님은 뭘 해요. 여기 등본을 보니 아버지랑 어머니랑 같이 살지는 않는 것 같은데.

학생: 아버지 사업 때문에요. 법적으로 별거 중이세요.

최 교사: 그럼, 가정환경은 어때요? 선생님이 도와줄 것이 있어요?

학생: 그냥 남들처럼 살아요.

최 교사: 우리 학교는 학비 보조랑 급식비를 보조해 주는데 집이 어려우면 알려줘요. 그럼, 많은 도움을 받을 수 있지요.

학생: 괜찮아요.

최 교사: (고민이 많은 듯 표정을 지으며) 음, 여기 입학 점수를 보니 점수가 좀 좋지 않은데. 어떻게 공부해요. 수학이 많이 부족해 보이는데.

학생: (다른 곳을 쳐다본다.) 중학교 때 공부를 안했어요.

최 교사: (나오는 하품을 손으로 가린다.) 그래요. 처음이라 많이

생소하지만 열심히 생활할 필요가 있어요. 선생님도 열심히 할게요. 가서 13번 좀 데려올래요. (시계를 보며) 아~ 시간이 이렇게 되었네. 자, 같이 교실로 가요. 종례하러 가야지.

(최 교사와 학생이 교실로 들어간다.)

(잠시 후 교무실, 이 교사가 교무실로 들어오는 최 교사를 반긴다.)

이 교사: 최 선생님, 고생하셨어요.

최 교사: 뭘요. 아이들이 더 힘든 것 같은데요. 조는 학생들도 많고요. 제가 전에 있던 학교는 야간에 자기주도학습을 안 했는데 아이들도 선생님도 피곤해 보이시네요.

이 교사: (맞장구를 친다.) 학생도 졸고 교사도 졸고, 다들 피곤해 해요. 특히 아이들이 너무 똑똑해져 상담을 안 하면, 무슨 큰일 나는 줄 알아요. 주변 학부모들도 항의전화를 하고요. 그래서 3월은 대부분의 교사들이 밤이 늦도록 남아요. 주로 이 시간을 이용해 상담도 하고 밀린 업무를 하거나 수업 준비를 해요. 상담이 주를 이루기는 하지만. 아마 다들 입에서 단내가 날 걸요.

최 교사: (근심스러운 표정을 지으며) 그래요? 전에 있던 학교는 특별활동 시간을 활용하거나 일과 시간을 이용해서 상담을 하곤 했는데, 역시 신흥 명문 인문계 고등학교라 그런지 방과 후 수업도 많고 저녁에도 남아서 상담을 해야 하니 지치네요.

이 교사: 힘내세요. 3월은 모든 선생님이 남지만 4월부터는 순번제로 돌아가요. 3월은 원래 힘든 것이니 별 수 없잖아요. 야간에 상담하는 것도 이젠 이골이 나있는데요. 뭐. 그래도 학생들이 대학에 들어갈 때는 큰 보람을 느껴요. 아이들이 학교 적응이 다소 늦지만 아이들도 이 생활에 적응하면 다들 그런대로 생활해 나가는 것 같아요. 최 선생님도 고3 담임을 여러 번 하셨다면서요. 잘 아실 텐데. 호호. 어머, 벌써 퇴근 시간이 다 되었네요. 이제 집으로 봉사활동 하러 가야겠네요.

최 교사: (쓴웃음을 지으며) 그러게요. 학교에서도 활동 집에서도 활동, 하여간 활동이 너무 많아요. 그럼, 내일 뵐게요. 전, 내일 상반과 중반, 교과재량 수업이 함께 있어서 수업 준비를 해야 할 것 같아요.
(혼잣말로) 휴~~, 내일은 야간 심화반 수업이 좀 부담인데, 그놈의 수준, 수준, 너무 어렵네. 내가 배 아파 난 우리 자식들도 수준을 모르는데 그 많은 얘들의 수준을 고려하라니 말이 되는 이야기인지. 하여튼 열심히 하자. 아자! 아자! 화이팅!
(시계가 21시 40분을 가리킨다. '라라라라~ 라라라라~' 종이 치자마자 학생들의 환호성이 들린다. 복도는 순식간에 난장판이 된다.)

제2막

제1장 3월 25일 교무실

조회 및 수업을 준비하느라 교사들의 모습이 분주하다. 교실 한 쪽에 최 교사가 앉아 있다. 최 교사는 멍하니 밖을 응시하고 있다. 늦은 밤까지 수업 준비를 하느라 눈에는 핏발이 서있고, 머리는 푸석해 보인다. 한 손에는 커피가 들려 있다. 3번째로 마시는 커피이다.

최 교사: (혼잣말로) 오늘 수업이 보자. 1교시 중반, 2교시 상반 수업, 4·5교시는 중반, 음. 저녁에는 심화반 수업이 있네. 휴~~. 중반도 수준 차가 너무 나서 좀 고민인걸. 그래 오늘 중반은 단어나 용어 개념을 주로 설명해야지. 아이들이 아직도 영어에 대한 이해도가 떨어지니 너무 걱정이야. 여자 반과 남자 반의 수준 차도 너무 심해서 오늘은 기초 지식을 좀 강조해야겠네. 그럼, 상반은 음, 내가 말을 좀 적게 하는 게 좋겠어. 정리할 시간을 줘야겠어. 상반은 학생 수준이 제법 있어서 오늘은 공부 방법이나 응용문제를 중심으로 수업을 하면 되겠어. 그럼, 심화반 수업은 전국학력평가를 가지고 해야지. 머리가 복잡하네. 내가 더 헷갈리니……. 아~ 오늘 영어 교과재량 수업도 있지. (메모를 하며,

머리를 감싼다.)

(교무실에는 수업을 마친 교사들이 앉아 있다. 대부분 컴퓨터 앞에서 자신의 업무를 하고 있다. 책상과 책상 사이에는 책장이 놓여져 서로의 얼굴이 보이질 않는다. 대화가 없다. 탁~, 탁~, 탁~ 컴퓨터 자판 소리만 있고 사람 소리는 없다. 적막하다. 최 교사는 영어재량활동 교재를 보고 있다. 1학년 부장 교사가 다가온다.)

부장 교사: 최 선생님 바쁘세요? 뭘 그렇게 항상 열심히 공부합니까?
최 교사: (고개를 들며) 아, 부장님! 그냥 그래요. 저만 그러나요. 뭐~ 다들 바쁘신 것 같은데요.
부장 교사: (안쓰러운 표정으로) 힘들죠. 요즘 한창 바쁠 때라. 저기, 전에 계셨던 학교는 늦게까지 수업도 없고, 야간 자기주도학습이 없었다고 하던데요?
최 교사: 네에. 주변 환경이 좀 부유한 동네라 학교 수업이 끝나면 아이들은 대부분 학원이나 과외를 하러 가여. 아마 학교에서는 희망자만 한 50명 정도가 남아서 자율적으로 공부해요. 이 학교는 모두 남아서 공부하니 좀 체제가 달라서 힘이 부치네요.
부장 교사: 저희도 예전에는 이렇지는 않았는데, 관리자님의 학교 방침이라 어쩔 수 없어 보입니다. 야간에 심화반 수업도 생기고, 전교생이 모두 늦게 남는 것이 대학입시에도 좋은 결과를 보여서 이런 현실이 지속적으로 반영되고 있습니다. 특히 인근 고등학교들도 모두 동일한 체제를 유지하고 있어요. 특히 저희 학부모님들도 그런 것을 요구한다고 하네요. (웃으며) 수요자 중심 교육이잖아요.
최 교사: (작은 목소리로 말꼬리를 흐린다.) 네에. 수요자……, 수요자 중심?
부장 교사: 그래도 저희는 좀 사정이 괜찮은 편이랍니다. 인근 다른 학교는 저녁 10시나 12시까지 야간 자기주도학습을 하기도 하고 대부분 모든

교육활동이 입시와 연관되어 있어요. 형식적으로는 7차 교육과정이지 실제는 예전과 별반 다르지 않다고 합죠. 하지만 저희 학교는 나름대로 7차 교육과정이 충실히 이루어집니다.

최 교사: (놀라며) 그래요? 음~, 부장님, 이 교재는 뭐죠?

부장 교사: 아. 그거요. (자랑스럽게) 저희 학교는 교재개발팀이 있습니다. 각 교과별로 특히 재량활동이 있는 교과나 국, 영, 수 교과를 중심으로 입시 정책에 맞는 다양한 방식의 교재를 개발하죠. 방학을 이용해서 콘도에서 며칠 합숙도 하고 학교 회의실에 모여 함께 고민도 하고, 벌써 3년 정도 되었나요? 아마 그 기간 동안 고민해서 만든 교재랍니다. (교재를 가리키며) 학교에서도 큰 자랑거리이기도 하고 다양한 수준으로 만들어 놓은 것이라 수업하기에도 큰 불편이 없을 겁니다.

최 교사: 그렇군요. 하지만 수업은 하겠는데, (머뭇거리며) 중간고사나 기말고사 때 평가문항이 모두 동일하다고 하던데. 좀 어폐가 있는 것 같기도 하고요.

부장 교사: 그야. 저의 학교만의 문제라기보다 현실이 그러니 어쩔 수 없죠. 일단 교육청이나 상부 기관에서 수준별 수업을 하라고 하지만 평가에 대해서는 뭐, 어떤 대책이 없는 듯하니 저희야 별수 있습니까? 그냥 정책에 따르는 것이 교사가 편한 길이죠.

최 교사: 참, 부장님! 이곳은 교과협의가 잘 이루어지나 봐요? 전에 근무했던 학교는 서로 의사소통이 좀 안 돼서 많이 힘들었거든요. 특히 말이 수준이지 교재도 따로 없고 그래서 일제식 수업을 했는데, 이곳은 정보를 많이 교류하면서 수업도 열심히 하는 것 같아 보기가 좋던데요.

부장 교사: (흥분하며) 맞는 말씀입니다. 우리 학교의 장점입니다. 7차 교육과정에서도 교과협의를 강조하는 것으로 알고 있습니다. 이런 강조점에 맞춰 학교 체제가 잘 정비되어 있죠. 아마 교과협의나 교육과정 면에 있어서는 이 인근의 어느 학교보다 저희 학교가 가장 선두에 있다고 생각됩니다. 특히 재량활동23)이나 특별활동24)은

교육과정에 맞게 실제로 모든 활동이 잘 이루어지고 있다고 자부합니다.

최 교사: (의뭉스럽게) 그래요. 참 이상적인 학교네요.

(부장 교사 퇴장, 최 교사 고개를 갸웃거린다.)

제2막

제2장 4월 12일 목요일 6교시 운동장

종이 울린다. 학생들은 운동장에서는 창의적 재량활동25)에 여념이 없다. 4개 반은 체력단련을 하고 있고, 4개 반은 목검이 하늘을 가른다. 강사의 구령에 맞춰 학생들은 춤을 추듯이 부드럽게 움직이다가 때로는 절도 있는 모습으로 자유를 만끽한다. 땀이 흐르고 아이들은 웃고 있다. 웃음에 희망이 번진다.

1학년 담임교사들은 교무실에 앉아 있다. 강사는 햇빛 아래서, 교사는 컴퓨터 앞에서 학생과 컴퓨터를 각각 임장하고 있다. 최 교사와 이 교사는 함께 커피를 마시고 있다.

이 교사: 화요일 6, 7교시에는 좀 여유가 있어 다행이에요.

최 교사: 그러게요. 아이들도 즐거워하고 모두 다 여유가 있어 보이네요. 어떤 아이들은 검도하러 학교 오는 아이도 있나 봐요.

이 교사: 호호. 그래요. 저희 반 학생들은 여자 아이들이라 좀 힘들어 보이던데. 오히려 다양한 활동을 하고 싶어 해요. 하지만 학교 방침이라 강제성이 있어 좀 짜증을 내는 애들도 있더라고요. 전에 계셨던 학교도 이런 활동이 이루어졌나요?

최 교사: 아뇨. 전에 근무하던 학교는 창의적 재량활동이나 특별활동 시간은 주로 담임시간이었어요. 그래서 담임교사들이 그 시간을 활용해서 상담하거나 자기주도학습을 했는데, 이 학교는 어쨌든 활동을 실제로 하니 여러모로 다행이다 싶네요.

이 교사: 뭐, 저희 학교도 예전에는 안 그랬는데 교장 선생님이 바뀌시면서

검도를 매우 중시하시더라고요. 아마 당신 자신도 교장실에서 직접 옛날 책을 가져다 놓고 연구하시는 것 같더라고요. 아는 것이 너무 많으셔서 저희와는 대화 수준이 다르세요. 특히 소신을 가지시고 우리 것은 반드시 지켜야 한다는 믿음으로 밀고 나가시는데, 다들 이걸 인정하는 분위기예요.

최 교사: (놀라며) 그래요?

이 교사: 저희 학교는 교감 선생님이랑 교장 선생님이 성향이 비슷하세요. 교감 선생님도 논술 교육이 중요하다시면서 독서기록장도 직접 만드시고 그걸 활용해서 전 교사, 전 학생의 논술 생활화를 강조하세요. 저희가 방과 후에 하는 검도나 독서 논술 프로그램도 그렇게 만들어진 거예요. 두 분의 소신이 워낙 강하시고 이런 활동들이 아이들을 위한 교육이라 생각하셔서 대부분의 선생님들도 다들 그렇게 생각하시고 잘 따르시더라고요.

최 교사: (고개를 끄덕이며) 네에. 그래서 학생들 대부분이 독서기록장을 가지고 있군요.

이 교사: 교사들은 좀 힘들지만 정착이 되면 모두 만족할 것 같아요. 아직은 과도기라 교사나 학생들한테 모두 부담이지만 시행착오만 좀 극복하면 괜찮을 것 같아요. 최 선생님, 그럼 전에 계셨던 학교는 이런 활동이 아예 없었나요?

최 교사: 그런 것은 아니에요. 전에 있던 학교도 독서기록장이 있었어요. 다만, 그냥 형식적인 경우가 많아서요. 특히 독서기록장은 논술 지도나 창재 시간을 위해 만들어 놓았지만 실제적인 활동은 없고 주로 자기주도학습을 했어요. 그러다 보니 일부 선생님들은 창재 시간 시수를 가지고 학년 초에 다투기도 하셨어요. 지금 제가 있는 학교는 강사 분들이 오셔서 애들을 책임지고 임장도 하시고 검도 지도도 하시잖아요. 전에 있던 학교는 이런 부분이 모두 담임교사들의 몫이에요. 그래서 특별활동도, 창재 시간도 모두 담임교사가 들어가서 시간을 메워야

했죠.

이 교사: (놀라며) 그래요? 담임선생님들이 참고만 있었나요?

최 교사: 뭐~ 다들 서로 바쁘다 보니 자기 일 아니면 신경도 안 쓰잖아요. 그냥 1학년 담임들만 힘들다고 했죠. 그렇다고 1학년 부장교사가 힘이 있는 것도 아니고 저희를 모두 대변해 주는 것도 아니더라고요. 특히 1학년 담임이 없는 대부분의 선생님들은 이 시간을 자율학습시간으로 인정해버려요. 그래서 시수 조정할 때도 이 시간은 무시한 채 시간 조정을 한답니다. 실제로 운영도 안 되니 저희도 할 말은 없지만 그래도 노력을 해야 하는데……. (끝말을 흐린다.)

이 교사: (의아해 하며) 그래도 좀 석연치 않네요. 분명히 임장을 하든 자기주도학습을 시키든 이 시간은 교과 수업 시수에 포함돼야 하는데.

최 교사: 그러게요. 이 선생님, 이젠 이 시간에 무얼 해야 하는지 고민할 필요가 없겠네요. 강사 분들이 저렇게 열심히 하고 저도 잠시 여유를 찾을 수 있어 괜찮은 것 같아요. 다만, 제 역할이 좀 줄어든 것 같아 속상해요. 정규 교과 시간에 교사가 아닌 다른 강사 분들이 우리 아이들을 떠맡는다는 것이 한편으로는 좀 이상하기도 하고, 공교육이 좀 무너진다는 생각이 들어 제 자신이 점점 작아진다는 느낌이 드네요.

이 교사: 그야 뭐, 그렇기는 하지만 좋은 게 좋은 거잖아요. 최 선생님, 그래도 문제가 아예 없는 것은 아니에요. 저희 반에서는 이 활동에 대해 불만을 토로하는 아이들이 더 많아요. 여학생이다 보니 그럴 수도 있지만, 이런 활동이 수요자나 학생의 의견수렴을 거쳐야 하는데 그런 과정이 좀 미흡했잖아요. 특히 한결고등학교를 다니는 학생이면 이런 모두 활동을 해야 한다고 하니 학생들이 좀 불만이 많나 봐요.

최 교사: (고개를 끄덕이며) 네에. 그런 면이 있기도 하겠네요.

(최 교사 커피를 마시며 창밖을 응시한다. 갑자기 찾아온 여유에 부담감을 느끼는 듯한 표정을 지으며, 생각에 잠긴다.) (혼잣말로) 이 시간 나는 어떤 존재인가? 학교 정규 시간에 나는, 내가 해야 할

일은 무엇인가? 내 임무를 타인에게 맡기고 있는 것은 아닌가? 나는 직무유기를 하고 있지는 않은가? 아니면 시류에 몸을 맡긴 채 나몰라 하고 있지는 않은 걸까?

제2막

제3장 4월 17일 5교시 교무실

진로와 직업 시간[26]이다. 최 교사의 손에는 영어책이 들려 있다. 아이들이 수업에 열중할수록 최 교사의 옷에는 분필 가루가 번진다. 종이 울린다. 최 교사 교무실로 들어온다. 몇몇 교사들이 교무실에 모여 있다.

박 교사: (손짓을 하며) 최 선생님, 이리 오셔서 과일 좀 드세요.

최 교사: 네.

박 교사: 최 선생님 '진로와 직업' 시간이셨죠? 어떠셨어요.

최 교사: (걱정스러운 표정으로) 제가 여쭤보고 싶었던 말인데. 저기, 김 선생님은 '진로와 직업' 시간에 어떤 활동을 주로 하세요. 오늘 전 수업하기가 너무 고민스럽고 교재 연구할 시간이 부족해서 제 전공 교과를 좀 편집해서 가르쳤어요.

박 교사: 좋네요. 최 선생님, 그 수업 때문에 너무 고민하진 마세요. 저도 제 전공을 좀 편집해서 가르치거나 자율학습을 그냥 시켜요. 뭐 작년에는 주로 자기주도학습을 시켰는데 좀 미안하더라고요. 그래서 올해는 제 교과 내용을 좀 변형하기도 하고, 우리 반 수업이다 보니 학교에서 전달하는 내용을 알려주거나 상담을 주로 합니다.

최 교사: (안도의 한숨을 쉰다.) 네에. 좋은 방법이네요. 저도 그러면 되는데 왠지 제 의무를 다하지 않는 것 같아 좀 찜찜하네요. 특히 학생들이 이 시간에 진정 무엇을 원하는지도 잘 모르겠고 하여튼 고민이 많이 되요.

박 교사: 그렇군요. 아마 다른 분들도 대부분 비슷한 입장이실 겁니다.

하지만 결국은 모두 이런 형태로 수업을 진행하시더라고요. 아마 대부분 선생님들이 담임 반에 '진로와 직업'을 들어가기 때문에 담임 전달 사항이나 상담 아니면 영어 시험을 보는 것 같더라고요. 뭐, 시험 기간 전에는 시험공부를 시키기도 하고 시험 진도가 떨어진 반은 보강 시간으로도 활용하는 것 같아요. 다들 이 과목 전공자들이 아니라서 다들 어려워하죠. 자료도 그리 많지 않는 것 같고, 음~ 가장 중요한 건, 월말에 평가가 없잖아요. 그냥 '이수'라고만 적다보니 여러 방면에서 기형적인 교과시간으로 인식하는 것 같더라고요. 뭐 아이들도 대부분 이러한 사실을 소문으로 알고 있어 이 과목을 그냥 편안한 시간 정도로 생각한답니다.

최 교사: (수긍하며) 네에. 그래요. 전에 한번 '진로와 직업' 연구 자료를 찾아 봤는데, 자료는 참 많더라고요. 한데 정작 쓰려고 하니 교재 연구하는 데에 많은 시간이 소비되고 제 전공이 아니라 무척 힘이 들더라고요. 남이 만든 자료라 낯설기도 하고 핑계지만 요즘 하도 바빠서 교과 연구하기에도 시간이 벅차기도 하고요. 교과서도 너무 일반적인 내용만 있고 수업하기가 용이하지도 않은 것 같아요. 특히 진로와 직업 교과가 5교시에 있어서 저나 학생들이 모두 더 힘이 더 들었던 것 같아요.

박 교사: (진심어린 표정을 지으며) 너무 고민하진 마세요. 그러다 건강도 해치고 다들 쉬엄쉬엄 한답니다.

최 교사: (과일을 들고 자리로 돌아온다. 힘없이 털썩 주저앉는다. 혼잣말로) 내가 할 수 있는 일은 과연 무엇인가? 아이들에게 정작 중요한 것은, 교육자로서 내 진정성과 아이들의 정체성은 어디서 찾아야 하는 것일까? 찾기에는 힘이 벅찬 걸까? 이게 나만의 생각일까? 아이들은 어리다. 나는, 나이만 많은 걸까? 우리의 옛날 스승님들도 이런 고민을 하셨을까? '진로와 직업', 아이들의 장래를 생각해 볼 때, 제 전공 교과보다 오히려 더 중요한 것은 아닐까? 시험이 없다지만 내

행동이 무책임 한 것은 아닐까? 훗날 아이들이 나를 어떻게 평가할까? 난 아이들에게 떳떳한 교사일 수 있을까? 그리고 집에 있는 남편과 자식들에게 난 자랑스러운 교사일까? 난 왜, 이렇게 고민만 하는 것일까? 다리에 힘이 풀린다.

제2막
제4장 4월 21일 토요일 3·4교시 특별실

"라라라라~ 라라라라~." 2교시를 마치는 종이 울린다. 아이들은 일제히 자신이 선택한, 자신에게 주어진 계발활동 담당부서로 몸을 재빨리 움직인다. 몇몇은 벌써 운동장에서 자신의 특기를 계발하고 있다. 일부는 오늘 해야 할 활동 내역을 정리하는 등 수업 때와는 다르게 얼굴에 화색이 돈다. 각 교실에 있는 학생들도 바쁜 모습이다. 체육복을 갈아입는 학생, 가방을 싸서 교외로 봉사활동을 나가는 학생, 등산을 가기 위해 편한 복장으로 갈아입는 학생, 바둑, 장기판을 챙기는 학생, 영어 테이프나 MP3를 들고 뛰어가는 학생 등 아이들은 자신만의 적성을 찾아 삼삼오오 움직인다.

교실 한쪽 구석에서는 세 명의 학생이 '가위바위보'를 하고 있다. 부서 배정을 조율하고 있는 듯하다. 4월의 햇볕이 어느 때보다 따듯해 보인다.

최 교사 바쁜 듯이 무언가를 메모하고 있다. 교무실 저편에 앉아 있던 이 교사가 최 교사에게 다가온다.

이 교사: 어머, 최 선생님 또 공부에요. 매일 뭘 그리 보세요?

최 교사: (쑥스러운 표정을 지으며) 네에. 오늘 해야 할 계발활동에 대해 정리하고 있었어요.

이 교사: 이 선생님은 항상 공부만 하나 봐요. 오늘 같은 날은 대충 해도 아이들이 알아서 다들 열심히 해요. 저희 학교는 동아리가 자체적으로 잘 조직이 돼서 동아리에 기장, 부기장이 있어요. 그 학생들을 중심으로

동아리 신입생 면접도 보고, 그 학생들이 일 년 운영을 자기주도적으로 해나가요. 특히 학교에서도 동아리 활동을 활성화하기 때문에 특별활동 배정에 있어서도 동아리에 들지 않은 아이들만 조직하니 나머지 부서 배정도 별 문제없이 진행되는 것 같아요. 뭐, 동아리가 없는 애들도 자신이 희망하면 언제든지 자유롭게 조율이 이루어지기 때문에 학생들 사이에서도 큰 불만이 없어요. (웃으며) 덕분에 교사들도 계발활동 시간에는 좀 자유로워지죠.

최 교사: 네에. 선생님은 올해 무슨 반을 맡으셨어요?

이 교사: 전, 독서반을 맡았어요. 뭐, 필독 도서를 제시해 주었으니 아마 알아서 잘 읽고 감상문도 잘 쓸 거라 생각해요. 기장이 워낙 똑똑해서 잘 해요. 선생님은 무슨 반을 맡으셨어요?

최 교사: 전, 영어회화반을 맡으려고 했는데 올해는 이곳 생활이 처음이라 수업 부담도 좀 있고 해서 아이들을 고려하기보다는 제가 평소 즐겨하는 십자수반을 맡았어요. 학교생활에 큰 부담을 주지 않을 것 같아서요.

이 교사: (의아해 하며) 십자수요? 다재다능하시네요. (손뼉을 치며) 아~, 지난번에 외부에서 오셨던 예쁜 강사분이 바로 십자수반 선생님이셨군요. 음~, 하여튼 좋겠어요. 선생님이 특별히 가르치지 않아도 되고요.

최 교사: (손을 내저으며) 꼭 그렇지만은 않아요. 강사 선생님이랑 저랑 협의해서 계발활동을 운영하려고 해요. 실기는 주로 그분이 담당하고 이론이나 실습은 제가 담당하려고요.

이 교사: 그래요. (놀라며) 언제 그런 것을 다 배우셨어요. 저도 내년에는 특기적성 연수를 좀 받아야겠어요. 그래야 제가 하고 싶은 것을 할 수도 있고, 아이들도 즐거워 할 것 같아요.

최 교사: (호기심 어린 표정으로) 선생님, 저희 학교 말이에요. 원래부터 계발활동이 이렇게 자율적으로 운영이 되었나요? 처음에 무척

놀랐어요.

이 교사: (머뭇거리며) 뭐~ 꼭 그랬던 건 아니고요. 아마 올해에는 운영이 좀 활발히 이루어지는 것 같아요. 작년에는 운영이 거의 안 되다시피 했어요. 작년에는 월요일 1교시가 특별활동 시간이었거든요. 올해처럼 계발활동 시간이 토요일로 따로 배정이 되지도 않았고 월요일 날 계발활동을 포함해서 특별활동이 그냥 뭉뚱그려 운영되다보니 언제 무슨 시간을 하는지 교사나 학생 대부분이 잘 몰랐었어요. 특히 계획도 따로 없는 것 같고 각 영역이 어떻게 운영되는지도 모르겠고, 담당부서도 없는 것 같았어요. 뭐, 학년 부장님 말씀에 따르면, 주무부서에서는 그냥 학년에서 알아서 운영하라고 하더라고요. 그래서 학년 부장님도 그냥 담임선생님들 보고 담임 시간으로 활용하라고 하시더라고요.

최 교사: 네에. 그럼, 저와 같이 외부강사가 있는 계발부서는 어떻게 했죠?

이 교사: 그야 강사분이랑 갈등이 좀 있었죠. 사전 조율을 해야 하는데 그게 쉽나요. 교사들도 학교 일정을 잘 모르는 판인데요. 아마 외부강사가 있는 반에서는 적잖은 고민이 있었나 봐요. 준비물은 항상 교실 구석에 쌓여져 있고 언제 계발활동이 있을지를 잘 몰라 강사랑 교사랑 서로 힘들었다고 하더라고요.

최 교사: 그래요. (말끝을 흐린다.) 그럼,

이 교사: (말꼬리를 가로챈다.) 그래도 다행이에요. 올해는 토요일 3,4교시가 계발활동이잖아요. 비록 월요일 1교시가 다른 특별활동 시간이라 여전히 각 활동들이 헷갈리지만 뭐, 예전처럼 담임 시간으로 활용하면 되니까. 큰 문제는 없잖아요.

최 교사: (걱정스런 눈빛으로 말끝을 흐린다.) 그야 그렇기는 한데…….

이 교사: 그럼 주말 잘 보내세요. 전 계발활동이 끝나자마자 바로 퇴근하려고요.

최 교사: 그러세요.

(고민에 빠진 표정을 지으며, 혼잣말을 한다.) 계발활동이야 그렇다고 치지만 다른 특별활동은 항시 담임 업무로 내맡겨진 상태였구나. (고민하는 표정을 지으며) 어디까지 내 업무고 어디까지 희생하고 봉사해야 하는지 가슴이 답답하기만 하다. 담임의 역할은 어디까지일까?

(최 교사 고개를 떨어뜨리며, 퇴장한다.)

제2막

제5장 4월 25일 법의 날, 1교시 봉사활동, 운동장

오늘은 아침 일찍 운동장 조회가 있다. 학생 부장 교사는 오와 열을 맞추기 위해 분주하다. 학생들은 자신의 개성에 맞게 줄을 선다. 호통 소리에 맞춰 오와 열이 대략 맞춰진다.

사열대에서는 교장 선생님의 말씀이 길어진다. 한 달에 한 번 하는 조회라 시상할 내역도 많고 해야 할 일도 많으신가 보다. 시간이 길어진다.

담임교사들의 얼굴은 각양각색이다. 웃는 교사, 인상을 쓰고 있는 교사, 무언가를 골몰히 생각하는 교사, 걱정들이 많나 보다.

조회가 끝났다. 1교시가 시작한 지 벌써 30분이 지났다.

최 교사: 선생님, 오늘 1교시 봉사활동 아닌가요? 교육계획서나 주간 계획을 보니 봉사활동이라고 적혀 있던데……. (말끝을 흐린다.)

이 교사: (웃으며) 맞아요. 월요일부터 또 청소할 줄 알았는데, 오늘은 운이 좋네요. 최 교사: 이곳 선생님들은 혹시 학교교육과정 계획서를 보시나요?

이 교사: 글쎄요. 대부분 관심이 없을 걸요. 전 이 학교에 오래 있었는데 계획서를 본 적이 거의 없어요. 그거 부장 교사들이 작성하는 거 아닌가요? 우리 같은 일반교사는 그런 일에 관심도 없잖아요. 특히

계획과 실행은 엄연히 다르기도 하고 보면 오히려 헷갈리기만 해요.

최 교사: (고개를 끄덕이며) 네에.

이 교사: 전에 계셨던 학교에서는 학교교육계획서대로 교육과정을 실행했나요?

최 교사: (머리를 어루만진다.) 뭐, 꼭 그런 건 아니지만 그래도 많은 부분이 그걸 기본으로 이루어지던데요. 교육과정이 교장 선생님 결재도 득해야 하고 교육청에도 보고 해야 하니 학교 측에서는 그걸 지키려고 무진 애들 써요. 다만 그런 것이 문서나 형식 차원이 좀 강해서 그렇지, 행정부서나 교감선생님이 주관해서 자체 연수도 하고 부서별 교육과정 협의 같은 것도 있고 그랬어요. 뭐, 실제적으로는 잘 이루어지지는 않았지만요.

이 교사: (놀라며) 그래요. 저희 학교는 뭐, 특별한 교육과정 연수는 없었던 것 같아요. 아마 있어도 대부분의 선생님들은 관심이 없어서 잘 보시지도 않을 거예요. 예전에 도 교육청 차원에서 뭐더라 특별활동이나 재량활동에 대해 연수를 한 것 같은데, 음~ 맞다. 사이버 연수를 시켰는데 저랑 같이 있던 선생님들은 짜증을 내시더라고요. 대부분 클릭, 클릭, 클릭, 다른 사람이 대신 해주기도 하고 그냥 그랬어요.

최 교사: (웃으며) 뭐, 다들 비슷하네요. 참, 이 선생님, 궁금한 것이 있는데요? 음~ 1교시 봉사활동이라 잡혀 있는 날, 항상 이렇게 청소를 하나요?

이 교사: (웃으며) 항상 그런 건 아니지만 대체로 대청소를 해요. 지난번 나누어준 청소 구역표를 보셨죠? 대략 14개 구역으로 학교 주변을 나누잖아요. 그래서 월요일 1교시가 되면 모두가 자기에게 맡겨진 구역을 청소해요. 다들 열심히 하죠. 하지만 1500명이 넘는 학생들이 한 날 한 시에 모두 청소를 하니 효율성은 거의 없어요. 명목만 있는 경우도 있고 그렇죠 뭐.

최 교사: 전 지난번에 모두 청소하는 모습보고 놀랐어요. 아주 열심히

하더라고요. 보기 좋던데요. 학교도 깨끗해지고. 근데, 선생님, 저희 학교교육과정을 보면, 봉사활동이 7시간 정도 잡혀 있는데 매번 청소만 하나요?

이 교사: 네. 선생님도 아시다시피 봉사활동이 월요일 1교시에 잡혀 있잖아요. 그래서 어디 멀리 나가서 봉사활동 하기가 너무 힘들어요. 봉사 포스트도 없고, 아이들 안전상에 문제가 있을 수도 있고, 학습 분위기도 많이 흐려지잖아요. 월요일 아침부터 청소하고 오면, 월요병에, 흐트러진 분위기에, 특히 문제는 주변 학부모님들이 몹시 싫어해요. 뭐, 수요자들이 싫어하는데 굳이 하는 것도 좀 그렇잖아요. 그래서 학교에서는 고육지책으로 봉사활동 시간을 이렇게 운영하는 것 같아요. 아마 대학입시에도 봉사활동 부분이 중요하잖아요. 꿩 먹고 알도 먹으려는 거죠.

최 교사: (고개를 끄덕이며) 아, 네에.

이 교사: (호기심이 가득한 표정으로) 전에 계시던 학교는 특별활동 시간에 봉사활동을 안 했나요?

최 교사: (얼굴이 빨개진다.) 네에. 전에 있던 학교는 문서상으로는 봉사활동이 8시간 정도 잡혀 있었는데 저희도 안전상의 문제나 봉사포스트의 부재 때문에 활동이 거의 전무했어요. 지켜야 할, 해야 할 활동을 못해서 아이들에게 너무 미안했어요. 그렇다고 저 혼자만 어떻게 할 수 있는 활동도 아니고 항시 이 부분 때문에 고민이 많았어요. 연말에 가서 교내 봉사활동 적을 때는 더 고통스러웠지요.

이 교사: (고개를 끄덕이며) 저희도 별반 다르지는 않아요.

최 교사: (눈을 동그랗게 뜬다.) 그럼, 선생님, 오늘 같이 봉사활동 안 한 날은 연말에 어떻게 기록해요? 학생생활기록부에 적기도 좀 뭐할 것 같은데…….

이 교사: 음. 그냥 연말에 교무기획부나 다른 행정부서에서 적으라는 대로 입력해요. 다른 학교들도 대부분 그렇게 하잖아요. 봉사활동도

대략 그렇죠. 뭐. 이게 봉사활동만의 문제겠어요? 특별활동이나 다른 교육과정이 대부분 거짓이 좀 많잖아요. 그나마 봉사활동이야 일부가 지켜지는 활동이라 좀 문제가 있어도 아이들을 위한다는 말에 그저 따르는 거죠. 연말에 가면 하지도 않은 활동을 적느라 다들 코가 점점 길어지죠. 그 시간이 되면 다들 글짓기 선생님을 부러워하죠.

최 교사: (목소리가 작아진다.) 그야 그렇기는 한데…….

(혼잣말로 중얼거린다.) 수요자를 진정으로 위한 교육이 뭘까?

대학입시를 위한 준비인가, 아니면 교육과정 달성, 아니 교육의 진정성 확보?

(최 교사는 무언가를 생각하는 듯 하늘만 쳐다 본다.)

제2막

제6장 4월 25일 6교시 교무실

다들 분주한 모습이다. 6교시 교과 시간에 '법의 날' 특별 강연회가 있다. 방송실은 방송실대로 강사가 강연할 수 있게 시스템을 정비하고 교실은 교실대로 교사들의 임장 아래 학생들은 모두 텔레비전 앞에 정숙한 자세로 앉아 있다.

교무실에 있는 교사들의 반응도 각양각색이다.

이 교사: (목소리를 높인다.) 시험 범위까지 교과 진도를 못 나갔는데, 뭐 하자는 건지. 사전에 이러한 활동은 창의적 재량활동 시간이나 특별활동 시간으로 돌리고 미리 계획해서 운영하면 얼마나 좋아요. 평소 특별활동 시간에 뭘 할지 몰라 버둥대는 것보다 훨씬 알차고 좋을 텐데. 진짜 화가 나려고 하네요.

김 교사: (맞장구를 친다.) 맞습니다. 이건 시험 진도 때문에 바쁜데, 도와주지는 못할망정 다른 활동을 하라고 하니. 참~. 아무리 '법의 날'이지만 좀 너무 하는 것 같아요. 그래 놓고 우리 보고 게으르다니

정체되었다니 하는 모습이 화가 납니다.

박 교사: (달래는 듯한 어조로) 다들 좋은 게 좋은 것이 아닙니까? 어떻게 보면 잘 되었을 수도 있고, 전 이 시간이 진로와 직업 시간인데, 뭘 가르칠지 항시 고민만 하고 자율학습을 시켰는데 오늘은 학생들이 덜 조를 것 같아 괜찮다고 생각하는데. (머리를 만지며) 너무 제 생각만 하나요. 미안합니다.

부장 교사: (큰 소리로) 자, 선생님들 죄송합니다만 임장 지도 좀 부탁드립니다. 학교에서도 다 사정이 있어서 그랬으니 좀 이해해 주시고요. 자~~ 교실로, 임장 부탁드립니다.

(교사들이 각자의 교실로 이동한다.)

4월 25일 6교시 교실

1학년 6반 교실, 텔레비전에는 낯선 사람이 나와 나름대로 열심히 강의하고 있다. 평소 명쾌한 판결을 신조로 하는 모습과 달리 사뭇 긴장한 모습이 역력하다. 학생들은 구미가 당기는지 열심히 텔레비전을 주시하고 있다.

시간이 흐른다. 학생들은 흥미를 잃어 가고 있다. 눈동자에 힘이 들어간다. 힘들어하는 모습이 역력하다. 최 교사는 조는 아이들을 깨우기 시작한다.

최 교사: (달래는 듯한 어조로) 얘들아, 일어나요. 지금 중요한 강의를 하지 않나요? 인근에 저명한 인사라고 하던데 그래도 예의가 있지. 들으면 좋은 내용이니 열심히 들어요. 여러분도 저런 사람이 될 수 있도록 평소 행실을 바로 하고, 열심히 살아야 해요. 알았지요?

학생 1: 선생님, 방송 상태가 너무 안 좋아요. 무슨 말을 하는 지도 잘 안 들리고, 유명 인사라지만 너무 시시한 이야기만 하는 것 같고, 음~,

뭐라 말하는 지도 잘 모르겠어요. 다른 사람이 하면 안 되나요. 차라리 선생님이 말씀해 주시는 게 더 나을 것 같은데.(아이들이 따라 웃는다.)

(30분이 흘렀다. 최 교사의 이마에 땀이 맺히고 있다. 창밖을 응시하던 최 교사의 얼굴이 일그러진다.)

최 교사: (화난 어투로 반말을 한다.) 졸지 말고 일어나. 어서~
학생 2: (반항적인 표정을 지으며) 선생님, 우리 그냥 공부하면 안 되나요? 며칠 후면 중간고사인데 할 공부도 많고 이건 시간 낭비인 것 같은데요. 각자 공부할 수 있게 해 주시면 좋겠습니다. 죄송합니다.
최 교사: (화가 나서) 뭐? (잠시 시간이 흐른다.)
(체념한 듯한 표정을 지으며) 음. 그래, 그렇게 해라.

(여전히 텔레비전 속의 화자는 평범한 이야기를 대단한 듯이 무어라 중얼거리고 있다. 아이들은 대부분 고개를 숙이고 있다. 공부하는 아이, 조는 아이, 떠드는 아이 등. 태양은 여전히 강렬했으며, 아이들의 모습은 해맑기만 하다. 최 교사는 고개를 떨어뜨린다.)

최 교사: (혼잣말로) 나는 지금 무슨 활동을 하고 있지? 이게 교육활동인가? 교육의 진정성은 어디로 갔지? 갑자기 변경된 학교 일정, 미숙한 강사, 아이들에게 변명하기 바쁜 나, 난 무슨 잘못을 한 걸까? 아이들을 존중하며 사랑하고자 했던 내 마음이 흔들린다. 판사는 지금 어떤 기분일까? 자신의 가족을 심판하는 심정은 아닐까? 지금 내 기분은, 프로메테우스가 되려고 했던 나의 소중한 사직의 꿈은, 제우스에게 불을 훔치기 위해 아니 아이들을 위해 끝없이 희생하고 봉사하려던 내 소중한 꿈.(머리를 감싸며) 아~ 처참히 무너져 내린다. 교직의 바위에 묶인 나, 언제까지 내 간이 버텨낼까? 이것이 내가 바라던 교육자의

모습인가? 난 이제 어떻게 행동해야 하는가? (자조적인 어투로) 나는 지구를 지키는 원더우먼도, 프랑스의 애국소녀인 오를레앙의 처녀도 아니다. 그저 힘없는 현장교사이자 두 아이의 엄마다. 하지만 나의 자식들, 내가 가르치는 학생들, 나의 꿈, 내가 몸담고 있는 교직의 미래는 앞으로 어떻게 될까? 무엇이 교사의 역할이고 교육의 진정성인가? 나는 소망한다. 왜? 내가 가르치는 아이들과 내 자식들에게 부끄럽지 않은 교사이자 엄마이고 싶기 때문이다. 그럼 이제 어찌 해야 하는가? 행동하지 않는 신념은, 신념이 아니라고 하던데. 나는? 혼자서 무소의 뿔이 되어야만 하는가?

(최 교사 창밖을 응시하며, 무언가를 깊이 고민한다. 시간이 흐른다. 최 교사의 눈이 빛나기 시작한다. 무언가를 결심한 듯 교실 문을 나선다. 창밖의 태양은 여전히 강렬하기만 하다.)

Ⅳ. 꿈을 꾸고 난 후

테세우스는 미궁으로 들어가 비밀의 방에 이르고자 한다. 비밀의 방에는 괴물 미노타우로스가 있다. 미궁을 통과하는 길은 복잡하게 얽혀 있어 길을 잃기 십상이다. 미궁으로 들어가는 문은 누구에게나 보이는 것이 아니다. 들어가고자 하는 사람에게만 존재하고 열리는 문이다. 테세우스는 미궁의 문을 찾아 실 끝을 미궁의 문설주에 묶어 놓은 뒤 자신의 예지와 본능으로 미로를 더듬어 비밀의 방에 이른다.

그곳에는,

'The Minotaur', George Frederick Watts, 1817-1904

우리들은 각자가 테세우스가 된 양, 자신에게 주어진 미궁 속으로 들어갔다. 미궁 속은 어두웠으며, 길을 알려줄 한줌의 빛도 존재하지 않았다. 하지만 우리는 비밀의 방에 숨겨진 미노타우로스의 실상을 보기 위해, 열정을 가슴에 품은 채 희망의 불빛을 미궁에 쏘았다.

비밀의 방을 찾는 일은 처음부터 힘든 작업이었다. 연구자의 예지와 본능 그리고 열정으로 모든 관문을 통과해야만 했다. 관리자들의 대부분은 자신의 영역 속으로 연구자를 들여보내 주지 않았다. 설령 연구자가 그 속에 들어가더라도 진실의 모습을 보기란 쉬운 일이 아니었다. 모든 이들이 낯선 사람의 방문을 경계하는 눈치였다.

그래도 우리 각자는 자신의 일에 충실했다. 의문을 가슴에 아로새기며 비밀 속에 감춰진 진실을 찾기 위해 앞으로 나아갔다. 그리고 드디어 그들과 한 가족이 되었고 숨겨진 의미를 발견할 수 있었다. 하지만 눈앞에 펼쳐진 진실 속에 허망함과 분노를 느꼈으며, 오히려 그들의 분투 속에서 더욱 숙연해 질 수밖에 없었다.

진실치고는 지독한 악몽이었으며, 비밀의 방에서 먹이를 기다리는 괴물, 미노타우로스보다 더 무시무시한 모습, 현실 그 자체를 보고만 것이다.

우리는 자신이 만났던 괴물을 폭로하기 위해 만나야 했다. 하지만 우리들은 괴물의 형상을, 아니 현실 속 진실을 폭로하기 싫었다. 그런 괴물이 탄생하게 된 어처구니없는 현실에 마냥 분노하고 싶었다. 그중 내가 본 괴물은, 머리와 몸이 서로 다른 유기체로 혼합된 괴상한 형상이었으며, 그 모습에서 슬픔과 괴로움을 엿볼 수 있었다. 나는 그 괴로워하는 괴물이 자꾸만 떠올랐다. 슬플 뿐이었다.

2008년 8월 25일 정오

낯선 두 남자가 앉아 있다. 그들의 고민이 재떨이에 수북하다. 4년 전, 무언가를 찾고자, 무언가를 밝히고자 했던 희망어린 모습과는 사뭇 다르다. 그들은 지쳐 보였으며, 음울한 표정을 짓고 있다. 얼굴에는 아직도 붉은 기운이 남아 있다. 할 이야기가 많았다는 듯, 토론이 격했다는 듯 이마에는 땀이 맺혀있다. 힘들은 양 엉덩이를 쭉 빼고 잠시 서로의 시간을 즐기고 있다. 다른 라운드를 준비 할 모양이다. 커피는 없고 얼음 조각의 잔재만이 남아있다.

DI는 빈 커피 잔을 들고 주변을 살핀다. 누군가를 기다리고 있는 모습이다. 뿔테 안경에 곱게 차려입은 정장, 함초롬한 헤어스타일, 얼굴은 이지적이다 못해 다소 차가워 보인다. 여름의 정오치고 커피숍도 서늘하다. 윙~~~. 에어컨 소리에 맞춰 팝송이 조용히 흐른다. Before the dawn I hear you whisper. In your sleep.......

그는 동료를 의식하지 않고, 기차에서 맞추다만 큐빅 퍼즐을 꺼낸다. 이번에는 빨간 색이다. 9개의 빨간 면이 하나의 면에 들어오기란 여간 힘든 일이 아니다. 그의 이마에 땀이 맺힌다. 신경질적인 모습이다. 반대편에 앉은 일행은 DI의 행동을 유심히 살피고 있다. 오늘도 실패다. 노란 면도, 빨간 면도 그리고 어떤 면도 맞추지 못했다. 연구를 시작하며 생긴 버릇이다. 항상 같은 결과다. 과거에도 여러 차례 교육과정을 연구했지만 이번만큼은. DI가 불안해한다.

흔들리는 동공이 멈춘 곳은, 벽에 걸린 그림이다. 지금도 그 자리를 지키고 있다. 4년 전 그들의 모임을 지켜본 장본인이다. 그림 속 미노타우로스는 우두인신(牛頭人身)의 모습이다. 예나 지금이나 성난 표정으로 사람들을 공격하고 있다. 하지만 분위기가 예전과 달라졌다. 그 표정에서 슬픔이 묻어난다.

잠시 후, 그림 속, 미노타우로스가 DI를 본다.

"난 원래 이런 모습이 아니야. 왜, 내가 이렇게 되었지? 이제 나에게는 슬픔과 고통만이 존재 해. 사람을 잡아먹어야만 살 수가 있어? 혹시 처음부터 그랬나? 내 모태, 난 어디서 온 걸까? 지금 난 너무나 슬퍼. 보이는 것만이 전부가 아니야. 너도 알잖아?"

미노타우로스의 속삭임에 DI는 화들짝 놀란다. 여전히 속삭인다.

"너를 키운 건 무엇이니? 너도 슬퍼 보여. 예전에 보았던 그 모습이 아니야. 뭐가 그리 고통스럽니? 모태를 찾았니? 아니면......."

기억의 파편들이 흩어진다. 그리고 중얼거린다.

'나의 모태는 교육이다. 그리고 그 모태는 무엇인가? 교육과정! 그런데 왜, 이렇게 슬플까? 보이는 것도 슬픈데, 이게 전부가 아니라니. 그럼, ……. 제기랄.'

그는 눈을 비비며 얕은 한숨을 내뱉는다. 갑자기 훈이 생각났다. 열정적인 훈의 모습, 연구 도중 그가 늘 암송했던 시가 생각났다.

어둠 그건 눈 뜰 때의 나의 이름
어둠 그건 나를 괴롭히는 원숭이
나는 어둠의 거울 앞에서
얼굴을 찡그리고 미치광이인 척 한다네
어둠 그것은 부조리한 나의 무게
차갑게 썩어 버린 나의 반신
'마지막 유예'

인간의 의식 속에 숨겨진 어둠의 정체를 밝히려고 했던 노래이다, '어두운 진실'을 이야기하고픈 노래였다. 연구 내내 그의 가슴을 무겁게 만들었던 노래였다. 이제는 훈의 시도, 엘뤼아르의 것도 더 이상 아니었다. 그가 슬픈 이유, 미노타우로스가 슬퍼보였던 것도 여기에 있었다. 훈의 열정 속에 숨겨진, 교육과정의 진실을 보았기 때문이다. 사각의 틀, 비밀에 방에 갇힌 미노타우로스를 보았기 때문이다. 그리고 그 속에서 평등의 이상을 향해 외치는 상실의 절규, 훈의 외침을 들었기 때문이기도 하다.

훈이 이죽거린다.

"전 슈퍼맨은 아니지만 슈퍼맨이 되기 위해 노력하고 있어요. 학생들의 다양한 수준을 맞추기 위해 중간 수준에 맞춰 교재를 만들어요. 그리고 그들의 고민보다 저 자신에 대한 고민을 먼저 하죠. 수요자 중심이냐 교사 중심이냐는 동전의 앞뒷면이에요. 하하!

그러다보면 학생이나 학부모보다 현실의 구조적인 문제가 저에게 더 중요하죠. 하지만 뭐~, 저에게는 그다지 중요하지 않을 수도 있어요. 전 슈퍼맨이잖아요. 그래서 수행평가, 재량활동도, 특별활동도 오히려 저에게는 큰 자유로 다가오죠."

세련된 박 교사 역시 훈 옆에서 깐죽거린다.

"맞는 말씀이에요. 자유 좋죠. 타협 아닌 타협이지만 그 시간은 우리에게 소홀한 시간, 노는 자습시간입니다. 아이들도 좋아하고 우리 모두 다 좋아하는 서로에게 좋은 윈-윈(win-win) 시간입니다."

훈과 박 교사가 그를 쳐다본다. 웃음 속에 슬픔이 배어난다. 훈과 박 교사는 현장 교사들이다. 그들도 역시 교육과정에 갇힌 채, 현실을 비웃고, 교육과정을 비웃고 있는 것이다. 내면의 슬픔을 지닌 채.

DI는 다시 그림을 쳐다본다. 사각의 틀에 갇혀 고통 받는 미노타우로스, 그의 슬픔을 느낀다. 선들이 살아 움직인다. 서로 만나고 싶어 하는 눈치다. 그러나 운명이 험악하다. 그들은 정해진 규격, 두 개의 평행선이 되어 서로 만날 수가 없다. 계속 자기의 갈 길을 가야만 한다. 교육과정과 유사하다. 학생과 교사는 대학의 길을, 교육과정은 이상의 길을. 그래서 교육은 유지되는 것이다. 그 속에서 신음하는 미노타우로스가 있을 뿐이다. 벽을 잡는다. 앞에 앉은 동료가 걱정스러운 모습으로 그를 쳐다본다.

괴성이 들린다. '빠라~ 빠라~ 빠라 빠~' 갑자기 들려온 소리에 동료도 놀란 눈치다. 모두 밖을 주시한다. 커피 전문점 앞 도로가 아수라장이다. 도로 자체가 워낙 좁은데다가 불법 주차까지 극성이라 정체가 심한 모양이다. 숨이 막히는 정오의 도로, 표정이 다들 어둡다.

LE도 경적소리에 놀라 창밖을 본다. 계속해서 소리가 들린다. 혼잣말로 중얼거린다.

"이런 제기랄, 도로 사정이나 7차 교육과정이나 매한가지구만."

그 순간 DI의 눈이 안타까움의 빛으로 번뜩였다. 이것은 동조 이상의 감정 표현이었다. 이제 이들은 정오의 도로를 뚫어져라 쳐다보고 있다. 도로를 지나가는 사람들, 차 안에서 경적을 울리는 사람들, 황급히 차에 오르는 사람들, 그들의 모습에서 불안감이 엿보인다. 도로 위 아지랑이만이 한가로운 모습이다. 하늘하늘 피어올라 푸른 하늘로 자유롭게 날아오른다.

여름을 등에 지고, 두 명의 남자가 커피숍으로 들어선다. 만나기로 한 일행들이다. 두 명 모두 단정하고 가벼운 복장이다. 그들은 너무 말쑥한 나머지 다소 왜소해 보이기도 한다. M은 한 쪽 어깨에 무거운 가방을, MA는 왼손에 서류 뭉치를 들고 있다. 서류뭉치는 잠시 후 토할 기세다. M의 체구에 어울리지 않은 가방도 소화불량 상태다. 뭘 그리 처먹었는지 M의 배만큼 도드라져 있다.

서로 가볍게 눈인사를 하고 자리에 앉는다. DI, LE, M, MA가 한 자리에 앉는다. 이제 한 테이블에 4명이 마주보고 있다. 'Dilemma'

주위에는 아무도 없다. 하아이안 테이블 위에 두툼한 무언가가 놓여진다. 휘갈겨 쓴 원고지와 곱게 타이핑된 A4 용지, 연구 잔해가 수북이 쌓인다. 현실의 무게치고는 다소 썰렁한 유품이다.

그들은 서로의 얼굴을 유심히 살핀다. 그들은 4년 전, 이곳에서 도원결의를 꿈꿨다. 비록 그들의 전공은 차이가 날지라도 문제의식을 공유하기 시작했다. 그들은 모두 미래의 꿈을 키우는 열정적인 교육 실천가이자 냉철한 현장 전문가들이었다. 연구기관이나 교육현장에서 수많은 교육 경험을 쌓은 연구자들이기도 했다. 그들은 교육과정의 참모습을 알고 싶어 했다. 교육과정과 현장의 조화로운 모습을 보고 싶어 했다. 원심력과 구심력의 조화와 균형 속에 한없이 돌아가는 현장을 보고 꿈꾸었을 지도 모른다. '교육 주체와 객체 간의 조화', '힘의 균형'을 희망했을 것이다. 더 이상 이론가들의 목소리가 아닌 현장 교사들의 고통을, 아니 그 속에 숨겨진 진실을 보고 싶어 했다. 다들 꾸며진 화초보다는 있는 그대의 야생화를 보고 싶어 했다. 그래서 연구를 계획했다.

LE가 연구 총괄을 맡았다. 그는 평소 대학 강단이나 현장에서 교육실천가와 연구자들에게 입버릇처럼 강조하는 주문이 있었다. 주술사들에게만 내려오는 신비의 주술은 아니었다. 구미의 여러 학자들이 시행하는 그리고 강조하는 고민들이었다. '탈실증주의적 교육과정연구방법론을 맹신해서는 안 됩니다. 그 역할과 가능성에는 동의하지만 분명 한계가 있습니다. 그동안 우리는 이러한 연구방법에 우리의 권리를 빼앗겼는지도 모릅니다. 이제 현장의 진실어린 모습을 표현할 수 있는 연구방법을 고민해야 합니다. 특히 연구비가 포함된 정책연구가 아닌 현실과 현장의 실재가 반영된 살아있는 연구가 진행되어야 합니다. 그러기 위해서 우리는 고민해야 합니다. 기존의 타성적인 연구에서 벗어나서 현장의 있는 모습을 그대로 담을 수 있는 새로운 글쓰기를 해야 합니다.'

그의 연구 모토이자 그들의 연구 방향이었다. LE는 이러한 신념 아래 Di, M, MA로부터 열정과 희망을 끌어내고자 했다. 그리고 현실의 모습을 담기 위해 그들의 고민을 쓸어내리며, 연구의 액셀을 밟았다. 4개의 주체가 한 몸이 되어 허공에 새로운 글쓰기라는 희망을 쏘고자 했다. 그리고 난장이는 아니지만 작고 소박한 공을 쏘았다. 그리고 오늘.

오늘이 그날이다. 헌데 만남을 기다려온 사람들 치고는 표정이 다들 어둡다. 결과가 신통치 않은 모양이다. 아니면 배설하고픈 욕망에 무언가를 억지로 참고 있을 지도 모르는 일이다.

정적을 깨고, M이 입을 연다.

"교수님! 저기요. 오랜만에 뵙겠습니다. 그동안 잘 지내셨는지요?

머리를 긁적이며 고개를 숙인다. 항상 예의 바른 모습이다.

"한동안 연락을 못 드려서 죄송합니다."

자신 없는 어투로 말꼬리를 흐린다. 이때 MA도 대화에 껴든다.

"다들 잘 지내셨죠? 교수님도 건강하셨는지요? 얼굴 살이 좀 빠지신 것도 같고. 음~"

"전 괜찮습니다. 다들 연구가 힘드셨나 보네요. 그래도 눈빛이 살아 있는 것이 보기 좋네요."

부드러운 목소리에 힘이 실려 있다.

"그럼, 연구 결과 좀 볼까요? 다들 여행의 결과는 만족스러웠나요? 혹시 여름밤 꿈치고 지독하지는 않았나요?"

M과 MA를 쳐다보며, 처음부터 모든 것을 다 알고 있었다는 듯 LE가 웃으면서 이야기를 한다. 오히려 자신이 예상했던 답을 달라는 눈치다. 정적이 흐른다. 모두 DI를 쳐다본다.

"저는 신경 쓰지 마세요. 좀 일찍 와서 교수님과 먼저 말씀을 다 나눴어요."

머쓱한 표정으로 DI가 대답한다. M과 MI는 DI가 부담스럽다. 같은 동료지만 그의 열정적인 연구 태도, 겸손한 창의력, 예의바른 모습에 다들 주눅이 들어 있었다. 그들 중, 연구 성과도 가장 우수했다. 이때다 싶은지 M이 무겁게 말을 시작한다.

"교수님 저~ 저~, 연구가 아직……. 제 사정이 좀……."

M은 다소 불안한 표정으로 말을 더듬는다.

M은 LE의 제자다. 그는 LE처럼 되고 싶었다. LE를 통해 학문에 입문했고 그를 스승님 이상으로 여기고 따른다. 그도 M을 자식 이상으로 생각한다. 보기 드문 관계다. 하지만 애착을 갖는 만큼 연구에서는 냉혹하게 지도한다. 도제식 교육 그 자체인 것이다.

"아직도 그대로구나. 연구할 때는 다른 것을 하면 안 돼지. 연구에 몰두 해야지 자꾸 다른 일에 신경 쓰면 어떻게 하니? 쯧쯧"

M을 꾸짖는다. 스승에게 너무 길들여진 탓에 연구의 자율성이 그에게는 오히려 버거운 눈치다. M은 자신이 꼭, 7차 교육과정 속에서 고민하는 현장 교사처럼 느꼈다. 준비가 덜 된 상태에서 교육과정의 자유로움이 오히려 자신을 더욱 힘들게 하는 양, M은 스스로를

자책했다. 하지만 그 역시 변명은 있었다.

M은 연구를 열심히 하고 그것을 창의적으로 기술하고 싶었다. 의욕은 왕성했으며, 능력도 있었다. 그러나 그에게 맡겨진 다른 프로젝트 그리고 주변 여건이 따라주지를 못했다. 하는 일에 비해 적은 인력, 한 가정의 아버지로서 집안의 대소사를 다 챙겨야 했다. 또한 요즘 시골에 계신 부모님의 건강상태가 악화되어 걱정이 이만저만이 아니다. 자신도 몸 상태가 좋지 않지만 부모님 걱정이 앞섰다. 지금도 옆구리에 통증을 느낀다. 대상포진이다. 개인적으로나 학교, 가정에서 고민이 산적해 있는 것이다. M의 아내만이 그의 마음을 알아주는 듯하다.

"미안해요. 집안에 일이 많아서. 연구도 힘들 텐데. 그래도 좀 천천히 해요. 무슨 역사적 사명이 있는 것도 아니고 사람부터 살아야 하잖아요. 연구한답시고 벌써 몇 년 동안 현장 선생님들 만나러 다니고 집에 와서는 보이스 레코드에 푹 빠져 있고…… 정상적인 가정생활은 아닌 것 같아요. 가정도 좀 돌보고 그래야죠. 너무 스스로를 혹사시키지는 말아요."

M은 아내의 말이 귀에 들어오지 않았다. 오히려 연구 도중 만났던, 이 수준 선생님의 일이 걱정되었다. 이 선생님 역시 자신에게 맡겨진 수많은 행정적인 업무와 담임교사로서 책무, 그리고 주변 여건이 자기와 비슷한 상황이었다. 결국, 이 선생님은 교육과정의 굴레를 벗어버렸다. 아니 교육과정으로부터 스스로를 소외시켰다. 평소 주변에 안일한 교사들을 꾸짖던 그가 이제 그들과 한 패거리가 되어 교육과정을 외면하고 있었던 것이다. 이제는 학생들의 수준을 고려한 학습이나 수준별 교육과정 운영보다 자신의 현재 수준을 고민하고 있었다. 교육의 '환상곡'을 연주하기보다 '즉흥곡'을 연주하고 있는 것이다. M은 이 선생님이 일전에 해주셨던 말이 떠올랐다. 허탈한 웃음 속에 그의 진심어린 말이었다.

"아마 열정적인 교사들도 이제는 조금씩 하향평준화가 되고 있어요.

학생들만 하향평준화가 아니라 교사들도 그 현상에 동조되고 있는 거죠. 저처럼요. 좋은 것이 좋은 것이니까요. 허허!"

M이 걱정과 허탈감에 빠져 있을 때, LE의 호통과 함께 그의 날카로운 시선이 느껴졌다.

"뭘, 그렇게 골똘히 생각해!"

"아~ 네에. 죄송합니다. 하여튼 분발하겠습니다. 그리고 다들 죄송합니다. 저 때문에 연구에 차질이 있는 것 같네요."

M의 미안함이 못내 못 마땅한 듯, 시선을 MA에게 돌린다.

"M은 그렇다 치고, MA님은 어떻게 다 되셨나요?"

"네. 거의 대부분은요. 내용은 지난 번 메일과 별반 다르지 않습니다. 다만, 표현 수위를 좀 조정했어요. 기존의 정책 연구들과 달리 그들의 아픔이나 갈등을 있는 그대로 표현하려고 노력해 보았습니다. 특히 교수님이 강조하셨던 것처럼, 표현 방법을 좀 다양화해서 실증주의적 연구방법이 갖고 있는 여러 한계점을 극복하고자 했어요."

"그래 잘 되던가요?"

"좀 어색하고 힘들더라고요. 특히 시나 희곡으로 표현하는 것이 쉽지 않더라고요. 각 장르의 문학적 특징도 알아야 하고요. 해서 전문가들한테 도움을 좀 받았습니다."

겸손하지만 확신에 찬 모습이다.

"그래요. 고생했습니다. 그래 양들의 울부짖음은 어떻던가요? 어떤 문제점들이 발견되었나요? 교육과정 개발자들의 이론과 현실이 교육과정 틀 속에 잘 안치되어 있던가요?"

LE는 습관처럼 주문을 외웠다. 나머지 사람들도 호기심어린 표정으로 MA를 쳐다본다. 연구학교가 서로 다를 뿐더러 고등학교의 실상이 못내 궁금한 눈치다.

그는 본격적으로 이야기를 하려는 듯 천천히 물을 마신다. 그리고 입안에 가득 찬 물대신 침을 뱉는다. 가래를 뱉는다. 다들 놀라는 표정이다. 예의가 형편없어 보인다. 평소 그의 모습이 아니다. 시간이 흐른다.

어찌 보면, 이것은 그만의 행동이 아니었다. 다들 하고 싶었던 행동이었다. 연구 도중에 느꼈던 갈등과 고민, 가슴에 고인 무언가를 뱉고 싶었을 것이다. 다들 MA의 이런 행동이 오히려 부러웠다. MA는 시선을 아랑곳하지 않은 채, 크게 기침을 한다. 비록 고개를 다른 곳으로 돌렸지만 우리를 향해, 그리고 교육과정 연구자와 교육실천가를 향해 기침을 하고 있는 모습이었다. 이윽고 입을 연다.

"내용은 다른 분들과 대동소이해요. 여전히 현장에서의 울부짖음은 계속되고 있어요. 헌데 특이한 것은 학교, 교사, 학생, 학부모 모두가 울부짖고 있지만 그 속에서 자기만의 살 길을 찾았다는 데 문제의 심각성이 있어요. 학교나 교사가 정체성을 상실한 것은 이미 오래전 일 같아요. 학교는 학원으로, 교사는 학원 강사로 변해가고 있어요. 그들이 초기에 지녔던 문제의식도 이젠 크게 느낄 수가 없어요. 서서히 그리고 또 아주 서서히 물들어 가고, 이젠 그런 현상도 완성단계에 있는 것 같아요. 그게 가장 안타깝죠."

"그래요? 예상보다 더 심각한 모양이네요! 좀 구체적으로 이야기 해 주시죠?"

LE가 MA의 말을 자른다. 다른 동료들도 MA의 말에 고개를 끄덕이며 공감을 나타내고 있다.

"수능 교과목이 아닌 수업, 아니 비교과영역의 수업은 파행 그 자체에요. 학교, 교사, 학생, 학부모가 모두 공범이 되서 대입이라는 명목 하에 묵인을 하고 있죠. 틈만 나면 수능을 위한 특강 혹은 자기주도학습을 자기 스스로 아주 열심히 하는 모습이에요. 뭐, 교육과정 문서도 완벽해요. 너무 철저해서 어느 곳 하나 흠 잡을 곳이 없어요. 숨을 못 쉴 정도로요. 참! 숨 못 쉬는 것은 교사, 학생, 학부모가 매한가지죠. 실제로 학생과 교사는 새벽에 출근해서 밤늦게

퇴교하고, 모두가 새벽별 보기 운동을 하죠. 우리의 상상을 초월해요. 아마 수행평가가 제대로 된다면 그들 모두가 퇴근을 할 수 있을지도 의문이에요. 하나의 목표, 하나의 방향으로 다들 진화하고 있는 것 같아요. 그리고 그건 무서울 정도로 완벽한 진화 같아요. 문서도 완벽하고, 다들 만족스러운 표정이에요. 주파수 FM도 AM도 아닌 'fam'이 되고 있는 거죠."

"아! 그래요. 예상보다 심하네요. 벌써 7차, 아니 차수로는 8차나 되는 개정인데 그동안 교육과정 개발자나 연구자들은 뭘 하고 있었던 걸까요? 과연 어떤 근거로 연구하고 개발했기에 이런 결과가 나올까요? 안타깝네요."

LE가 탄식한다. 그들의 얼굴에, 손에 땀이 고인다. 숨소리가 격해진다. 그의 조율에 맞춰 모두가 흥분하나 보다. MA의 신경도 민감해져 있다. 이마에는 땀방울이 맺히고 눈에는 핏발이 서 있으며, 목에는 이름 모를 심줄이 도드라져 있다. 이야기가 계속될수록 신음소리가 격렬해진다.

한동안 말이 없다. 공허함에 빠져 있다. 무리한 사정이었나 보다. 이제는 모두가 지쳐 보인다. 비밀의 문이 열릴수록 힘들어 한다. 주변도 어두워진다. 메리어트 호텔이 태양을 집어 삼킨다.

무거운 침묵이 흐른다. 이제는 어느 누구의 말도 새롭지 않다. 벌써 익숙해진 듯, 커피숍에서, 대화에서 다들 편안함을 느끼고 있다. 아마 진화한 교육과정도, 우리의 현실도 이렇게 받아들여졌을 것이다. 텔레비전에 나오는 한 사람의 죽음이 무의미한 통계인 것처럼, 그들도 무관심한 진화를 하고 있는 것이다.

미노타우로스가 그들을 내려 보고 있다. 그들의 진화를 보고 있는 것이다. 비밀의 방에서 그가 슬퍼했듯이, 그들도 슬픔의 발화점을 넘어 무관심을 향해 진화하고 있는 것이다. 표정들이 없다. 다들 만족해 보인다.

갑자기 그들 머리 위로 무언가가 날아오른다. 파리도 진화 중인가?

아니 등에다. 커피숍에 어울리지 않는 그림, 그리고 그들, 이 공간의 모든 사물들은 나름대로 진화하고 있나 보다. 등에가 맹렬한 기세로 수직의 파문을 낸다. 그들에게로 하강 중이다. 그들은 등에가 되어 무언가를 외치고 싶었지 그것에 쏘이고 싶지는 않았다. 하지만 등에의 사정거리에서 더 이상 피하거나 숨을 공간은 없다. 진화가 그리 좋은 것만은 아닌가 보다. 드넓은 교육 광장에 은폐물도 엄폐물도 그들에게는 존재하지 않았다. 교육과정이 알몸을 드러내었듯이 그들도 등에에게 나체 상태다. '앗!'

주위가 고요해졌다. 정신이 맑아졌다. 등에의 모습도 미노타사우로스도, 그림도 사라졌다. 공허한 공간에 그들이 서 있다. 거친 가래를 삼킨다. 그들은 어디가 출구인지 입구인지 구분할 수 없는 공간에 열린 듯 갇혀 있다. 길고 넓게 펼쳐진 띠 위에 놓여 있는 것이다. 곡면만이 존재하는 뫼비우스의 띠, 어디가 앞면이고 뒷면인지 구분이 안 간다. 무엇이 진실이고 거짓인지, 교육과정이 문제인지, 현실이 문제인지, 긴 곡면을 따라 끊임없이 꼬이고 있었다.

각주

1) **[표 15] 대운중학교 수준별 학습 및 지도 내용**

구분	수준별 학습내용
수학 심화반	(가) 우수한 학습 집단일지라도 구성원간의 학력 편차가 크므로 기초 학습 내용의 지도에도 충실하고 소집단 또는 개별 학습을 통하여 완전 학습이 이루어 질 수 있도록 한다. (나) 교과서 이외의 내용을 투입하여 발전 심화 학습이 가능하도록 한다.
수학 기본반	(가) 반 편성 시 변동의 폭이 크고 상대적으로 학력 편차가 심하므로 개별 학습 능력에 관심을 두고 지도한다. (나) 수업은 교과서의 내용에 충실하고 개별 과제를 제시하여 학습 능력의 향상이 이루어질 수 있도록 한다. (다) 단원 마무리 평가를 통하여 개별 보충 지도를 실시한다.
영어 심화반	(가) 단순한 암기보다는 창의력 및 자기 주도적 학습력 신장을 위해 개별 학습 및 소집단 학습에 중점을 둔다. (나) 실생활에 관련된 소재를 사용하여 의사소통 능력의 신장과 능동적인 문제 해결력에 중점을 둔다.
영어 기본반	(가) 단어나 문장의 의미 이해의 신장에 중점을 둔다. (나) STAD학습을 통해 개별 학습을 강화시켜 조별 활동을 활성화한다. (다) 학습목표에 관련된 여러 문장이나 그림을 통해 문형 연습을 충분히 한다.

2) **[표 16] 대운중학교 수학과 수행평가 계획**

학기	1학기				2학기			
구분	지필평가		수행평가		지필평가		수행평가	
			항목1	항목2			항목1	항목2
명칭	중간	기말	보고서 작성	과제 해결	중간	기말	정다면체 모형	과제해결
만점	100	100	10	10	100	100	10	10
비율	40	40	10	10	40	40	10	10
계	80		20		80		20	
	100				100			

3) 제6차 교육과정에서의 재량활동은 초등학교 3, 4, 5, 6 학년에 설치가 되었으며 시간은 주당 0-1시간, 영역은 교과 및 특별활동의

보충·심화, 각 학교의 창의적 활동으로 구성되었으나, 제 7차 교육과정에 이르러 설치는 초등학교 전학년, 중학교 전학년, 고등학교 1학년으로 설치되었으며, 시간은 초등학교 2시간, 중학교 4시간, 고등학교 6시간으로 영역은 교과재량활동-국민공통기본교과의 심화·보충, 창의적 재량활동으로서의 범교과 활동, 자기주도적 학습활동으로 구성되어 있다(정영근, 2002).

4) **[표 17] 중학교에서의 재량활동 및 특별활동 시수**

구분	중학교		
	1학년	2학년	3학년
총수업 시수	1,156	1,156	1,156
재량활동	136 (11.8%)	136 (11.8%)	136 (11.8%)
특별활동	68	68	68

* 출처: 송민영(2003). 특별 동의 효율적 운영을 위한 학제적 접근 가능성 탐색. p.149. 재구성

5) 우리나라의 특별활동 내용체계는 자치 활동, 적응활동, 계발활동, 봉사활동, 행사활동의 5개 영역을 설정하고, 각 영역에 따른 활동 내용을 25개의 소영역으로 구분 조직하고 있는데 이 중 자치활동(협의 활동, 민주시민활동), 적응활동(기본생활습관형성, 진로활동), 계발활동(학술문예활동, 보건체육활동, 실습노작활동, 여가문화 활동), 봉사활동(환경·시설보전활동), 행사활동(학예행사활동, 보건·체육행사활동) 등은 재량활동의 범 교과학습이나 자기 주도적 활동과도 중첩된다. 유광찬(2001)은 일선학교에서 전개되고 있는 창의적 재량활동의 유형을 인성교육(65.7%), 기본생활습관(65.0%), 환경교육(34.1%), 민주시민교육(22.4%), 보건교육(12.4%), 경제교육(7.4%), 학습하는 방법(7.1%), 성교육(7.1%), 진로교육(6.5%), 세계이해교육(3.2%)의 순으로 활용되고 있다고 하였으며, 학생들이

가장 흥미 있어 하는 재량호라동의 내용은 체험활동으로서 77.4%로 가장 높았으며 그담이 범 교과활동, 주제탐구활동, 기타 자율활동 순으로 나타났으며, 교과 보충·심화학습에 가장 적게 반응을 하였다고 보고하였다(송민영 2003, 재인용).

6) 특별활동 5대 영역의 실효성과 관련하여 특별활동 5대 영역은 현행대로 유지하면서 각 학교급의 특성에 따라 단위 학교에서 특정 영역을 선택하여 집중적으로 운영할 수 있도록 하는 것이다. 특히 현행 특별활동 교육과정에서 5대 영역을 골고루 편성, 운영하도록 되어 있는 특별활동의 지침을 '5대 영역 중에서 단위 학교의 여건에 따라 선택적, 집중적으로 운영할 수도 있다'는 지침을 제시할 필요가 있다. 현행 특별활동 평가 방식의 실효성은 현행 5대 영역 구분의 타당성 문제와 연동되는 것이라고 할 수 있다. 5대 영역 구분이 현행대로 유지된다면 학교급 및 학년의 특성에 따라 특정 영역 혹은 특기 사항 중심으로 종합적인 측면에서 평가가 이루어져야 할 것이다. 또한 현행 특별활동 교육과정 문서에서 제시하고 있는 '평가'지침에 대한 수정·보완이 이루어질 필요가 있다. 특별활동과 재량활동의 중복성 문제는 국가 수준의 문서에서 두 영역 간 통합 운영이 가능하도록 시수와 평가 방안이 합리적으로 제시되어야 할 것이다. 이는 교과 교육과 정의 구성, 수업 시수 조정 및 단위 학교의 자율적 운영권 확보 차원 등과 연동하여 검토되어야 할 것으로 판단된다(이광우, 2006).

7) 박순경 외(2005)는 '5대 영역 구분의 타당성', '평가방식의 적절성', '교과운영과 차별되지 않는 운영 방식', '특별활동 운영에 관한 교사의 전문성 부족', '교원 수급 문제', '교육시설 및 설비의 부족', '입시 중심의 평가 방식'으로 특별활동의 문제점을 지적하고 있다.

8) 이러한 각 반의 분반 또한 수준별 교육과정의 가장 논쟁적인 측면 중의 하나이다. 수준별 이동수업의 현장에서 학생들을 매우 '구체적'이고 '명확하게' 구별되어 이동식 수업을 진행을 하게 된다. 특별히 이동식 수업에서의 분반은 학생들의 성적을 기준으로 구분하여 분반을 결정하게 됨으로서 자연스럽게 학생들 간의 정서적인 위화감 조성과 학부모들의 우려 등과 맞물려 매우 민감한 사항으로 작용되고 있다. 이러한 논쟁은 우리나라 뿐 만 아니라 능력별 편성이 이미 오래전부터 시작된 미국에서도 그 효과성과 관련하여 끊임없이 논쟁이 되고 있는 부분이다.

9) **[표 18] 문학 중학교의 수준별 분반 형태**

반 / 내용	1		2		3		4		5		6		7		8		9		10	
수준	심화반		기본반		심화반		기본반		심화반		기본반		심화반		기본반		심화반		기본반	
	심화	기본	심화	기본	심화	기본	심화	기본	심화	기본	심화	기본	심화	기본	심화	기본	심화	기본	심화	기본
구성비 (%)	50	50	50	50	50	50	50	50	50	50	50	50	50	50	50	50	50	50	50	50
그룹	1				2				3				4				5			

10) 실제로 수준별 수업의 효과성에 대한 논쟁도 상당히 오랜 기간 동안 이루어져오고 있다. 미국의 연구들에서는 수준별 교육과정의 실행에 있어 다양한 관점들이 제시되고 있는데 수준별 혹은 능력별 수업에 대한 부정적인 시각(Gamoran, 1987; Oakes, 1985; Oakes & Guiton, 1995)과 긍정적인 효과를 연구(Bode, 1996; Nicholson, 1998)한 시각으로 지속적으로 경쟁하고 있으며 이들 모두 즉 수준별 교육과정을 통한 능력별 집단 편성의 긍정과 부정적인 측면 모두를 포함하는 Slavin(1990) 등의 연구들을 살펴볼 수 있다. 특별히 Oakes가 교사, 학생,

행정가 등과의 면담, 설문조사, 문헌자료 수집, 수업 관찰과 기록 등의 일련의 방법으로 수행한 접근들은 특정 기준에 따라 집단을 분류하여 교육하는 것이 미국 중등교육에서 주된 관심사가 되고 있음을 밝히고 있으며, 집단 편성 즉 상반과 하반에 다르게 제시되는 학습 내용, 상반과 하반의 실제 수업 시간양의 차이, 수업의 질적인 차이, 교사와 학생 또는 학생들의 간의 관계와 참여 정도 등의 수준에 따른 학급 풍토의 차이, 학생들 자신이나 학급, 교과목, 학교에 대한 태도에 있어서 수준에 따른 차이 등을 분석하여 그 결과를 사회적 불평등의 재생산 기제라는 측면에서 논의 하고 있어 의미 있는 분석을 도출하였다(정미정, 2000). 국내연구로는 류방란(2003)은 학생들의 교과 이해도 향상, 학습 결손 누적 완화, 기초학력 보충 등을 효과성으로 설정하였으며 이에 대한 교사들의 응답을 분석한 결과 교사들은 이 세 항목에 대하여 학교에서 개선되고 있느냐는 질문에 부정적인 응답을 하였으며, 교과에 따라서 단계형, 심화·보충형의형태로 수준별 교육과정의 형태를 갖추었으나 그것이 교실 수업에서는 그다지 실현되고 있지 않다고 답해주었다. 즉 교실 수업에서 수준별 교육과정이 충분히 적용되기 어렵기 때문에 그 효과에 대한 인식도 부정적이라고 할 수 있다.

11) **[표 19] 문학중학교 교과목 교사 수**

교과별	윤리	국어	한문	수학	사회	과학	체육	음악	미술	가정	영어	일어
교사수	3	6	1	6	5	6	5	2	2	4	6	1

[표 20] 문학중학교 학생 현황

구분	1		2		3		계	
학년	학급수	인원	학급수	인원	학급수	인원	학급수	인원
남녀혼반	10	남 여 173 149	9	남 여 143 152	10	남 여 138 200	29	남 여 454 501
계	10	322	9	295	10		29	955

12) 현재 진행되고 있는 평가 영역의 하위 구성 요소에 따른 쟁점을 중심으로 살펴보면 첫째, 평가 기준에 대한 논쟁이다. 평가에 있어 기준은 학생들의 진급과 수준 배치와 관련된 기준으로서 평가의 골자를 형성하고 있는 중요한 부분이다. 제 7차 교육과정은 성취도의 60-70% 달성을 목표로 제시하고 있는데,1) 만약 성취 기준에 도달하지 못한 학생들에게는 특별보충과정을 이수 하도록 하였다. 그러나 실제로 특별보충과정은 학생들의 최종적인 성취기준과 무관하게 진급을 위한 통과 절차로 작용하고 있다.
이 기준은 현실에 적용하기에 매우 거친, 절대적인 기준으로 상정 되어 그 실제적 적용에 있어 의문이 제기되고 있다. 둘째, 수준별 차이를 고련 평가 도구 구성 영역이다. 평가 도구는 특별히 영어와 수학의 경우에 더욱 두드러지는데 평가 문항에 대한 통일 혹은 차이에 대한 논쟁을 들 수 있다. 셋째, 평가 결과 기록과 성적 산출 방식에 관한 것으로서 동일한 학년이라고 할지라도 학생 개인의 성취 수준에 따라 서론 다른 단계의 교재와 수업을 수강하였기에 그에 준하는 적절한 평가 결과 방식이 사용되어야 한다. 하지만 학생들의 석차를 산출 할 때에 과연 그것을 어떻게, 어떠한 방식으로 산출 할 것인가 하는 것이다. 이에 대한 다양한 논의가 있어 오고 있지만 학생들에게 직접적으로 영향을 주는 성적 산출과 관련된 부분으로 뚜렷한 해결책이 제시되고 있지는 않지만 상대평가와 관련된 논의가 있어오고 있다. 이러한 쟁점에 대하여 김대현 외(2000)는 수준별 교육과정의 평가 준거를 다음과 같이 제시하고 있다(**[표 21]** 참고).

13) 이돈희는 수요자중심 교육을 왜곡해서 이해해서는 안 된다고 강조하고 있는데, 수요자중심 교육을 "주문에 응하는 교육"을 의미하는 것이 아니라, 교육을 받는 당시 당사자의 "필요에 응하는 교육"으로 이해해야한다고 하였다. 여기에서의 "필요"란 당사자의 주관적

욕망만을 의미하는 것이 아니라, 객관적으로 요청되는 바, 성장의 삶을 위하여 충족도어야 할 어떤 것으로 이해해야한다고 하였다. 그러나 객관적 필요라는 것이 교육전문가의 교육학적 판단에만 의존하여

[표 21] 수준별 교육과정 평가 준거

영역	수준별 교육과정 평가 준거
평가기준	* 학생의 학습의 변화량을 판단하기 위하여 다중 기준을 적용할 계획이 있는가? * 학생의 성취도를 확인하기 위하여 수행 기준의 적용에 대한 계획이 있는가? * 통과/재이수를 결정하기 위한 기준으로 절대적 최소 기준과 상대적 기준을 동시에 감안할 것을 고려하는가?
평가도구 구성	* 진급여부를 판정하는 평가 도구는 각 단계의 내용을 반영하는가? * 동일단계 내에서 다른 수준에 있는 학생들을 대상으로 한 평가 도구는 기본, 보충, 심화 내용을 반영하는가?
평가결과 기록방식	* 학생의 평가 결과는 이수 단계와 그 단계에서 취득한 성적을 기록할 것인가?
성적 산출방식	* 학생의 최종 성적 산출 방식은 수준별 교육과정 도입 취지를 반영하는가?

* 출처: 김대현 외(2000). 수준별 교육과정 평가 준거 개발을 위한 탐색적 연구. p.318. 재구성

14) [표 22] 문학중학교의 재량활동 시간 배당표

영역		1(7)학년		2(8)학년		3(9)학년		비고
		교과/과목	시간	교과/과목	시간	교과/과목	시간	
교과 재량 활동	선택 과목	컴퓨터	34	한문	34	한문	34	정보화, 국제화 시대에 필요한 컴퓨터, 일본어를 개설하고, 한자문화권에서의 미래 생활에 대비하기 위하여 한문교과를 개설함.
		일본어	34	컴퓨터	34	컴퓨터	34	
				일본어		일본어		
	국민 공통 기본 교과 심화 보충	영어	34	영어	34	수학	34	세계 공용어의 위상을 차지하고 있는 영어를 제대로 구사하기 위한 필요에서 개설하고, 논리적 사고력 증진과 자기주도적 학습 능력 신장을 위해 수학 교과를 개설함.
계				102	102	102	102	제시된 시간은 연 34주 기준 연간 최소 이수 시수임

분별될 수 있는 것이 아니며 오히려 학부모나 후견자가 제공하는 학습자에 대한 생생한 정보, 그리고 당사자와 교육자 사이에 이루어지는 인격적 교섭이 그 필요를 확인하는 가장 직접적이고 가장 의존할 만한 가치를 지닌 자료를 제공해주는 것일 수도 있음을 제안한다.

15) **[표 23] 문학중학교의 창의적 재량활동 편성표**

구분	창의적 재량활동 (34시간)					
	1(7)학년		2(8)학년		3(9)학년	
영역	범교과 학습	자기 주도적 학습	범교과 학습	자기 주도적 학습	범교과 학습	자기 주도적 학습
과목 (시간)	통일교육 환경교육 성교육 상담교육 (30)시간	주제 탐구학습 (4시간)	민주시민 교육 경제 에너지 절약교육 구급 안전 교육 인성교육 (30시간)	주제 탐구학습 (4시간)	진로교육, 금연교육, 정보 윤리 교육 (30시간)	주제 탐구학습 (4시간)
비고	신입생들이 알아야할 여러 가지 규정과 지켜야할 도리를 지도	자기가 좋아 하는 것과 잘하는 것이 무엇인지 알아보기	1학년에서 실시치 않은 과목을 선정, 선배와 후배 사이의 교량 역할의 중요성 지도	주제를 2개 이상 선정하여 스스로 탐구토록 지도	앞으로 자기의 장래 계획과 건강에 대하여 토론	우리 실생활 에서 알면 편리한 것들에 대하여 각 반별 조를 편성하여 조사 토록 한다.

16) **[표 24] 문학중학교 특별활동 영역별 편성·운영**

영역	기준내용	본교의 운영
자치활동	협의활동 역할분담 활동 민주시민 활동	자치활동 내실화 적응활동 및 진로, 인성 교육 활동 강화 상담활동 (집단 활동) 별도 시간 확보 부서 활동을 강화하는 학급 경영(자율적 부서조직) 실시 전 주에 미리 활동에 대한 예고 학년 초 학급 단결 및 협동심 함양을 위한 학생활동 실시 (학급노래, 자율적 급훈 학급규칙 제정)
적응활동	기본 생활 습관 형성 활동 상담 활동 진로 탐색 활동 정체성 확립 활동 그밖에 필요한 활동	

계발활동	학술 문예 활동 보건 체육 활동 실습 노작 활동 여가 문화 활동 정보 통신 활동 청소년 단체 활동	매 주 월요일 6교시 계발활동 실시 계발, 동아리, 특기적성 교육활동을 연계하여 지도 외부 강사 초빙 모색 (교사부담 경감, 전문성 확보)
봉사활동	일손 돕기 활동 위문 활동 캠페인 활동 자선구호 활동 환경시설 보존 활동 기타	연간 20시간 이상 실시 강조(개인 10, 단체 10) 개인별 별도 시간 확보(봉사활동기관 홍보) 봉사활동에 대한 교원 학부모 연수 강화 학교 내 개인 봉사활동 기회 확대
행사활동	의식 행사 활동 학예 행사 활동 보건 체육 행사 활동 수련 및 체험 활동 안전 구호 활동 교류 활동	주제 있는 현장체험학습 학생 축제의 내실화 형식적인 행사에서 벗어나 교과를 통해 배운 내용을 발표할 수 있는 시간 확보 (국어, 영어, 사회, 체육, 음악, 미술, 과학 등)

17) 바벨탑은, 성경에(창11:1-9) '노아의 자손들이 다음의 홍수를 피하기 위하여 하늘까지 닿는 돌탑을 쌓으므로 여호와가 언어를 혼잡하게 하여 통솔력을 중지시키시므로 이름을 바벨이라 하였다.'고 기록되어 있다. 이것에 근거하여 문학가나 예술가들은 자신의 기호나 성향에 맞게 그 의미를 사용하고 있다. 가령, 바벨탑은 '교만한 어떤 헛된 행동'으로 비유되기도 하고, '바벨탑을 쌓는 목적'에 대해 '신의 뜻에 대적하는, 인간의 끝없는 욕망이나 이상 추구'를 표현하기도 한다. 또한 바벨탑이 결국 무너짐으로써 인간 사회가 더 큰 혼란에 빠지거나 서로의 소통수단인 언어가 분리된다는 점에 주목하여 결국 의사소통의 불능을 가져온다는 의미로 사용되기도 한다.
본고에서는 이러한 의미에 기초하여 우리가 실행하고 있는 제 7차 교육과정을 해석해 보았다. 가령, 교육과정 전문가들이 교육과정을 이상적으로 끊임없이 수정하고 계획하더라도 그것은 우리의 교육현실이나 교사들의 의견이 배제된 문서일 수 있으며, 이로 인해 교육 현장에서는 대입이라는 명목 하에 새로운 형태의 교육적 방치가

일어날 수 있다는 점이다. 결국 어떠한 노력을 기울이더라도 그 결과는 결국 바벨탑을 쌓지 못하는 결론으로 이어지며, 새로운 의사소통의 불능 현상을 야기할 지도 모른다.

왜냐하면 아무리 교육과정이 새롭게 바뀌고 이상적인 형태로 수정·보완되더라도 이러한 이론을 실행하고 운영하는 것은 일선 학교의 현장교사와 학생들이기 때문이다. 그러나 과연 교사나 학생을 중심으로 놓고 볼 때, 우리의 교육현장에서 제 7차 교육과정이 어떻게 적용·운영되고 있을까?

현장에서 근무하는 교사들은 나름대로 자신만이 지니는 삶과 교과 영역이 있으며, 스스로 열심히 가르치고 현실에 적응하고자 노력한다. 그러나 제 7차 교육과정에 대해 불만을 터트린다. 조소를 나타내기도 한다. 그들은 '처음에는 대단한 양, 지금은 유명무실한 문서', '실현할 수 없는 교육과정', '복잡하기만한 교육과정'이라 자신의 불만을 토로한다.

결국 이로 인해 제 7차 교육과정의 적용은 또 다른 바벨탑 쌓기의 과정이며, 그 결과로 교육과정 전문 연구진과 현장 교사 간, 또는 학생 간의 새로운 의사소통 불능 현상을 가져오고 있다.

18) 학교교육계획서는 문서상으로는 이상적이고 그럴싸한 모습의 교육과정 관련 문서이지만 이것은 단지 계획된 문서이지 실행서가 아니라는 생각이 지배적이다. 즉, 학교교육계획서를 담당하는 부서는 학교에 존재하는 다양한 부서 중, 교수연구부의 주된 업무이다. 이때 교수연구부의 업무를 총괄하는 보직 교사는 교수연구부장으로 각 시·도마다 이들의 모임이 존재하며, 학교교육과정 운영에 있어서도 이들은 매우 중핵적인 위치를 차지한다. 이 모임 속에서도 학교교육계획서에 대한 의견은 분분하다. 특히 연구부장의 성향에 따라 학교의 교육과정은 문서와 다르게 운영되는 경우가 태반이다. 즉, 이들 중, "학교교육계획서를 뭐 하러 만드는지. 만들어 놓고 지키지도 않는 걸 왜, 만드는지 나도 모르겠다."라는 식의 볼멘 표현을

더러 들을 수 있다. 이러한 실정에서 보직 교사가 아닌 일반 교사들이 학교교육계획서를 인식하는 정도는 두말할 필요도 없다. 대부분의 교사들이 학교교육계획서의 존재를 인식하지 못할 뿐더러 자신이 맡고 있는 교육활동에 대한 중요성은 교사의 무관심과 무사안일이라는 성향 앞에 여지없이 무너지고 만다.

19) 문서고등학교의 특별활동은 'Ⅴ. 교육과정 운영 계획'과 'Ⅵ. 중점 교육 활동 계획'에 그 내용이 상세히 기술되어 있다. '다양하고 건전한 집단 활동에 자발적으로 참여하여 개성과 소질을 계발, 신장하고, 공동체 의식과 자율적인 태도를 기름으로써 민주 시민으로서의 기본적인 자질을 함양한다.'를 목표로 하여 특별활동의 5대 영역인 자치활동, 적응활동, 계발활동, 봉사활동, 행사활동이 균형 있게 계획되어 있다.

[표 25] 문서고등학교의 영역별 시간 배당표

구분 \ 학년	10학년 (고1)	11학년 (고2)	12학년 (고3)
특별활동	34	34	34
자치활동	4 (1)	4 (1)	4 (1)
적응활동	4 (1)	4 (1)	4 (1)
계발활동	17 (1)	17 (1)	17 (1)
봉사활동	7 (1)	7 (1)	7 (1)
행사활동	2 (20)	2 (20)	4 (20)
계	34 (24)	34 (24)	34 (24)

* ()안의 수는 융통성 있는 시간의 시수임.

또한 특별활동 중, 학교 문화 풍토에 맞는 특색 있는 영역을 중점적으로 설정하고, 학교, 학생, 지역 사회의 여건을 고려하여 활동할 것을 지도 중점 사항으로 규정하고 이러한 활동의 결과를 평가하고 있었다. 영역별 지도 중점 내용과 평가 내용을 보면, 아래와 같다.

[표 26] 영역별 지도 중점 내용과 평가 내용

자치 활동	적응 활동	계발 활동	봉사 활동	행사 활동
민주적 회의의 기본 원칙을 익히고 자신의 의견을 효과적으로 표현하며, 남의 의견을 진지하게 듣는 태도를 형성하여 자율적인 학교 생활 능력을 기른다.	예절, 준법, 질서, 청결, 절제 등의 기본 생활 습관 형성에 중점을 두고 습관적 행동 수준에 이르도록 한다.	학생의 흥미, 취미, 개성에 맞는 소질을 계발하고 신장하여 자아 실현의 기초를 다지게 한다.	지역사회의 제반 여건과 지역 주민들의 당면한 문제에 대한 이해를 바탕으로 지역 사회 문제를 학교 단위의 집단 활동을 통하여 조력하고 지역사회에 대한 이해를 깊게 하여 학생들의 사회화를 촉진시킨다.	각종 행사의 중요성을 알고, 자발적으로 참여하여 학교와 지역 사회의 일원으로서 갖추어야 할 기본 자질과 태도를 기른다.

20) 문서고등학교의 봉사활동은 담당자의 인터뷰(2007. 05. 20)를 통해 그 실태를 정확히 파악할 수 있다. "비록 계획을 세웠지만 1시간도 안 되는 시간에 1500명이 넘는 학생들을 데리고 함께 할 수 있는 활동이란 현실적으로 거의 없어요. 그냥 교내를 청소하는 정도랄까? 특히 금요일 1교시에 봉사활동이 잡혀 있어 교내 청소를 하기도 쉽지 않고 1년 동안 계속 교내 청소만 하기도 그렇잖아요. 시스템 상 다양한 활동을 하기가 좀 어려워요. 그래서 그냥 자습을 시켜요. 인접 학교들도 대부분 그렇게 운영하는 것 같은데요. 이러한 현실 말고도 다른 문제도 많아요. 우리 학교와 같은 인문계 고등학교에서는 공부가 제일 우선이잖아요. 학부모나 학생들도 그냥 관리자의 묵인 하에 그렇게 넘어가요. 예전에 저희 학교가 봉사활동과 관련된 연구시범학교를 할 때도 문제는 많았다고 하던데요. ... (중략)... 교내 봉사활동은 여전히 허공에 떠 있어요. 교외 봉사활동이야 발급 기관이 타기관이기 때문에 별 문제는 없지만 교내 봉사활동의 경우는 학교가 발행기관인데 그 활동이 완전히 해프닝이에요. 논리적인 말로는 설명할 수가 없죠.

연말에 가면, 아이들의 희망 앞에 교사들은 다소 부끄러운 행위를 해요. 거짓된 행위죠. 이건 마치 학생생활기록부 위에 기록되는 피레네의 성 같아요. …(중략)… 현실에서 아니 학교에서 절대 할 수 없는 활동을 하는 거죠. 꼭 바다 위에 떠 있는 성 같아요. 저희 교사들이 결코 좋아서 하는 행위는 아니에요. 저희들은 아이들의 대입을 위해 그런 행위를 하는 거예요. 우리 애들의 (교내) 봉사활동은 바로 대학입시를 위한 거예요. 이런 걸 보고 나름대로 저희의 완성품을 대학에서 뽑으라는 의도죠. 아이들은 교육의 수요자가 아니라 대학 관계자들이 고르는 하나의 상품인 것 같아요. 교사는 거기에 무언의 동조를 하고 있죠. 이게 (교내) 봉사활동의 현실이에요. 너무 어처구니없는 비현실적인 활동이 봉사활동이죠. 이성적인 사고나 정상적인 사고보다는, 하여튼 제 스스로 부끄러운 활동임에는 틀림없어요."

21) 문서고등학교의 수준별 교육과정은, 학교교육과정에 구체적으로 명시되어 있지 않다. 다만, 수업 관찰과 인터뷰를 통해 알 수 있는 모습은 국어, 수학, 영어가 중심이 되어 수준별 교육과정이 운영된다는 점이다. 가령, 수학 교과의 경우, 수학과 특성화 교육과정이 운영될 정도로 수준별 수업이 실제적으로 이루어지고 있다. 즉, 배치고사나 학기 또는 학년 말 시험 결과를 바탕으로 학생들의 수준이 결정되고 이러한 결과를 기초로 학생들은 상반과 중반으로 나뉘어져 각자의 수준에 맞는 수업을 받게 된다. 그러나 영어 교과와 국어 교과는 수준별 교육과정이 이루어지지 않는다. 가령, 영어 교과는 단계형 교과임에도 불구하고 학생의 수준을 고려한 수준별 이동 수업이 실제적으로 이루어지지 않는다. 또한 국어 교과의 경우도 심화·보충 수업이 전혀 이루어지지 않고 있으며, 과거 일제식 수업이 수준별 교육과정의 주류를 이루고 있다.

22) 문서고등학교의 재량활동 시간 배정

[표 27] 재량활동 시간 배정

영역	구분	단위배경	개설교과목(주제)
교과재량활동 (10) 단위	선택중심교육과정	4단위	진로와 직업
	국민공통 기본교과 심화 보통학습	각 2단위	국어, 수학, 과학
창의적 재량활동 (2) 단위	범교과학습	17시간	인성 교육, 환경 교육, 경제 교육, 보건 교육, 안전 교육, 성교육, 소비자 교육, 통일 교육, 한국 문화 정체성 교육, 정보화 및 정보 윤리 교육 등
	자기주도학습	17시간	주제탐구학습, 독서 및 쓰기, 체험, 프로젝트학습 등

(1) 교과 재량활동

(가) 선택과목 재량활동 편성·운영 지침

1) 재량 활동의 선택중심교육과정의 선택 과목은 «진로와 직업»으로 한다.

2) 진로와 직업은 4단위로 한다.

3) 학생의 과목 선택 방법은 전체 필수로 한다.

4) 학급 편성 방법은 기존 행정학급별로 한다.

5) 담당 교사는 진로와 직업을 가르칠 수 있는 본교 교사로 한다.

6) 선택 과목 «진로와 직업»에 대한 평가는 과목명, 이수단위 또는 이수여부를 입력하고 평가는 세부 능력 및 특기 사항 란에 특기할만한 사항이 있는 학생에 한하여 입력한다.

7) 개설 과목

구분	개설과목	단위배경	선택방법	교사확보계획
개설 과목명 및 단위	진로와 직업	4	비선택(필수)	자체

(나) 기본 교과 재량활동 편성·운영 지침

1) 기본 교과 심화 보충 학습의 재량활동은 6단위(각 교과별 2단위)를 배정한다.
2) 학생 희망 조사를 받아 영어, 수학, 과학 교과를 개설한다.
3) 학생의 교과 선택 방법은 필수로 한다.
4) 편성 형식(시간 운영)은 학급단위 정시제로 한다.
5) 해당 교과 담당교사가 가르친다.
6) 평가는 평가관점과 기준을 질적으로 평가하고, 평가 결과는 특기 사항을 문장으로 기록한다.
7) 개설 교과

구분	개설교과	단위배정	선택방법	교사확보계획
개설 교과명 및 단위	국어	2	필수	자체
	수학	2	필수	자체
	과학	2	필수	자체

23) 한결고등학교의 재량활동은 학교장의 방침에 따라 인근 여타 학교와 달리 특징적인 모습을 보여준다. 교과재량의 경우, 수학, 영어 교과를 중심으로 재량활동이 이루어지고 있었으며, 각 교과에 맞는 교재 개발을 통해 학생들에게 다양한 수준의 내용으로 가르치고 있다. 또한 창의적 재량활동의 경우, 검도를 정시제로 운영함으로써 학생들의 심신과 학업 성취도를 고취시키고 있다.

[표 28] 재량활동 교육과정 편성·운영

구분		과목명	이수단위	운영 유형및 방법	비고
교과재량	선택과목	진로와 직업	4	정시제 운영	
	심화보충과목	수학	2	정시제 운영 학급내 수준별 조편성	
		영어	2		
창의적 재량	범교과 학습	검도	2	정시제 운영	

24) 한결고등학교의 특별 운영계획을 보면 아래와 같다.

[표 29] 특별활동 교육과정 편성·운영

활동영역	배정시간				운영유형	운영방법	비고
	1학년	2학년	3학년	계			
자치활동	12시간	12시간	6시간	30시간	정시제, 격주제	학년, 학급단위	
적응활동	6시간	6시간	3시간	15시간	정시제, 격주제	학년 단위	
계발활동	34시간	34시간	17시간	85시간	정시제	희망에의한 그룹편성	
봉사활동	10시간	10시간	5시간	25시간	정시제, 격주제	학년단위	
행사활동	6시간	6시간	3시간	15시간	정시제	학년단위	
계	68시간	68시간	34시간	170시간			

또한 봉사활동의 내실화를 기하기 위해 다음과 같은 목적, 방침, 세부 추진 계획을 계획하고 있다.

1) 목적

봉사활동을 통한 다양한 현장 체험학습 기회 제공으로 실천 위주의 인성교육을 강화하고 봉사활동을 생활화하여 삶의 보람을 체득할 수 있게 하며, 더불어 사는 공동체 의식과 민주시민의 기본적 자질을 함양토록 한다.

2) 방침

가) 자발적이고 계획적이며 지속적인 프로그램 운영

나) 학생들 스스로 수립·실천하며 사후 반성과 평가 실시

다) 시간 수 확보보다 실천 위주의 인성교육 차원에서 지도

3) 세부 추진 계획

가) 학교와 지역별 자원봉사센터 간의 봉사활동 지원 체제 구축

나) 지방자치단체 자원봉사센터, 민간단체와 합동으로 학생봉사활동 지원 네트워크 구축

다) 학생 봉사활동 프로그램 개발 지원 추진으로 학교 간 교류 강화

라) 계획, 실천, 반성의 과정 중시

마) 지속적인 봉사활동 프로그램 운영 계획 수립 추진

바) 봉사활동일지 기록 및 관리 철저

사) 봉사활동 시간 부여 및 봉사활동 확인서 발급의 적정성 강화

아) 봉사활동추진위원회 구성 및 운영 등.

25) 한결고등학교는 교육과정 운영상, 창의적 재량활동 시간을 특기 적성 교육활동의 일부분으로 활용하여 일부는 일과 시간, 나머지 부분은 방과 후 수업으로 활용하고 있다.

• 학교 선택 특기 적성 교육활동

1) 목적

학교의 교육목표에 맞는 특기 적성 활동을 전개함으로써 지역 문화에 대한 이해, 고차원적 사고력의 신장을 이룰 수 있고 나아가 개성 있는 인재를 키우는 데 그 목적이 있다.

2) 방침

가) 사전 계획을 통해 운영하되, 학교의 실정을 고려한다.

나) 교육활동에 필요한 경비는 수익자 부담을 원칙으로 한다.

다) 검도의 경우, 교육과정상의 창의적 재량활동과 연계하여 지도한다.

라) 검도의 경우, 전문적인 외부 강사가 지도한다.

바) 독서·논술의 경우, 담임교사가 지도하는 것을 원칙으로 한다.

3) 실시 계획

구분	지도내용	실시일		1학기	시간(주당)	지도교사
		여	남			
검도	검도품세	화	목	17주	1시간	외부강사
논술	논술능력	목	화	17주	1시간	각반 담임

26) 한결고등학교는 교과재량 활동 시간에 도교육청 선택과목인 '진로와 직업'을 10학년에서 운영한다. '진로와 직업' 과목은 해당 교과를 가르칠 수 있는 전문지도교사가 없기 때문에 전공교과 수업 시수가 타교과에 비해 현저히 적거나 시수가 일반 교사보다 비교적 적은 교사를 중심으로, 이 과목의 시수를 배당한다. 그러다 보니 한결고등학교에서는 전공과목이 다른 9명의 교사가 자신에게 맡겨진 반의 '진로와 직업'을 일주일에 1시간에서 2시간씩 가르친다. 자세한 내용을 보면 아래와 같다.

1) 목적

학생들이 성장 발달하는 과정에서 개인의 적성, 흥미, 인성을 이해하고, 나아가 학생들이 저마다 지니고 있는 꿈과 소질, 능력을 발휘하게 하여 개인적으로는 자아실현을 성취할 수 있도록 돕고 더 나아가 자신에게 적합한 진로 계획을 수립하여 진학 또는 직업에 필요한 지식, 기능을 습득함과 동시에 일과 직업에 대한 건전한 가치관 및 태도를 형성하여 사회적으로는 인간으로서의 행복한 삶을 최대한 누리며 살 수 있도록 도와주는데 그 목적이 있다.

2) 방침

가)모든 학생을 대상으로 한다.

나) 진로 상담실을 개방하여 학교생활을 도울 수 있도록 한다.

다) 주 2시간 진로와 직업 및 교과재량시간을 이용하여 진로 교육을 실시한다.

라) 적성검사와 진로탐색(선호도) 검사를 통해 자신의 적성, 흥미, 인성, 능력 등을 정확히 이해하도록 한다.

마) 진로교육 프로그램을 활용하여 학생들이 진로를 탐색하고 잠정적으로 진로 계획을 세워보도록 한다.

3) 추진 내용

가) 현명한 진로 선택을 할 수 있도록 여러 가지 자료와 정보를 제공한다.

나) 학생 진로탐색검사 및 인성검사를 실시한다.

다) 진로탐색 프로그램을 운영한다.

참고문헌

강영석 (2002). 일반계 고등학교 선택중심 교육과정의 편성 방안 연구. **교육과정평가연구**. 5(1). 1-19.

강창동 (2004). 선택중심 교육과정에 대한 사회학적 고찰. **교육사회학연구**. 14(2). 1-21.

강충렬 (2002). 초등학교 학교교육과정 평가 방안. **교육과정연구**. 20(2). 49-69.

교육법전편찬회 (2002). **교육법전**. 서울: 교학사.

교육부 (2002). **제 7차 교육과정 적용실태 조사 결과**. 교육인적자원부.

교육인적자원부 (2006). **2006 교육과정 연구학교 운영사례집12: 학교교육과정 평가 편**. 교육과정 자료 388. 교육인적자원부.

교육인적자원부 (2006). **2006 교육과정 연구학교 운영사례집13: 수준별 이동수업**. 주5일수업제 편. 교육인적자원부.

교육인적자원부 (2007). **2007년 개정 교육과정 개요**. 교육인적자원부.

교육인적자원부 (2007). **영어과 교육과정 개정안 공청회 자료**. 한국교육과정평가원.

김대현·김석우·박소영 (2000). 수준별 교육과정 평가 준거 개발을 위한 탐색적 연구: 수준별 교육과정 운영을 위한 계획 영역을 중심으로. **교육과정연구**. 18(10). 299-326.

김대현·박경미 (2003). 학교교육과정 운영에 관한 교사의 내러티브 탐구. **교육과정연구**. 21(2). 23-49.

김신 (2004). 고등학교 특별활동. 재량활동 교육과정 운영의 실태 분석과 교원의 전문성제고 방안 연구. **교육과정평가연구**. 7(2). 25-50.

김영천 (1997). **네 학교 이야기: 한국초등학교의 교실생활과 수업**. 문음사.

김영천 (2005). **별이 빛나는 밤 Ⅱ: 한국교사의 삶과 그들의 세계.** 문음사.

김영천·정정훈·이영민 (2006). **미운 오리새끼: 한국 초임교사의 일년 생활**. 문음사.

김영천 (2006). **질적연구방법론 Ⅰ: Bricoleur.** 문음사.

김영천 외 (2006). **사이버가정학습 우수운영사례 질적연구**. 한국교육학술정보원 연구보고 CR 2006-22. 한국학술정보원.

김영천·김진희 (2008). **질적연구방법론 Ⅱ: Software and qualitative analysis.** 아카데미프레스.

김영천 (2008). **차라리 학원에 보내라**, 브렌즈.

김영천(편) (2008). **질적연구: 우리나라 걸작선**. 문음사.

김영천·이희용(2008). 질적연구에서의 글쓰기: 문학적 표현양식들의 이해. **중등교육연구**. 56(3). pp.187-222.

김재춘 (2000). **수준별 교육과정의 이해(증보판): 6, 7차 교육과정에서 수준별 수업 운영방안**. 교육과학사.

김재춘 (2002). 일반계 고등학교 평가방안. **교육과정연구**. 20(2). 97-114.

김재춘 (2004). 교육과정 개발의 연구 영역 탐색-수준별 교육과정 운영을 중심으로. **초등교육연구**. 17(1). 371-388.

김재춘·박소영·김병주 (2003). **제 7차 교육과정의 문제점 및 개선방안 연구(I): 수준별 교육과정의 실태분석을 중심으로**. 교육인적자원부.

김종건·민용성 (2005). 제 7차 특별활동 교육과정 문서에 대한 반성적 고찰. **한국교육 32**(3). 135-155.

김천기 (2001). 한국 사회적 맥락에서 본 수준별 교육과정.

교육사회학연구. 11(3). 39-56.

류방란 (2003). **제 7차 교육과정 운영의 실제 분석과 과제**. 한국교육개발원.

류방란·박상철 (2004). **일반계 고등학교의 학교교육과정 운영 실태 분석**. RR 2004-9. 한국교육개발원.

민용성 (2004). 특별활동의 실제적 실행을 위한 방안 탐색. **교육과정평가연구**. 7(2). 103-122.

박순경 외 (2003). **제 7차 초 중등학교교육과정 평가연구(III): 중학교교육과정의 편성 운영 평가와 초 중학교급간 교과 교육과정의 연계성을 중심으로**. 연구보고 RRC 2003-2. 한국교육과정평가원.

박순경 외 (2004). **제 7차 교육과정의 쟁점 분석 연구**. 연구보고 RRC 2004-3. 한국교육과정평가원.

박순경 외 (2005). **국가수준 교육과정 총론 개선 연구**. RRC 2005-1. 한국교육과정평가원.

박제윤 (2007). **학교수준의 교육과정 자율권 행사에 관한 연구: 실천적 관점에서 본 학교수준 교육과정의 개발**. 인하대학교 박사 학위 논문.

백운학·이해선·강영석 (1999). 고등학교 진학담당 교사들의 진학지도 실태에 관한 조사연구. **교육학논총**. 19(2). 1-32.

성경희 외 (2003). **제 7차 교육과정의 현장 운영실태 분석(I)**. 연구보고 RRC 2003-3-3. 한국교육과정평가원.

성경희 외 (2003). **제 7차 교육과정의 현장 운영실태 분석(I): 초등학교 교과 교육과정을 중심으로(총론)**. 한국교육과정평가원.

성경희 외 (2004). **제 7차 교육과정의 현장 운영실태 분석(II): 중학교 국민공통기본교과를 중심으로**. 한국교육과정평가원.

성열관 (2006). 고교 교육과정 다양성 정도에 대한 질적 사례 연구:

비평준화 지역의 두 고등학교 사례를 중심으로. **교육과정연구**. 24(1). 181-207.
손민호·김영천·강현석 (2007). 국가수준 교육과정 편성·운영실태 조사 연구. **2007년도 교육과정 개정 및 후속지원 연구**. 교육인적자원부.
송민영 (2003). 특별활동의 효율적 운영을 위한 학제적 접근 가능성 탐색. **교육과정연구**. 21(4). 133-158.
신현석 (1998). 주임(보직)교사의 지위와 역할: 인사법규에 대한 해석을 중심으로. **교육법학연구**. 10. 215-240.
신현석·김봉상 (1998). 주임교사제도 운영개선 연구. **교육발전논총**. 19(1). 215-240.
이경진·김경자 (2005). 실행을 중심으로 본 교육과정의 의미와 교사의 역할. **교육과정연구**. 23(3). 57-80.
이광우 (2007). 재량활동과 특별활동 교육과정 개정의 특징과 향후 과제. **학습자중심교과교육연구**. 7(1). 309-329.
이돈희 (2000). 제 7차 교육과정과 열린교육. **열린교육연구**. 8(1). 5-18.
이혜숙 (2006). 일반계 고등학교의 제 7차 교육과정 적용에 관한 문화기술적 연구. **교육사회학연구**. 16(3), 163-184.
전은주 (2003). 국어과 수준별 교육과정의 실행에 나타난 문제점과 개선 방향. **국어교육**. 110. 113-148.
정미경 (2000). 수준별 수업과 교육기회의 평등화 문제. **교육과정연구**. 18(1). 275-297.
정영근 (2002). 한국의 학교수준 교육과정 개발(SBCD) 유형 특징의 연구: 재량활동에 있어서의 교사의 교육과정 활동을 중심으로. **교육과정연구**. 20(3). 45-75.
최호성 (2002). 시·도 교육청의 제 7차 교육과정 실행 지원 체제 분석. **교육과정연구**. 20(1). 183-208.

한국교원단체총연합회 (2000). **제 7차 교육과정에 대한 교총의 입장**. 한국교원단체 총연합회.

홍후조 (2001). 제 7차 교육과정에 따른 일반계 고등학교 선택 교육과정의 편성과 운영상의 이해와 오해. **교육과정연구**. 19(1). 197-229.

Cladinin. D. J. & Connelly. F. (2000). *Narrative inquiry: experience and Story in qualitative research*. San Francisco: Jossy-Bass Publishers.

Connelly. F. M. & Clandinin. D. J. (1990). Stories of experience and narrative inquiry. *Educational Researcher*. 19(5). 2-4.

Fullan. M. (1989). Research into educational innovation. In I. R. Glatter. (Eds). *Understanding school management*. Open University Press.

Heylighen. F. (1993). *The Queen Principle*. pespmc1.vub.ac.be/REDQUEEN.html.

Lincoln. Y. S. & Guba. E. G. (1985). *Naturalistic inquiry*. Beverly Hills. CA: Sage.

Whltty et al. (1998). *Devolution and choice in education*. Philadelphia: Open University Press.

저자소개

김영천　　진주교육대학교 교육학과 교수. 한양대학교 교육학과와 대학원 교육학과를 졸업. 미국 The Ohio State University에서 교육과정과 질적 연구 방법론으로 박사학위 취득. 교육과정이론과 교육에서의 질적 연구에 대한 연구를 하고 있음. «네 학교 이야기: 한국 초등학교의 교실 생활과 수업», «질적 연구방법론 Ⅰ: Bricoleur», 그리고 «차라리 학원에 보내라» 등의 베스트셀러를 출간하였음.

—

이희용　　한양대학교 국어교육 전공으로 박사과정 수료. 고등학교 교사로 재직 중. 연구영역으로는 국어교육과 질적 연구. 특히 질적 연구에서의 새로운 표현의 방법으로서 문학적 글쓰기의 탐구에 연구하고 있음. 논문으로는 한국교육인류학연구에 게재한 "한 고등학교 국어 교사의 성장 체험: 자기 이야기(self-narrative)"등이 있음.

—

이현철　　경북대학교 대학원 박사과정수료. 교육사회 및 행정 전공. 양적연구와 질적 연구의 통합적 설계와 연구에 대하여 탐구. 아울러 우리나라에서의 사회적 자본에 대한 교육학적 접근에 대한 연구를 해오고 있음. 논문으로는 "진로결정수준 변화의 영향요인(김경식과 공저)" 등 다수. 경북대와 진주교육대학교 교육대학원에서 교육사회학과 교육과정 실행연구 강의.

—

최준호　　진주교육대학교 교육대학원 교육방법 전공 석사. 초등학교 교사로 재직 중. 교육과정과 질적 연구에 대한 탐구. 진주교육대학교에서 교육과정 그리고 교육평가 강의.

한여름 밤의 꿈:

제7차 교육과정

환성과 추락의 내러티브

초판인쇄: 2009. 2. 2

초판발행: 2009. 2. 9

저자: 김영천, 이희용, 이현철, 최준호

발행인: 홍진기

발행처: 아카데미프레스

주소: 120-900 서울시 은평구 역촌동 58-9

부호아파트 102동 상가 3호

전화: (02)2694-2563

팩스: (02)2694-2564

웹사이트: www.academypress.co.kr

디자인: 전우찬, 김재홍

등록일: 2003. 6. 18, 제313-2003-220호

ISBN: 978-89-91517-59-2

정가: 15,000원